Norbert Göckener (Hrsg.)
im Auftrag der Clemensschwestern

Barmherzigkeit verändert
Facetten eines lebensbereichernden Weges

Barmherzigkeit verändert

Facetten eines lebensbereichernden Weges

Norbert Göckener (Hrsg.)
im Auftrag der Clemensschwestern

Grafisches Konzept: Graphikbüro Graul (Münster)
Satz/Layout: Petra Eßmann
Technische Herstellung: dialogverlag Münster
Druck: Rießelmann, Lohne

Bibliografische Informationen der Deutschen Bibliothek:
Die Deutsche Bibliothek verzeichnet diese Produktion in der Deutschen
Nationalbibliografie; detaillierte bibliografische Daten sind im Internet über
http://dnb.ddb.de abrufbar.

ISBN: 978-3-937961-94-1

Inhalt

Eine Ermunterung ...

Liebe Leserin, lieber Leser,

vor 200 Jahren – am 1. November 1808 – wurde die Gemeinschaft der Clemensschwestern vom damaligen Kapitularvikar Clemens August Droste zu Vischering in Münster gegründet.

Dieses Jubiläum haben wir unter das Motto gestellt „Barmherzigkeit verändert". Dies hat seinen Grund zum einen in unserem offiziellen Namen: „Barmherzige Schwestern von der allerseligsten Jungfrau und schmerzhaften Mutter Maria". Zum anderen haben wir dieses Leitwort gewählt, weil wir davon überzeugt sind, dass dieses Thema auch heute von großer Bedeutung ist.

Der Barmherzigkeit bedürften wir täglich neu, heißt es doch in unserer Lebensregel: „Die Barmherzige Schwester ist so sehr betroffen vom Tun des Herrn, dass sie sich willig und ganz in den Dienst der Barmherzigkeit stellen möchte. Sie hat selbst so viel Barmherzigkeit erfahren und braucht auch ferner Barmherzigkeit." So sehen wir uns immer zuerst als Beschenkte von Gott her. Barmherzigkeit verändert, je mehr wir uns darauf einlassen. Wenn wir mit uns selber barmherzig umgehen, wird es unseren Umgang mit den Mitmenschen und unsere Welt verändern.

Mit diesem Buch, das wir an Stelle einer klassischen Festschrift herausgeben, möchten wir Sie einladen zur „verändernden Barmherzigkeit". Wir möchten damit deutlich machen, dass unser Jubiläum Anlass ist, Gottes Botschaft an uns ein Gesicht zu geben für diese Welt.

SCHWESTER CHRISTEL GRONDMANN
GENERALOBERIN

Barmherzigkeit – überraschend tauglich!

Überraschend! So ist Barmherzigkeit. Sie ist nicht einklagbar, keiner hat Anspruch auf Barmherzigkeit. Im günstigsten Fall erfährt man Gerechtigkeit. Und wer gerecht handelt, verdient Respekt und Achtung. Doch Barmherzigkeit geht noch einen entscheidenden Schritt weiter: Sie ist freie Gabe, unerwartetes Geschenk, liebende Hinwendung, perspektive-öffnende Haltung. Barmherzigkeit – das ist das von Gott kommende Überraschungsmoment.

Eine der klassischen Geschichten über Barmherzigkeit ist das Gleichnis vom barmherzigen Samariter (Lk 10). Hier geht es um Gerechtigkeit und Barmherzigkeit: „Was muss ich tun, um das ewige Leben zu gewinnen?", fragt ein Gesetzeslehrer, der es eigentlich wissen müsste. Und selbst gibt er die richtige Rechtsauskunft und nennt das Gebot der Gottes- und Nächstenliebe. Doch Theorie und Praxis sind schon mal schwer miteinander in Verbindung zu bringen. So klärt Jesus auf. Seine Erzählung hat die überraschende Wendung, dass der verfemte und verachtete Bewohner Samariens tut, was das Gebot verlangt: Er handelt als barmherziger Mensch. – Und jeder versteht: Barmherzigkeit ist etwas ganz Praktisches, ist Aufforderung zur Tat, ist Tun. Doch das Evangelium endet nicht hier.

Es geht weiter: Jesus zu Gast bei Freunden, auch das kann Überraschungen mit sich bringen. Um diesem besonderen Freund eine besondere Freude zu machen ist Marta voller Eifer, um ihn gut zu bewirten – und doch zugleich ärgerlich, weil sie aktiv ist und ihre Schwester Maria dasitzt und dem Freund zuhört. Und sie geht zu Jesus und verlangt letztlich Gerechtigkeit: Denn ist es nicht nur zu gut verständlich, einen solchen Gast bestens zu bewirten und dass diese Arbeit auf beide Schwestern gleich verteilt wird? Fühlt nicht jeder Gastgeber, jede gute Hausfrau (respektive Hausmann) wie Marta?

Es geschieht Überraschendes: kein Tadel für Maria, sondern aufklärende Worte für die Gastgeberin: „Marta, Marta, du machst dir viele Sorgen und Mühen.

Aber nur eines ist notwendig. Maria hat das Bessere gewählt, das soll ihr nicht genommen werden" (Lk 10). Und so sitzt Maria da, um etwas Größeres zu erfahren.

Eine Absage an die Tat? Keineswegs! In der Erzählung von Maria und Marta geht es um das Hören und das Empfangen. Und es ist vielleicht auch das Erleben dieses Mannes, der so überraschend anders ist. Ob Maria spürt, dass dieser Jesus die Fleisch gewordene Barmherzigkeit Gottes ist? Denn „erschienen ist die Güte und Menschenfreundlichkeit Gottes" (Tit 3,4)!

Der Bericht über den Gast Jesus bei den beiden Schwestern Maria und Marta will nicht den Gegensatz von Handeln und Hören aufzeigen, sondern zeigt, dass Barmherzigkeit eine Quelle haben muss, weil der Mensch sich oft schwer tut, das Gute zu tun. Und wer bei Lukas weiterliest, stößt im nächsten Abschnitt auf das Vaterunser, das Jesus seine Jünger lehrt. Ein weiterer Ort zur Begegnung mit der Güte und Menschenfreundlichkeit Gottes: „Lernt von mir; denn ich bin gütig und sanftmütig von Herzen; so werdet ihr Ruhe finden für eure Seele" (Mt 11,29).

All dies will verdeutlichen: Barmherzigkeit fällt vom Himmel auf die Erde, und sie verändert, wo Menschen sich dieser göttlichen Barmherzigkeit öffnen und sie an sich heranlassen. Dazu will auch dieses Buch einladen und dabei helfen.

Eine Tugend, die taugt

Hindus, Buddhisten und Muslimen, vor allem aber Juden und Christen ist Barmherzigkeit eine der Haupttugenden. Das Wort Tugend leitet sich her vom Wort „taugen". Und dass Barmherzigkeit taugt, davon legen die Clemensschwestern seit 200 Jahren ein starkes Zeugnis ab. Barmherzigkeit bereichert das Leben – das ist ihre Botschaft. Die „Barmherzigen Schwestern von der allerseligsten Jungfrau und schmerzhaften Mutter Maria" wissen aus dieser jahrhundertelangen Erfahrung um die Vielfalt dieser inneren Haltung, das unerwartet Gute einem anderen zu tun. Die Ordensfrauen haben aber vor allem erfahren, zuerst Beschenkte zu sein: „Der Herr ist barmherzig und gnädig, langmütig und reich an Güte" (Ps 103). Und sie erleben, dass Barmherzigkeit keine Einbahnstraße ist: „Selig sind die Barmherzigen; denn sie werden Barmherzigkeit erlangen" (Mt 5,7).

Dieses Erleben und Leben der Barmherzigkeit hat eine wechselvolle Geschichte: Am 1. November 1808 gründet der damals 35-jährige münstersche Kapitularvikar Clemens August Freiherr Droste zu Vischering zusammen mit fünf

Frauen die Gemeinschaft. Eine kirchlich anerkannte Kongregation wird sie erst 50 Jahre später.

Und der Anfang ist schwer. Es ist eine Zeit politischer und auch kirchlicher Umbrüche: Der französische Kaiser Napoleon überzieht Europa mit Kriegen, die hunderttausende Opfer fordern. Die Franzosen besetzen viele Länder; die deutschen Fürsten entmachten die geistlichen Landesherren und reißen ihre Besitztümer an sich, Ordensgemeinschaften stehen vor dem Nichts – die so genannte Säkularisation.

Es ist aber auch die Zeit der Dichter Goethe und Schiller und der Aufklärung eines Immanuel Kant. In Münster bildet sich ein aufgeklärter Kreis katholischer Intellektueller um die Fürstin Gallitzin. Diesem Kreis gehört auch der Geistliche Clemens August Freiherr Droste zu Vischering an, der später zunächst Weihbischof in Münster und dann sogar Erzbischof von Köln wird.

Droste zu Vischering erkennt die wachsende Not, weil sich in Folge der Säkularisation Klöster auflösen und Ordensgemeinschaften zurückziehen. Fasziniert vom Leben des heiligen Armenseelsorgers Vinzenz von Paul (1581-1660), des Begründers der neuzeitlichen Caritas, will er sich der Not der Menschen widmen. Er lernt die 41-jährige Maria Alberti kennen, eine Malerin aus Hamburg auf der Durchreise nach Paris, wo sie Kranke pflegen will. Mit ihr und vier weiteren jungen Frauen gründet der Domherr eine Gemeinschaft, die sich um kranke Menschen in Münster kümmert.

Schon bald brechen Ruhr- und Typhus-Epidemien in der Westfalenmetropole aus – die Frauen und auch der Gründer helfen, wo sie können und suchen die Kranken dort auf, wo sie leben. Schnell finden sich Förderer: So finanzieren etwa Friedrich Leopold Graf zu Stolberg-Stolberg und seine Frau mit großzügigen Stiftungen das Leben der fünf Krankenpflegerinnen. In Anlehnung an den heiligen Vinzenz von Paul gibt Droste zu Vischering der kleinen Gemeinschaft eine Ordnung als „Barmherzige Schwestern".

Die etwas anderen Nonnen

Maria Alberti wird die erste Oberin der Gemeinschaft. Clemens August informiert die Öffentlichkeit über das neue „Institut der Krankenwärterinnen", wie es zunächst heißt. Er verdeutlicht, dass die Frauen keine Nonnen im üblichen Verständnis seien: „Die Straßen der Stadt sind ihr Kloster – Gehorsam und Gottesfurcht ihre Clausur – Bescheidenheit und Sittsamkeit ihr Schleier." Eben überraschend anders. Doch dem euphorischen Beginn folgen schnell schwere Zeiten: Noch im ersten Jahr des Bestehens stirbt die erste Schwester; zwei Frauen treten aus. Am 1. Februar 1812 stirbt Maria Alberti an Typhus, da sie sich in der Pflege der Kranken angesteckt hatte. Den verbleibenden zwei Schwestern gesellt sich 1818 Wilhelmine von Höfflinger hinzu. Sie kommt aus dem aufgelösten adeligen Damenstift in Nottuln. Bereits 1820 wird sie zur Vorsteherin bestimmt.

Im gleichen Jahr bietet man den Frauen die Krankenpflege im münsterschen Clemenshospital an, da die Barmherzigen Brüder 1818 in Folge der Säkularisation Münster verlassen haben. Am 1. Mai 1820 übernehmen die Schwestern die Krankenpflege – sie haben damit eine lokale und soziale Basis gefunden, um sowohl eine intensive Krankenpflege als auch den Ausbau der Gemeinschaft zu betreiben. Dies findet 1833 sogar die Anerkennung des preußisch-protestantischen Königs Friedrich Wilhelm III.: Mustergültig sei das Haus geführt, schreibt er dem Stifter Droste zu Vischering und unterstützt es finanziell. Die Zahl der Mitglieder wächst genauso wie die Anerkennung.

Der gute Ruf der fortan im Volksmund Clemensschwestern genannten Krankenpflegerinnen verbreitet sich nicht nur innerhalb der Stadt Münster. 1840 übernehmen die Barmherzigen Schwestern ihr erstes Krankenhaus außerhalb des Bistums Münster in Arnsberg. Es folgen weitere Häuser in Lembeck, Kleve, Geldern und Warendorf.

Bei der 50-Jahr-Feier am 1. November 1858 verkündet Bischof Johann Georg Müller im Stiftungsfest-Gottesdienst feierlich, dass Papst Pius IX. der Gemeinschaft den Status einer kirchlichen Kongregation bewilligt habe. Damit sind sie kirchlich anerkannt. Ihr offizieller Titel: „Genossenschaft der Barmherzigen Schwestern von der allerseligsten Jungfrau und schmerzhaften Mutter Maria".

200 Schwestern in 43 Niederlassungen sind es damals bereits – und ihre Zahl wird größer. Ihre Dienste werden geschätzt – so sehr, dass sie auch an den Fronten der Kriege im 19. Jahrhundert die Verwundeten pflegen müssen. So sind etwa 1870/71 im deutsch-französischen Krieg 124 Clemensschwestern im Einsatz. Auch die Auszeichnung mit Orden schützt sie nicht vor Unterdrückung in Folge des von Reichskanzler Bismarck angezettelten Kulturkampfes gegen die katholische Kirche.

Die Gemeinschaft entwickelt sich weiter: 1.377 Schwestern feiern 1908 das hundertjährige Bestehen. Der Kulturkampf ist zu Ende, und die Clemensschwestern erweisen sich in dieser Zeit als Vorkämpferinnen für die Rechte der Frau:

Die Ordensfrauen eröffnen eine Krankenpflegeschule, sodass dort eine staatlich anerkannte Ausbildung gemacht werden kann.

Kurz nach Ausbruch des Ersten Weltkriegs geraten 28 Schwestern in französische Gefangenschaft. Dort setzen sie unter französischen Ärzten ihre Krankenpflege fort, was ihnen Respekt und Anerkennung einbringt. Viele Clemensschwestern sind kriegsbedingt im Einsatz: Mit preußischer Gründlichkeit dokumentiert die deutsche Regierung, dass die Ordensfrauen in den Lazaretten 60.589 Patienten an 3.027.893 Pflegetagen behandelt haben.

Im Jahr der Machtergreifung Hitlers zählt die Genossenschaft fast 2.700 Schwestern in 123 Niederlassungen. Die Zeit der NS-Diktatur führt zu Konflikten zwischen der Ideologie der Nazis und dem christlichen Menschen- und Weltbild der Gemeinschaft. Unterstützungszahlungen werden gestrichen, der Orden wegen angeblicher Devisenvergehen verdächtigt, Einrichtungen geschlossen.

VOM LÖWENMUT EINER SCHWESTER

Eine Clemensschwester ist es, die im Sommer 1941 Bischof Clemens August Graf von Galen heimlich in einer Nacht über bevorstehende Abtransporte von Menschen mit Behinderung im Zuge der Euthanasie-Maßnahmen der Nazis informiert. Sie hatte in der vom Orden geleiteten Einrichtung Marienthal davon erfahren. Am 6. Juli 1941 bringt der Bischof in der münsterschen Lambertikirche dies in die Öffentlichkeit und klagt die Nazis des Mordes an. Trotzdem werden 79 Behinderte abtransportiert. Galen, der erneut von der Ordensfrau informiert wird, protestiert wiederum öffentlich; ihm schließen sich weitere Bischöfe an; die Predigten des „Löwen von Münster" werden sogar als Flugblätter von den Engländern abgeworfen.

Die Schwestern selber leiden unter dem Krieg: Am 10. Oktober 1943 kommen bei einem Bombenangriff auf Münster 50 Schwestern ums Leben – darunter die komplette Ordensleitung, die sich zu einer Tagung im Mutterhaus befindet. Trotz zahlreicher Opfer – insgesamt 106 Tote – hat die Gemeinschaft nach dem Krieg mehr Mitglieder als zu Beginn: 2.455 Ordenfrauen.

1955 stirbt in Münster im Alter von 41 Jahren Schwester Maria Euthymia – die bekannteste Clemensschwester. Ihrer Fürsprache vertrauen zeit ihres Lebens viele Menschen, und schon direkt nach ihrem Tod wird sie um Fürbitte bei Gott angerufen.

Ihr Grab auf dem münsterschen Zentralfriedhof wird zum Wallfahrtsort. Ihr

Leben in Heiligkeit zeichnet die Kirche am 7. Oktober 2001 durch die Seligsprechung aus.

Das Zweite Vatikanische Konzil (1962-65) führt zu Veränderungen im Leben
der Schwestern und zu einer neuen Ordensregel. 1973 gehen Schwestern nach
Ruanda (Afrika). Zehn Jahre später feiern 1.330 Clemensschwestern das 175-
jährige Bestehen. 1999 errichtet der Orden die „Maria-Alberti-Stiftung", um
ein Fortdauern der von den Clemensschwestern geschaffenen Einrichtungen
zu sichern.

Die Schwesterngemeinschaft, die mit der Krankenpflege begann und vor allem
in diesem Bereich fast 200 Jahre im Einsatz war, ist noch heute im sozialen
Bereich tätig, aber darüber hinaus sind Aufgaben in der Seelsorge und in der
Mission hinzugekommen.

Barmherzigkeit verändert

Die Jubiläumsfeierlichkeiten zum 200-jährigen Bestehen des Ordens mit dem
Höhepunkt der Feiern am Allerheiligentag 2008 stehen unter dem Leitwort
„Barmherzigkeit verändert". Damit wollen die Schwestern an ihre Ursprünge
erinnern, aber auch Interessierte dazu einladen, sich mit dem Grundmotiv
ihres Handelns auseinander zu setzen.

Die Jubiläumsfeiern verbinden sich für die Clemensschwestern mit zwei Bildern. Zum einen ist es das eigens für diesen Anlass geschaffene Signet, wie es
auf dem Buchdeckel abgebildet ist. Die Formen zeigen bei genauem Hinsehen
ein Herz und ein Kreuz. Mit etwas Phantasie lässt sich auch ein „M" in dem
Zeichen erkennen. Das Kreuz wurzelt im Herzen, und das Herz hat Anfang,
Mittelpunkt und Endpunkt im Kreuz. Die Clemensschwestern sind die „Barmherzigen Schwestern von der allerseligsten Jungfrau und schmerzhaften Mutter
Maria". Zeichen und Leitwort für das Jubiläum, „Barmherzigkeit verändert",
rufen dies in Erinnerung.

Das Zeichen, das die Grafikerin Brigitte Graul im Auftrag des Dialogverlags
für die Clemensschwestern geschaffen hat, zeigt Dynamik: Jeder Strich ist anders und verändert sich. Auch die Wölbungen, die an ein Herz erinnern, sind
nicht gleich. Diese Dynamik steht für Aufbruch und einen mutigen Blick in
die Zukunft. Die Dynamik des Signets steht auch für die „Handgreiflichkeit
der gelebten Barmherzigkeit", die die Ordensfrauen seit nunmehr 200 Jahren
leben. Dort, wo Menschen Hilfe brauchen, sind die Schwestern da; sie stehen
mitten im Leben und krempeln die Ärmel hoch, wo sie Not sehen.

Das Kreuz wurzelt im Herzen: „Der Einzige, der Gott ist und am Herzen des Vaters ruht, er hat Kunde gebracht" (Joh 1,18). Gott will aber auch im Herzen der Menschen ankommen (Röm 10,10). Und dies entwickelt Dynamik: „Glaube, Hoffnung und Liebe sind die Quellen, die Gott im Herzen der Menschen aufsprudeln lässt" (Bischof Reinhard Lettmann, Bischofswort zur Fastenzeit 2004).

Das Herz hat aber auch seinen Anfang, Mittelpunkt und Endpunkt im Kreuz. Dort – im Kreuz Christi und damit in ihm selbst – kann der Mensch die Vollendung all seiner Herzenswünsche finden.

Doch die christliche Botschaft ist nicht nur Zuspruch, sondern erhebt einen Anspruch: Das Kreuz ragt links und oben aus dem Herzen heraus, es bedeckt aber rechts nicht das ganze Herz. Gott ist der immer Größere. Damit kann auch deutlich werden, was noch fehlt: Der Mensch bleibt Sünder, er ist nie ganz erfüllt von der Liebe des Kreuzträgers – und hat damit die Chance, ein „Immer-mehr" der Liebe Gottes zu erfahren. Eine Herausforderung!

So stehen Herz und Kreuz für die beste Tradition der Herz-Jesu-Verehrung in der Kirche. So verstanden, korrespondiert dieses Zeichen auch mit der Rückseite der Medaille, die die Clemensschwestern tragen: Sie zeigt eine Herz-Jesu-Darstellung.

DIE LIEBE GOTTES ERFAHREN UND WEITERGEBEN

Das Herz könnte aber mit etwas Vorstellungskraft auch ein „M" sein, was dann auf Maria hindeutet: Die „allerseligste Jungfrau und schmerzhafte Mutter Maria" hat in Vollendung die Liebe Gottes erfahren und gelebt. Den, der am Herzen des Vaters ruhte, trug sie unter ihrem jungfräulichen und empfänglichen Herzen und brachte ihn zur Welt, behielt ihn aber nicht für sich: Damit wird das Signet ein Weihnachtsbild. Zugleich hat Maria aber auch das Kreuz Christi wie kein anderer Mensch mittragen müssen. Auch dies macht das Signet deutlich, und damit steht es für die Schmerzhafte Mutter – die auf der Vorderseite der Medaille zu sehen ist, die die Clemensschwestern tragen.

Das Signet in der Farbgebung Orange als Farbe des Morgenrots kann auf den wiederkommenden Christus hinweisen. Damit kommt dem Signet auch eine eschatologische Deutung zu. Die Farbe Orange symbolisiert im Positiven: das Erfrischende, die Nähe, die Energie, die Aktivität, die Wärme. In vielen Sprachen ist die Farbe identisch mit der Frucht. Orange ist die Farbe des Abendrots und Morgenrots. Orange ist Kombination aus Licht und Wärme.

Das zweite Bild, das die Clemensschwestern in der Vorbereitung ihrer Jubelfeiern im Blick hatten, ist die Darstellung der Schmerzhaften Mutter, der Pietà. Einen außergewöhnlichen Ausschnitt zeigt der Buchdeckel; es ist ein Detail der Pietà, wie sie auf den ersten Seiten dieses Buches in Gänze abgebildet ist.

Diese Schmerzhafte Mutter hat eine besondere Geschichte: Die Pietà stand früher an der Pforte des Mutterhauses der Clemensschwestern. Als alliierte Bomber im Oktober 1943 Münster in Schutt und Asche legten, wurde das Kloster schwer getroffen. Viele Schwestern starben. Das Mutterhaus ging in Flammen auf, die auch die Pietà nicht verschonten. Bevor die Figur ganz zerstört war, konnte sie aus dem Inferno gerettet werden. Jahrzehnte stand die Skulptur unbeachtet auf einem Dachboden, bevor sie vor kurzem neu entdeckt wurde und jetzt wieder ihren alten Platz an der Mutterhaus-Pforte hat.

Das Bild der Schmerzhaften Mutter im Allgemeinen und der abgebildeten angebrannten Pietà im Besonderen birgt eine ungeheure Dramatik in sich. Wohl jeder, der sich der Darstellung aussetzt, kann von ihr ergriffen werden. Doch das geschieht nicht im Vorbeigehen, sondern nur in der ruhigen Betrachtung, im Eintauchen in dieses Abbild der Barmherzigkeit.

Die Szene erschüttert: Die Mutter trägt ihren toten Sohn. Der von Wunden übersäte und durch entsetzliches Leiden ausgemergelte Leichnam liegt in ihrem Schoß. „Er wird ein Zeichen sein, dem widersprochen wird", hatte der greise Simeon der jungen Mutter über ihren Sohn Jesus geweissagt (Lk 2,34) – und diese Prophetie erfüllt sich auf entsetzliche Weise. Der Sohn ist nicht nur einfach so gestorben: Von Staats wegen wurde er als Schwerverbrecher gebrandmarkt und hingerichtet. Religiös wurde er als Gotteslästerer ausgegrenzt und durch diesen Tod als von Gott getrennt enttarnt, denn ein Gehenkter ist ein von Gott Verfluchter, wie es im Buch Deuteronomium (21,23) heißt. Dies alles kommt zum Schmerz der Mutter hinzu.

All dies steht im krassen Widerspruch zu den Aussagen, die Maria als Schwangere hörte: „Er wird groß sein und Sohn des Höchsten genannt werden. Gott, der Herr, wird ihm den Thron seines Vaters David geben. Er wird über das Haus Jakob in Ewigkeit herrschen, und seine Herrschaft wird kein Ende haben" (Lk 1,32 f.). Und nicht zuletzt: Der Name „Jesus" bedeutet „Retter" und „Erlöser".

Nichts davon zeigt dieses Bild. Oder doch? Für ungezählte Menschen ist dieses Bildnis des bittersten Leidens der Gottesmutter zu einem Trostbild geworden. Ungezählte Kerzen der Bitte und des Dankes brennen in Kirchen,

Kapellen und an Wallfahrtsorten, weil die Gläubigen dort jemanden sehen, der vertraut ist mit Leid. Und zugleich kann man – je länger man sich dieser brutalen Szene aussetzt – die Hoffnung spüren, die der Fromme im Blick der gläubigen Mutter entdeckt: „Er vollbringt mit seinem Arm machtvolle Taten" (Lk 1,51). Hatte ihr nicht der Engel gesagt: „Für Gott ist nichts unmöglich" (Lk 1,37)? Der Ausschnitt auf dem Titel zeigt dies: Alles legt die Mutter wie auch schon der Sohn in die barmherzigen Hände des Vaters: „Vater, in deine Hände... (Lk 23,46)"

BARMHERZIGKEIT GIBT ES NICHT ZUM NULLTARIF...

Die besondere Dramatik dieses konkreten Bildes von der Mutterhaus-Pforte zeigt sich darin, dass der Arm des Herrn nur noch als verkohlter Stumpf zu sehen ist: Folge von unbarmherzigen, gleichmacherischen Flächenbombardements in dem verbrecherisch angezettelten und unendlich brutalen Krieg Nazi-Deutschlands. Wie zur Zeit Jesu, so zeigt die Wirkung des Krieges die Folge der Unbarmherzigkeit der Menschen. Überdauert hat beides „die barmherzige Liebe unseres Gottes" (Lk 1,78). Sie übersteht, was die Grausamkeit der Menschen anrichtet. Das Bild zeigt aber eben auch: Barmherzigkeit ist nicht zum Nulltarif zu erhalten. Barmherzigkeit kostet etwas. Barmherzigkeit ist anstrengend. Aber sie ist der einzige Weg, die Wirren und Grausamkeiten der Zeit zu überstehen, denn „unser Gott ist barmherzig" (Ps 116) – auch mit uns. In diesem Bild finden sich die Clemensschwestern, die Barmherzigen Schwestern, wieder. Auf irritierend-eindringliche Weise zeigt es: Barmherzigkeit verändert!

Bewusst stellen die Schwestern nicht sich selbst in den Mittelpunkt ihrer Feiern. Mit ihrem Mediendienstleister, dem münsterschen Dialogverlag, verfolgen die Ordensfrauen die Absicht, ein Thema in die Öffentlichkeit zu bringen, von dem sie glauben: „Wenn wir selbst barmherzig mit anderen sind, wird das unsere Mitmenschen und unsere Welt verändern. Daran möchten wir erinnern und viele ermuntern, selber barmherzig mit sich und anderen zu sein." So beschrieb es die Generaloberin Schwester Christel Grondmann in einem Interview.

Darum auch diese Form der Festschrift: keine historische Abhandlung, sondern ein Buch zum Thema Barmherzigkeit. Wir legen eine Sammlung von Aufsätzen, Porträts und einem Interview vor, die die vielen „Facetten eines lebensbereichernden Weges" aufzeigt.

Ein herzlicher Dank gilt den Autoren der Aufsätze, die unterschiedliche Aspekte des reichen Themas Barmherzigkeit ansprechend herausarbeiten und zur intensiven Auseinandersetzung einladen. Einen lieben Dank auch an die journalistische Kollegin Almud Schricke und den Kollegen Michael Bönte für die einfühlsamen Porträts gelebter Barmherzigkeit; Michael Bönte bereichert zudem dieses Buch durch zahlreiche großartige Fotografien.

Die studierte Germanistin Almud Schricke (Jahrgang 1976) ist nach ihrem Volontariat bei der Bistumszeitung „Kirche+Leben" seit 2005 Redakteurin beim Online-Nachrichtenmagazin „kirchensite.de" sowie Redakteurin bei „Kirche+Leben" und dort vor allem in der Berichterstattung aus der Region Münster-Warendorf tätig.

Michael Bönte (Jahrgang 1971) hat Publizistik und Kommunikationswissenschaften studiert. Nach seinem Volontariat bei der Nordostdeutschen Verlagskooperation der Kirchenzeitungen in Osnabrück wurde er 2001 zunächst Redakteur für das neugeschaffene Online-Nachrichtenmagazin „kirchensite.de". Seit 2007 arbeitet er als Reporter für „Kirche+Leben" und „kirchensite.de".

Ein freundliches Dankeschön auch an die Grafikerin Brigitte Graul, die Barmherzigkeit überraschend anders darstellt. Großer Dank auch an Petra Eßmann, die unermüdlich, sensibel und umsichtig koordinierte, was auf diesen Seiten zu lesen ist und wie wir als Verlag das Jubiläum begleiten durften. Dank an die Schwestern und den Verlag für das Vertrauen in mich, dieses Projekt „200-Jahr-Feier" inhaltlich und konzeptionell zu begleiten.

NORBERT GÖCKENER

„*Die von Herzen kommende Liebe*"

Jesu Gottesbild und dessen Bedeutung für heute

Das (vorläufige) Ende eines Existenzgründers: Sein Erbteil zu verlangen und es dann mit Dirnen durchzumachen, ist reichlich unklug. Hauptsache Spaß gehabt? Am Ende sitzt der Sohn bei den Schweinen und hat nichts mehr. Da sitzt er nun und zieht die Bilanz seines Unternehmens „Selbstständigkeit". Kein Geld, keine Freunde, keine Familie, keine Gemeinschaft. Unterm Strich steht für ihn fest: „Ich muss zurück zu meinem Vater."

Dieser Vater muss so gut gewesen sein, dass es selbst die Tagelöhner besser hatten als jetzt der Sohn, der bei den Säuen sitzt. Darum geht er und hat Schwein, denn die Liebe des Vaters ist entgegenkommend: kein Aufrechnen der Schuld, kein Warten auf Selbstbezichtigung, kein „Selber-Schuld", kein „Siehmal-selber,-wie-du-klar-kommst". Sondern: Es ist ALLES wieder gut. Gott ist so anders. Warum nicht auch wir?

Vater

Barmherzigkeit

„Unser Gott ist barmherzig", heißt es im Psalm 116. Jesus Christus, Gottes menschliches Gesicht, ist auch ein Spiegelbild der göttlichen Barmherzigkeit. In seinem Beitrag geht Bischof emeritus Dr. Reinhard Lettmann diesem Wesenszug des Sohnes Gottes nach. Jesus ist im Innersten gerührt – dies zeigt der Autor in verschiedenen Bildern auf: Jesus ist der gute Hirt, der die verlorenen Schafe sucht. Er lässt sich anrühren von der Not der Menschen: von ihrer Sünde, ihren Krankheiten, ihrem Sterben. Der Bischof verdeutlicht, dass Jesus uns Gott nahe bringt und hilft, dass auch wir ein Herz füreinander haben.

Autor

Dr. Reinhard Lettmann (Jahrgang 1933), wurde 1959 zum Priester geweiht. 1973 wurde er Weihbischof in Münster. Von 1980 bis 2008 war er Bischof von Münster. Mehrere Dutzend Bücher hat der Bischof veröffentlicht. Vor allem als geistlicher Autor hat sich Reinhard Lettmann einen Namen gemacht.

Was Gott besonders kennzeichnet, ist seine Barmherzigkeit. Papst Johannes Paul II. weist in der Enzyklika „Dives in misericordia" auf diese Eigenschaft Gottes und ihre Bedeutung für uns hin. Gott hat ein Herz für die Menschen. Er ist reich an Erbarmen. Gott hat ein Herz für uns Menschen: Das ist wesentlich für das Gottesbild, das Jesus selbst hat und das er uns zeigt. Das will er in seinem Leben und Wirken offenbaren. Ein solches Gottesbild hat aktuelle Bedeutung. Es kann uns Gott nahe bringen und kann zugleich helfen, dass wir uns vom Charakter Gottes prägen lassen, damit auch wir ein Herz füreinander haben.

DAS HERZ DES HERRN

Der Evangelist Markus berichtet, wie ein Aussätziger zu Jesus kam, vor ihm niederfiel und ihn bat: Wenn du willst, kannst du mich rein machen. Jesus erbarmte sich seiner, streckte die Hand aus, berührte ihn und sagte: Ich will es. Werde rein! Sofort wich der Aussatz von ihm, und er war rein (Mk 1,40-42). Szenen wie diese prägen das Bild von Jesus. Er bringt den Menschen Hilfe, Rettung und Heil. Jesus hat ein Herz für die Menschen. Er ist barmherzig.

Die spätjüdische und urchristliche Literatur hat ein eigenes Wort (splanchna und splanchnizomai) für die von Herzen kommende Liebe entwickelt. Während es ursprünglich das Innere, die Eingeweide, bezeichnet, wird es nun zum Begriff für das Zentrum menschlichen Fühlens und Empfindens. Es kennzeichnet die Echtheit, Tiefe und Kraft des menschlichen Fühlens und Handelns, die sich im liebevollen Erbarmen, in der Barmherzigkeit, äußern. Es weist darauf hin, dass die ganze Person, das Herz des Menschen, ergriffen ist. In den Evangelien und in der übrigen urchristlichen Literatur wird dieser Ausdruck auch auf Gott angewandt, um seine herzliche Liebe zu bezeichnen.

Im ersten Clemensbrief heißt es: „Der in allem barmherzige und gütige Vater hat ein Herz für die, die ihn fürchten. Gern und freudig gibt er seine Gnaden-erweise denen, die einfältigen Herzens zu ihm kommen" (1 Clem 23, 1). Vor allem Gottes Erbarmen in der Endzeit wird als Ausfluss seiner Barmherzigkeit gesehen. Die Evangelien wenden diesen die von Herzen kommende Liebe be-zeichnenden Begriff auf Jesus an. In den Berichten über die Brotvermehrung heißt es, dass er sich des Volkes erbarmt. Die Kranken, wie der Aussätzige und Blinde, erfahren seine Barmherzigkeit. Barmherzigkeit ist die Haltung des Vaters im Gleichnis vom verlorenen Sohn. Und so ist auch Jesu Verhalten zu den Sündern. Das Herz Jesu ist angerührt, wie er dem Totenzug mit dem Jüngling von Nain begegnet. Die Evangelien kennzeichnen Jesus als Messias, in dem die göttliche Barmherzigkeit gegenwärtig ist.

Dem an allen diesen Stellen verwendeten biblischen Begriff entspricht das deutsche Wort „Barmherzigkeit". Erbarmen und Herz sind darin zu einem Begriff zusammengefasst. Wer sich eines anderen erbarmt, hat Mitleid mit ihm. Er leidet mit ihm und nimmt sich seiner an. Dabei bleibt das Herz, die Mitte des Menschen, nicht unbeteiligt. Er wendet sich vielmehr dem anderen mit seinem Herzen zu. Was aus Barmherzigkeit getan wird, geschieht nicht nebenher, sozusagen im Vorübergehen, ohne große Aufmerksamkeit, routinemäßig oder gar wie eine lästige Pflicht. Barmherzigkeit bezeichnet das persönliche Mitgefühl. Wenn etwas uns tief und persönlich bewegt, sagen wir: Das greift uns ans Herz. Barmherzigkeit offenbart, dass das Herz des Menschen angesprochen und dass seine ganze Person betroffen und ergriffen ist. Wer barmherzig ist, hat ein Herz für andere. Was er aus Barmherzigkeit tut, tut er mit dem Herzen.

Wir kennen die Redewendung: Er tut das bloß aus Barmherzigkeit, aus lauter Gnade und Barmherzigkeit. Ein solches Wort hat einen unguten Beigeschmack. Es klingt herablassend und geringschätzig. Daher kommt es, dass das Wort Barmherzigkeit nicht überall hoch im Kurs steht. Doch sollten wir den Mut haben, es gegen eine solche Abwertung zu schützen und in seinem gefüllten positiven Sinn zu gebrauchen. Wir müssten uns nicht erst von Politikern sagen lassen, wie wichtig die Barmherzigkeit für das menschliche Leben ist. Planung, Technik und Organisation können nicht alles leisten, wessen der Mensch bedarf. Wir warten darauf, dass jemand ein offenes Herz für uns hat. Auf diese personalen Beziehungen verweist das Wort Barmherzigkeit.

Jesus hat ein Herz für die Menschen. So haben ihn die Jünger erlebt. In Jesus Christus offenbart sich die Güte und Menschenfreundlichkeit Gottes. „Als aber die Güte und Menschenliebe Gottes, unseres Retters, erschien, hat er uns gerettet" (Tit 3,4-5). Im Umgang mit Jesus haben die Jünger seine Freundlichkeit und Güte erlebt. Darum erzählen sie voll Freude und mit innerer Anteilnahme ihre Erlebnisse und Erfahrungen weiter. Indem sie davon engagiert berichten, verkünden sie zugleich, dass Jesus auch heute noch so ist. Auch uns gegenüber ist Jesus voller persönlicher Zuneigung und Liebe. Die Herz-Jesu-Verehrung will uns darauf hinweisen, dass Jesus ein offenes Herz für uns hat. Es gibt manche Formen der Herz-Jesu-Verehrung, die uns nicht mehr ansprechen. Aber sie selbst ist nicht überholt. Sie führt uns zur Person Jesu Christi, zu seinem für uns offenen Herzen.[1]

Der gute Hirt

Eines der ältesten Christus-Bilder ist das Bild des guten Hirten. Zunächst wird es als Symbol für Christus gebraucht. Später wird Christus selbst als Hirt dargestellt. Das Bild des guten Hirten hat ein biblisches Fundament. Schon im Alten Testament wird es von Gott gebraucht, und Jesus wendet es auf sich an.

In der Entfaltung des Hirtenbildes auf Jesus hin wird seine von Herzen kommende Liebe hervorgehoben. So legen die Evangelien selbst es nahe, dieses Bild in die Herz-Jesu-Verehrung einzubeziehen. Die reiche Auswahl der Lesungen für die Votivmesse vom Herzen Jesu ermöglicht es, verschiedene Aspekte der Herz-Jesu-Verehrung hervorzuheben. Unter den zahlreichen Möglichkeiten sind auch Perikopen aus dem Alten Testament und aus den Evangelien vorgesehen, die Jesus als den guten Hirten zeigen.

In der Lesung, die dem Buch Ezechiel entnommen ist, spricht Gott: „Jetzt will ich meine Schafe selber suchen und mich selber um sie kümmern ... Ich werde meine Schafe auf die Weide führen, ich werde sie ruhen lassen ... Die verlorengegangenen Tiere will ich suchen, die vertriebenen zurückbringen, die verletzten verbinden, die schwachen kräftigen, die fetten und starken behüten. Ich will ihr Hirt sein und für sie sorgen, wie es recht ist" (Ez 34,11.15-16).

Der Zwischengesang nimmt diesen Gedanken auf. Der Psalm 23 lädt ein, darüber nachzusinnen, was es für unser Leben bedeutet, wenn Gott unser Hirt ist. „Der Herr ist mein Hirte, nichts wird mir fehlen. Er lässt mich lagern auf grünen Auen" (Ps 23,1-2a). Die Entfaltung des Bildes kommt zu ihrem Höhepunkt im Evangelium. Die Verheißung des Propheten Ezechiel ist in Jesus in Erfüllung gegangen. Deshalb kann er von sich sagen: „Ich bin der gute Hirt. Der gute Hirt gibt sein Leben hin für die Schafe ... Ich kenne die Meinen, und die Meinen kennen mich" (Joh 10, 11. 14).

Wie ein guter Hirt für seine Herde sorgt, so sorgt Jesus für das Volk. Diese Sorge äußert sich nach der Darstellung der Evangelien in zweifacher Hinsicht. In der Erzählung des Speisungswunders bei Markus erscheint Jesus als der, der den Menschen Nahrung gibt, zugleich aber gibt er ihnen Orientierung und Sinn für ihr Leben. Im Hintergrund dieses Speisungswunders steht das Bild vom guten Hirten.

Nach dem Bericht des Matthäus über die Speisung des Volkes sagt Jesus zu seinen Jüngern: „Ich habe Mitleid mit diesen Menschen; sie sind schon drei Tage bei mir und haben nichts mehr zu essen. Ich will sie nicht hungrig wegschicken, sonst brechen sie unterwegs zusammen" (Mt 15,32). Jesus speist das Volk auf wunderbare Weise. Er sorgt für die Menschen, sogar im Überfluss, sodass noch eine Menge Brot übrig bleibt. Jesus hat ein Auge für die Not des Volkes, auch für seine leiblichen Bedürfnisse. Man braucht ihn nicht erst darauf aufmerksam zu machen. Ihr Hunger geht ihm zu Herzen. Der Hunger ist nicht bloß bildlich zu verstehen. In der beschriebenen Situation geht es um den leiblichen Hunger. Die wirkliche, reale Not des Menschen lässt Jesus nicht unberührt. Er möchte wie der Hirt sein, der seiner Herde gute Weide gibt.

Doch gibt es über den leiblichen Hunger hinaus auch einen geistigen Hunger. Der Bericht über die Speisung des Volkes bei Markus bringt das zum Ausdruck. Als Jesus „die vielen Menschen sah, hatte er Mitleid mit ihnen. Denn sie waren wie Schafe, die keinen Hirten haben. Und er lehrte sie lange" (Mk 6,34). Die Menschen haben niemand, der sich um sie kümmert und ihrem Leben Orientierung gibt. Jesus nimmt sich ihrer an und zeigt ihnen als guter Hirt den Weg zum Leben.

Es ist bedeutsam, dass in beiden Szenen, die Jesus als den guten Hirten darstellen, das biblische Wort von der Barmherzigkeit verwandt wird (splanchnizomai): Jesus ist im Innersten berührt, von Mitleid ergriffen, von Barmherzigkeit bewegt. Das Bild vom guten Hirten ist ein aussagekräftiges Herz-Jesu-Bild. Er ist der gute Hirt, der sein Herz und sein Leben für seine Schafe gibt. Es ist nicht von ungefähr, dass gerade dieses Bild eines der ersten Christusbilder ist, denn es bringt Wesentliches seines Seins und Wirkens zum Ausdruck.[2]

JESUS UND DIE SÜNDER

Die neue Leseordnung für die Votivmesse des Herzens Jesu sieht vor, dass als Evangelium eines der drei schönen Gleichnisse aus dem 15. Kapitel des Lukas-Evangeliums gewählt werden kann, in dem Jesus vom Verhalten Gottes zu den Sündern spricht. Zugleich begründet und rechtfertigt er damit sein eigenes Verhalten. Man weiß, dass er mit Sündern verkehrt. Man kann es nicht verstehen und ist darüber sogar empört. Alle Zöllner und Sünder kommen zu ihm, um ihn zu hören. Die Pharisäer und Schriftgelehrten empören sich darüber und sagen: Er gibt sich mit Sündern ab und isst mit ihnen (Lk 15,1-2). Jesus antwortet auf diesen Vorwurf, indem er ihnen das Gleichnis vom verlorenen Schaf, von der verlorenen Drachme und vom verlorenen Sohn erzählt. Alle drei Gleichnisse sprechen von der Liebe und Barmherzigkeit Gottes. Im Gleichnis vom verlorenen Sohn wird es ausdrücklich gesagt. Der Vater sieht den Sohn schon von weitem kommen. Er wird im Herzen ergriffen und von Mitleid gerührt (Lk 15,20).

Wie der Hirt dem verlorenen Schaf nachgeht und alle Mühe auf sich nimmt, es wiederzufinden, so geht Gott dem einzelnen Menschen nach. Er sucht auch die Verlorenen und die Sünder. Wenn sie sich finden lassen und umkehren, überschüttet er sie nicht mit Vorwürfen. Sie bekommen nicht zunächst eine Bewährungsfrist, in der er sie mit Misstrauen beobachtet. Gott holt sie heim und freut sich, dass er ihnen vergeben kann.

Es ist in den drei Gleichnissen von Bedeutung, dass Gott nicht auf die Umkehr der Verlorenen wartet. Er geht ihnen nach, er sucht sie. Von ihm geht die Initiative aus. Auch der Vater im Gleichnis vom verlorenen Sohn hat diesen nicht abgeschrieben. Er ist mit seinen Gedanken bei ihm und eilt ihm entgegen. Bevor der Sohn ein Wort der Entschuldigung sprechen kann, umarmt ihn der Vater und gibt ihm den Kuss der Vergebung.

Das Auffinden des verlorenen Schafes, das Wiederfinden des Geldstückes und die Rückkehr des Sohnes sind Grund zur Freude. „Freut euch mit mir; ich habe mein Schaf wiedergefunden, das verloren war" (Lk 15,6). „Freut euch mit mir, ich habe die Drachme wiedergefunden, die ich verloren hatte" (Lk 15,9). „Aber jetzt müssen wir uns doch freuen und ein Fest feiern; denn dein Bruder war tot und lebt wieder; er war verloren und ist wiedergefunden worden" (Lk 15,32).

Gott freut sich über die Heimkehr der Sünder. Er tut alles, um ihnen die Heimkehr zu ermöglichen. Er geht ihnen nach und sucht sie. So ist der Vater. Das will Jesus nicht nur in Worten offenbaren, sondern auch in seinem Tun. Deshalb hat er Umgang mit den Sündern. „Denn der Menschensohn ist gekommen, um zu suchen und zu retten, was verloren ist" (Lk 19,10).

Zur Herz-Jesu-Verehrung gehört das Gedächtnis dieser zuvorkommenden Güte und Barmherzigkeit Jesu zu den Sündern. Der daheimgebliebene Sohn nimmt Anstoß an der Güte des Vaters. Für ihn ist es kein Freudenfest. Er will nicht mitfeiern. Auf welcher Seite stehen wir? Wenn wir uns im verlorenen Sohn sehen, wenn wir uns als Sünder sehen, dürfen wir uns wie dieser freuen.

Die Anfangsworte der Vergebungsbitte im Bußsakrament lassen das Bild des Vaters lebendig werden. „Gott, der barmherzige Vater, hat durch den Tod und die Auferstehung seines Sohnes die Welt mit sich versöhnt und den Heiligen Geist gesandt zur Vergebung der Sünden." – Gott, der barmherzige Vater: Von ihm will Jesus uns sprechen. Auf ihn will Jesus uns verweisen. Deshalb ist auch er voller Liebe für die Sünder. Von dieser Liebe dürfen wir uns umfangen fühlen. Das soll die Verehrung des Herzens Jesu uns immer wieder bewusst machen, damit wir mit ihm ein Freudenfest feiern.

Nicht ohne Grund waren die Herz-Jesu-Freitage für zahlreiche Christen ein

Anlass, in der Begegnung mit Jesus im Bußsakrament seine verzeihende Güte zu erfahren, um so der Freude der Erlösten teilhaftig zu werden. Wir brauchen Anhaltspunkte im Leben des Alltags, um uns immer neu auf Gott hin auszurichten. Auch der monatliche Herz-Jesu-Freitag kann uns ein solcher Anlass sein.[3]

Jesus und die Kranken

In vielen Gemeinden ist es guter Brauch, am Herz-Jesu-Freitag oder in den Tagen davor und danach den Kranken in den Häusern die heilige Kommunion zu bringen. Das hat nicht nur den praktischen Sinn, einen festen Zeitpunkt im Monat zu haben, nach dem sich sowohl der Spender wie der Empfänger richten können. Es hat einen tiefen inneren Sinn, den Herz-Jesu-Freitag als Termin der Krankenkommunion zu wählen; denn Jesus zeigt seine Herzlichkeit und Güte in besonderer Weise gegenüber der Kranken.

Matthäus berichtet von zwei Blinden, die an der Straße saßen. „Als sie hörten, dass Jesus vorbeikam, riefen sie laut: Herr, Sohn Davids, hab Erbarmen mit uns! Die Leute aber wurden ärgerlich und befahlen ihnen zu schweigen. Sie aber schrien noch lauter: Herr, Sohn Davids, hab Erbarmen mit uns! Jesus blieb stehen, rief sie zu sich und sagte: Was soll ich euch tun? Sie antworteten: Herr, wir möchten, dass unsere Augen geöffnet werden. Da hatte Jesus Mitleid mit ihnen und berührte ihre Augen. Im gleichen Augenblick konnten sie wieder sehen, und sie folgten ihm" (Mt 20,30-34). Matthäus verwendet in diesem Bericht den Begriff für die von Herzen kommende Liebe. Er will damit sagen, dass Jesus ein Herz für die Kranken hat.

Pater Wilhelm Wiesen OSC beginnt seine Schrift „Der Krankenbesuch des Priesters in der Gemeinde" mit der Beschreibung eines Bildes von Rembrandt. Es „trägt die Signierung: Christus und die Kranken. Kranke sind es, welche die mittlere und vordere Bildfläche füllen; Kranke aus allen Schichten, alte und junge Menschen; solche, denen Not, Armut und Elend ins Gesicht geschrieben sind, aber auch solche, deren Äußeres verrät, dass sie bisher nur Reichtum und Wohlhabenheit gekannt haben; Kranke, die gesund werden wollen und hoffen, und Kranke, die es aufgegeben haben, noch zu hoffen. In ihrer Mitte steht Christus, der Weltheiland und Erlöser. Von ihm heißt es beim Propheten: ,Unsere Krankheiten hat er auf sich genommen' (Jes 53,4). Ergreifend, wie der Künstler ihn dargestellt hat: in hoheitsvoller Gestalt, mit diesem tiefen Ernst und diesem geradezu göttlichen Erbarmen seines Blickes.

Das eigentlich Faszinierende aber ist die Wirkung des Lichtes. Nicht nur sind

Gestalt und Antlitz des Herrn hineingetaucht in das Licht, sondern von ihm aus ergießt es sich auch auf die ganze Szene. Auch die Kranken und Leidtragenden sind von diesem Licht durchstrahlt. Und es ist etwas Besonderes mit ihm. Da ist keine kalte und harte Helle. Es ist ein Licht, das erwärmt und tröstet, das leuchtet und erleuchtet, das Hoffnungslosigkeit vertreibt. In diesem Licht ist etwas, als habe der Herr gerade die Kranken angesprochen, als habe er zu ihnen gesagt: ‚Kommt zu mir, die ihr mühselig und beladen seid: Ich will euch erquicken' (Mt 11, 28)" (W. Wiesen, a. a. O., S. 9).

Jesus hat ein Herz für die Kranken. Er geht nicht achtlos an ihnen vorüber. Er bleibt bei ihnen stehen. Er sieht ihre Not. Er nimmt sich Zeit für sie. Er beugt sich zu ihnen hinab und hört ihre Geschichte. Er gibt ihnen neue Hoffnung.

Wenn die Evangelien so häufig und nachdrücklich von der Begegnung Jesu mit den Kranken sprechen, dann nicht nur, um zu sagen, wie es damals war. Jesus lebt, und er kann den Menschen auch heute begegnen. Wenn wir uns im Glauben auf ihn einlassen, kann er auch unserm Leben neue Hoffnung geben, Hoffnung selbst dann noch, wenn in diesem Leben keine Heilung mehr zu finden ist. Denn die Hoffnung, die Jesus schenkt, geht über die Grenze des Todes hinaus.

Das Evangelium will uns aber zugleich auch sagen, wie wir handeln sollen. Wie Jesus, so sollen auch wir uns der kranken Menschen annehmen. Die Sorge um die Kranken gehört unaufgebbar zum christlichen Leben. Die Herz-Jesu-Verehrung weist uns hin auf die Liebe des Herrn zu den Kranken. Sie ist uns Ansporn, seinem Beispiel zu folgen.[4]

HOFFNUNG DER STERBENDEN

Der Evangelist Lukas berichtet, wie das Herz Jesu angerührt ist, als ihm der Trauerzug mit dem toten Jüngling von Nain begegnet. „Als er in die Nähe des Stadttores kam, trug man gerade einen Toten heraus. Es war der einzige Sohn seiner Mutter, einer Witwe. Und viele Leute aus der Stadt begleiteten sie. Als der Herr die Frau sah, hatte er Mitleid mit ihr und sagte zu ihr: Weine nicht! Dann ging er zu der Bahre hin und fasste sie an. Die Träger blieben stehen, und er sagte: Ich befehle dir, junger Mann: Steh auf! Da richtete sich der Tote auf und begann zu sprechen, und Jesus gab ihn seiner Mutter zurück" (Lk 7,12-15).

Wie steht Jesus vor dem Tod? Die Trauer der Mutter berührt sein Herz. Er kann ihren Schmerz mitfühlen. Er steht ja selbst am Grab seines Freundes

Lazarus und weint (Joh 11,35). Er hat den trauernden Schmerz derer, die am Totenbett oder am Grab eines ihnen lieben Menschen stehen, um Abschied zu nehmen, in seinem eigenen Leben erfahren. Jesus weiß um die Angst des Menschen vor dem Tod. Er hat sie selbst am Ölberg durchlitten (Lk 22,44). Der Tod ist auch für ihn dunkel und bedrückend.

Dem Willen des Vaters folgend, hat Jesus den Tod auf sich genommen. Doch der Tod soll nicht das Letzte sein. Unser Gott ist ein Gott der Lebenden. Wir sind nicht für den Tod geschaffen, sondern für das Leben. Durch seine Auferstehung hat Jesus den Tod ein für alle Male übermächtigt. Er hat nicht alle Toten seiner Zeit wieder ins Leben zurückgerufen wie Lazarus und den Jüngling von Nain. Aber er zeigt, dass er Herr ist über den Tod. Er nahm den Tod auf sich für uns alle, damit wir im Tode nicht untergehen. So wird Jesus für uns zum Grund der Hoffnung angesichts des Todes. Wie er an unserer Seite steht im Schmerz angesichts des Todes und in der Angst vor dem Tod, so lässt er uns auch im Tod nicht allein. Er führt uns durch den Tod den Weg zum Leben.

Jesus begegnet dem Tod in der Öffentlichkeit. Wir versuchen heute eher, den Tod diskret aus dem Leben und dem Bewusstsein zu verdrängen. Vor einiger Zeit fragte ein Professor für Strahlenheilkunde, ob die Kirchen nicht häufiger in ihrer Verkündigung über das Sterben des Menschen und über den Tod sprechen müssten. Er stelle fest, dass er nicht selten der Erste sei, der mit einem Patienten über das Sterben und über den Tod spreche. Die Kirchen dürften die Tabuisierung des Todes nicht mitmachen.

Wir können dem Tod nicht entgehen, auch wenn wir ihn aus unserem Bewusstsein verdrängen. Wir brauchen aber auch vor dem Tod die Augen nicht zu verschließen. Denn durch Jesus und im Anschluss an ihn haben wir auch im Tod noch Hoffnung auf Leben. Denn er ist der eine, der für uns alle gestorben ist, damit wir in Ewigkeit bei Gott leben.

Das durchbohrte Herz des gekreuzigten Herrn ist ein Zeichen des Todes. Zugleich aber ist uns in ihm das Tor zum Leben eröffnet. Denn Jesus, von den Toten auferstanden, stirbt nicht mehr. Der Tod hat keine Macht mehr über ihn (Röm 6,9). „Wenn wir mit Christus gestorben sind, werden wir auch mit ihm leben" (2 Tim 2, 11).

Der Blick auf das Herz Jesu gibt uns deshalb Hoffnung und Zuversicht. So rufen wir den Herrn an: Herz Jesu, Hoffnung aller, die in dir sterben, erbarme dich unser![5]

Anmerkungen

1   Das Herz des Herrn, aus: Reinhard Lettmann, Christsein durch Einsicht und Entscheidung, © Butzon & Bercker GmbH, Kevelaer, 2. Auflage 1984 S. 69ff, www.bube.de

2   Der gute Hirt, aus: Reinhard Lettmann, Christsein durch Einsicht und Entscheidung, © Butzon & Bercker GmbH, Kevelaer, 2. Auflage 1984 S. 71ff, www.bube.de

3   Jesus und die Sünder, aus: Reinhard Lettmann, Christsein durch Einsicht und Entscheidung, © Butzon & Bercker GmbH, Kevelaer, 2. Auflage 1984 S. 74ff, www.bube.de

4   Jesus und die Kranken, aus: Reinhard Lettmann, Christsein durch Einsicht und Entscheidung, © Butzon & Bercker GmbH, Kevelaer, 2. Auflage 1984 S. 76ff, www.bube.de

5   Hoffnung der Sterbenden, aus: Reinhard Lettmann, Christsein durch Einsicht und Entscheidung, © Butzon & Bercker GmbH, Kevelaer, 2. Auflage 1984 S. 78f, www.bube.de

Liebe ist nicht nur ein Wort

Jesus und die Werke der Barmherzigkeit

Gott, der Anwalt der Gerechten
Gott der Vergeltung, o Herr, du
Gott der Vergeltung, erscheine!
Erhebe dich, Richter der Erde, ver-
gilt den Stolzen ihr Tun! Sie führen
freche Reden. Sie denken: Der Herr
sieht es ja nicht.

Ihr Unvernünftigen, wann werdet
ihr klug? Sollte der nicht hören, der
das Ohr gepflanzt hat, sollte der
nicht sehen, der das Auge geformt
hat? Der Herr kennt die Gedanken
der Menschen: Sie sind nichts als
ein Hauch.
Wohl dem Mann, den du, Herr,
erziehst, den du mit deiner Weisung
belehrst. Nun spricht man wieder
Recht nach Gerechtigkeit; ihr folgen alle Menschen mit redlichem
Herzen.
Aus Psalm 94

Barmherzigkeit

Das Jüngste Gericht – für die meisten ist es ein Schreckenszenario. Die Bildgeschichte vom Weltgericht aus dem Matthäusevangelium, die der Bibelwissenschaftler Prof. Dr. Thomas Söding auslegt, sagt vor allem etwas über Jesus aus: Er identifiziert sich ganz mit den Menschen am Rande. Das Gleichnis macht deutlich: Jesus ist zu allen Zeiten gegenwärtig – auch heute noch.

Autor

Dr. Thomas Söding (Jahrgang 1956) aus Münster ist Professor für neutestamentliche Exegese. Er lehrt seit 1993 an der Universität Wuppertal. Der Theologe ist Mitglied der Internationalen Theologenkommission in Rom und Vorsitzender des Bibelwerkes im Bistum Münster. Söding ist verheiratet und Vater von drei Kindern.

Nach dem Matthäusevangelium erzählt Jesus zum Abschluss seiner öffentlichen Verkündigung ein großes Gleichnis. Unmittelbar danach beginnt die Passionsgeschichte. Das Gleichnis bezieht sich auf den Jüngsten Tag. Es handelt vom Weltgericht (Mt 25,31-46). Viele haben davor Angst. Die harten, grausamen Gerichtsszenen, die auf alten und neuen Bildern oft dargestellt werden, können Angst und Schrecken einjagen – gerade denen, die es ernst mit Gott meinen. Aber welcher Mensch muss vor Zittern und Zagen vergehen, wenn er auf Jesus schaut? Jesus macht seinen Jüngern Mut: „Wenn das alles zu geschehen beginnt, blickt auf und erhebt euer Haupt; denn eure Erlösung ist nah" (Lk 21,28).

WORAUF ES ANKOMMT, WENN ER KOMMT

Beruht nicht der Schrecken auch darauf, dass eine harte irdische Justiz zum Maßstab der Gerechtigkeit Gottes gemacht wird? Jesus erzählt allerdings ein Gleichnis. Das „Gericht" ist ein Bild. Dieses Bild zeigt etwas von der Wirklichkeit Gottes und der Begegnung mit ihm, auf die alles ankommt. Aber das Bild ist kein Photo-Realismus. Es bleibt ein Spiegel, in dem man nur Umrisse erkennen kann (1Kor 13,12). Es wäre falsch verstanden, wollte man annehmen, Jesus habe im Vorhinein protokollieren wollen, wer was wem am Jüngsten Tage sagt.

Aber eines ist klar: Es geht um Gerechtigkeit. Jesus setzt mit dem Alten Testament und dem Judentum seiner Zeit auf die Gerechtigkeit Gottes. Es ist keine irdische Gerechtigkeit, die – wie der Philosoph Immanuel Kant erkannt hat – immer mit Zwang und Strafe verbunden ist, weil die menschliche Macht und Weisheit begrenzt ist; sondern es ist die himmlische Gerechtigkeit, die vollkommenes Glück, unendliches Heil, ewigen Frieden schafft, weil Gottes Macht unbegrenzt ist und seine Weisheit alles Verstehen übersteigt.

Der Grundsatz der Gerechtigkeit lautet: Suum cuique – Jedem das Seine. Ohne dass Gerechtigkeit herrscht, gibt es keine Erlösung. Würden keine Unterschiede zwischen Gut und Böse gemacht werden, würde blanker Zynismus herrschen. Wer kann schon wollen, dass Opfer und Täter in einen Topf geworfen werden? Das Jüngste Gericht ist die Stunde der Wahrheit. Es kommt alles noch einmal zur Sprache – das Gute, das wir getan, und das Böse, das wir unterlassen, aber auch das Böse, das wir getan, und das Gute, das wir unterlassen haben. Wäre es anders, würden wir uns selbst nicht ernstnehmen. Wir würden die Hoffnung auf eine Lüge bauen. Das kann nicht wahr sein.

Jesus hat eine klare Linie: Es gibt keine Versöhnung ohne Wahrheit. Der Wahrheit des eigenen Lebens ins Auge zu sehen, ist schmerzhaft. Denn es gibt kein

Leben ohne Schuld, ohne Leid, ohne Tod – so viel Gutes, Schönes, Wahres es auch gibt. Nur kann das eine nicht gegen das andere aufgerechnet werden. Deshalb die Bilder der Feuersglut (Mk 9,42-50) und der Wasserflut (Mt 7,24-27), die auch das Neue Testament kennt, wenn es vom Gericht spricht, vom Brennen und Anschwellen des göttlichen Zornes. Aber, wie der Papst in seiner zweiten Enzyklika über die Hoffnung geschrieben hat: Es ist keineswegs klar, dass damit immer die „Hölle" gemeint ist, der Ort ewiger Verdammnis; es kann auch das „Fegefeuer" vor Augen stehen, der Ort einer letzten Versöhnung, der vielleicht schmerzvollen, schwierigen, manchmal langwierigen Läuterung.

So wenig Gott von Menschen auf eine Generalamnestie festgelegt werden kann, so sehr gilt doch die Hoffnung der brennenden Liebe, in der Gott die Schuld der Menschen tilgt. Die Pointe des ganzen Neuen Testaments: Der glühende Zorn Gottes gilt der Sünde, nicht dem Sünder. Nicht Gott muss mit der Existenz sündiger Menschen versöhnt werden, denn seine Liebe ist ohne Vorbehalt. Aber die sündigen Menschen müssen mit der Existenz Gottes versöhnt werden; denn wenn sie Gott als ihren Feind sehen, müssen sie mühsam gewonnen werden – und wenn sie glauben, mit Gott gut Freund zu sein, haben sie noch die Lektion vor sich, wie groß Gott in seiner Liebe wirklich ist.

Es gibt kein Heil ohne Gericht. Aber das Gericht gibt es um des Heiles willen. Zur tiefsten Wahrheit eines jeden Menschen gehört, von Gott geschaffen und geliebt zu sein. Um das zu offenbaren, ist Jesus in die Welt gekommen. Darauf kommt es an, wenn er wieder kommt: dass die Menschlichkeit endgültig siegt, weil Gott, der Freund des Lebens, alles in allem ist (1Kor 15,28).

Er ist gerecht, ein Helfer wert

Im Gleichnis vom Weltgericht zeigt Jesus zwei Bilder. Es ist das Bild eines Hirten, der zwischen Böcken und Schafen trennt, und das Bild eines Königs, der Gericht hält. Die Bilder des Hirten und des Richters passen zu Gott; sie passen aber auch zu Jesus. Der Hirt scheidet zwischen Böcken und Schafen, um beide besser hüten zu können. Der Richter unterscheidet zwischen Gut und Böse, um Gerechtigkeit walten zu lassen.

Das Gleichnis arbeitet mit Schwarz-Weiß-Malerei. Schafe – Ausnahmen bestätigen die Regel – sind weiß; Böcke – im Bibeltext ist eigentlich von Ziegen die Rede – sind schwarz. Grautöne gibt es nicht: damit der entscheidende Unterschied in die Augen springt, den das Urteil des Hirten und des Königs aufdeckt. Zur Gerechtigkeit gehört nicht die Gleichmacherei; zur Gerechtigkeit gehört es, Unterschiede zu machen. Aber bevor von mildernden Umständen, von Bewährung und von Gnadenakten die Rede ist, steht das Urteil „schuldig" oder „unschuldig". Am Jüngsten Tag geht es um die großen Fragen, bei denen kein Sowohl – Als auch, kein Vielleicht, sondern nur ein Entweder – Oder herrscht, ein Ja oder ein Nein.

Gott oder Götze, Liebe oder Hass, Feind oder Freund – so schwierig die Antworten in den Wechselfällen des Lebens zu geben sind, so zerbrechlich das Gelingen, so undeutlich die Alternativen, so leicht die Fehltritte: Im Gericht wird nicht das irdische Leben ins Unendliche verlängert, sondern endgültig, klar und eindeutig zwischen Unglück und Unheil, zwischen Schwäche und Schandtat, zwischen Glück und Güte, zwischen Heuchelei und Wahrheit unterschieden, wie tief auch immer sie im menschlichen Bewusstsein oder Unterbewusstsein verborgen sein mögen. Da gibt es manche Überraschungen. Sonst herrschte nicht die himmlische Gerechtigkeit Gottes.

Das kann Jesus mit seinem Gleichnis ins Bild setzen – unter einem wesentlichen Aspekt. Jedes Bild blendet das meiste aus – um etwas besonders Wichtiges hervorzuheben. Das Gleichnis vom Weltgericht soll nicht, weil es mit Kontrasten arbeitet, den Eindruck vermitteln, die Hälfte der Menschheit sei verloren. Es soll vielmehr erkennen lassen, worauf das Urteil Gottes über ein gelingendes Leben gründet. Es ist auch gar nicht gesagt, dass nur zwischen verschiedenen Menschen und nicht ebenso gut zwischen verschiedenen Seiten in einem einzigen Menschen unterschieden wird. Das Gleichnis fordert nicht zu der Spekulation auf, wer denn wohl auf der guten und der schlechten Seite des Lebens steht; es lädt die Hörer ein, sich selbst zu fragen, was im eigenen Leben gut und was schlecht ist.

Dafür braucht man Kriterien. Solche Kriterien macht das Gleichnis vom Weltgericht sichtbar. Es sind Kriterien, die über das Gelingen und Scheitern eines ganzen Lebens entscheiden. Sie setzen der göttlichen Barmherzigkeit keine Grenze, sondern zeigen, wie viel Gott an den Werken der Barmherzigkeit liegt.

Jesus, der das Gleichnis über einen Königssohn erzählt, formuliert die Kernsätze erst positiv, dann negativ. Die Angesprochenen wiederholen sie, im Guten wie im Bösen. Viermal taucht der Katalog auf, so wichtig ist er.

Am wichtigsten ist die erste Liste. Sie ist positiv gestaltet (Mt 25,35-36):

„Ich war hungrig, und ihr habt mir zu essen gegeben.
Ich war durstig, und ihr habt mir zu trinken gegeben.

Ich war fremd, und ihr habt mich aufgenommen.
Ich war nackt, und ihr habt mich bekleidet.
Ich war krank, und ihr habt mich gepflegt.
Ich war im Gefängnis, und ihr habt mich besucht."

Die Überraschung der Gerechten ist groß: Wann hätten sie denn den Königssohn hungrig, nackt und fremd gesehen? Aber dessen Antwort ist klar (Mt 25,40):

„Was ihr dem Geringsten meiner Brüder getan habt,
das habt ihr mir getan."

Dem entsprechen, damit der Kontrast klar genug wird und die Wichtigkeit, richtige Lebensentscheidungen zu treffen, einleuchtet, die spiegelbildlichen Negativwendungen. Sie unterstreichen, was am Ende zählt.

Von einem Glaubensbekenntnis ist gar keine Rede. Spezifisch christliche Inhalte fehlen. Die Dogmatik tritt weit zurück. Nicht, weil all das unwichtig wäre. Aber weil, wie der Apostel Paulus im Hohenlied der Liebe schreibt, unser Wissen, unsere Erkenntnis, auch unsere Prophetie Stückwerk bleibt. Alles vergeht – nur die Liebe bleibt (1 Kor 13). Das hat Gründe.

Brich dem Hungrigen dein Brot

Jesus knüpft im Gleichnis vom Weltgericht an eine alte jüdische Tradition an: die Werke der Barmherzigkeit. Sie stehen in keinem Gesetzbuch dieser Welt geschrieben; sie können vor keinem Gericht dieser Welt eingeklagt werden – aber die Welt ginge zugrunde, wenn sie nicht getan würden. Und zwar um ihrer selbst willen, absichtslos, ohne Hintergedanken. Besser: Um der Menschen willen, die der Hilfe bedürfen, weil sie sich selbst nicht helfen können. Und um Gottes willen, der das Heil der Menschen will.

Jesaja malt sich aus, wie im Gottesvolk gelebt wird, wenn wahrer Friede herrscht, und verkündet als Wort Gottes (Jes 58,6f.):

„⁶Das ist ein Fasten, wie ich es liebe:
die Fesseln des Unrechts zu lösen,
die Stricke des Jochs zu entfernen,
die Versklavten freizulassen,
jedes Joch zu zerbrechen,
⁷an die Hungrigen dein Brot auszuteilen,

die obdachlosen Armen ins Haus aufzunehmen,
wenn du einen Nackten siehst, ihn zu bekleiden
und dich deinen Verwandten nicht zu entziehen."

Der Prophet Ezechiel beschreibt die wahre Gerechtigkeit, die in Israel herrschen
soll (18,5-9):

„⁵Ist jemand gerecht, so handelt er nach Recht und Gerechtigkeit. …
⁷Er unterdrückt niemand.
Er gibt dem Schuldner das Pfand zurück.
Er begeht keinen Raub.
Dem Hungrigen gibt er von seinem Brot,
und den Nackten bekleidet er.
⁸Er leiht nicht gegen Zins und treibt keinen Wucher.
Er hält seine Hand vom Unrecht fern.
Zwischen Streitenden fällt er ein gerechtes Urteil.
⁹Er lebt nach meinen Gesetzen,
er achtet auf meine Rechtsvorschriften
und befolgt sie treu.
Er ist gerecht, und deshalb wird er am Leben bleiben –
Spruch Gottes, des Herrn."

Beide Texte stehen in einer reichen jüdischen Tradition. Jesus hat das prophetische Ethos geteilt. Es wurzelt in Gottes Sorge für die Armen. Er hat ihnen das Leben geschenkt und will, dass sie leben können. Jesus selbst hat die Armen, die Hungernden und Weinenden seliggepriesen, weil Gott ihnen die Tür zu seinem Reich öffnet (Lk 6,20f. par. Mt 5,3-12). Jesus hat aber nicht nur den Armen Gutes verheißen, er hat auch ihr Leben geteilt. Er hat nichts auf den Weg der Verkündigung mitgenommen; er hat sich und seine Jünger von der Gastfreundschaft derer abhängig gemacht, die zu Hörern des Wortes werden sollten. Das alles nicht aus Verachtung des Besitzes, nicht wegen der Schlechtigkeit der Welt und der Überlegenheit des Heiligen, sondern aus Solidarität mit den Armen. Paulus drückt es einmal so aus (2Kor 8,9):

„Er, der reich war, ist um unsretwillen arm geworden,
damit wir durch seine Armut reich werden."

Nahe wollt der Herr uns sein

Jesus würde sicher schnell Zustimmung finden, dass es wichtig ist, Werke der Barmherzigkeit zu tun. Mitleid gibt es nicht nur bei Juden und Christen. Aber weshalb können die häufig so stillen Taten der Nächstenliebe so unendliche Bedeutung gewinnen? Sie sind doch nicht immer von heroischen Anwandlungen begleitet. Sie ergeben sich häufig zufällig; sie werden auch nicht immer ganz leichten Herzens getan; sie kosten Überwindung; sie lösen gemischte Gefühle aus.

Jesus weiß das. Und deshalb macht er die entscheidende Bedeutung gar nicht am Maß der Moralität, am Grad der Hingabe, an der Größe der Opferbereitschaft fest, sondern an Gott – und an sich selbst. Er selbst identifiziert sich mit den Hungernden, den Dürstenden, den Fremden, den Kranken, den Gefangenen. Wer die Evangelien liest, weiß: Das ist keine hehre Idee, sondern die Wahrheit des gelebten Lebens Jesu – bis in den Tod.

Das Gleichnis vom Weltgericht setzt eine ganze Christologie ins Bild. Je klarer vor Augen steht, dass Jesus nicht für sich selbst, sondern für andere gelebt habt; je deutlicher das Bekenntnis wird, dass in der Hingabe seines Lebens das Heil der Menschen beschlossen liegt – desto sprechender wird das Bild des Gleichnisses. Wenn Jesus das Beispiel des barmherzigen Samariters erzählt, liegt es nahe, dass er selbst den Samariterdienst leistet (Lk 10,25-37): Er selbst ist der „Arzt" der Kranken (Mk 2,17) – kein Zauberer, sondern ein „Heiland", der die körperliche wie die seelische Not der Menschen lindert. Der arme Lazarus, der vor der Tür des Reichen liegt, ist Jesus sichtlich ans Herz gewachsen (Lk 16,19-31): Er selbst ist der Menschensohn, der „nichts hat, wohin er sein Haupt betten könnte" (Lk 9,58 par. Mt 8,20).

Das Erstaunen der Gerechten und der Ungerechten im Gleichnis vom Weltgericht bezieht sich darauf, wie nah Gott und wie nahe Jesus ihnen ist – und auf welche Weise. Jesus verkündet die Nähe der Gottesherrschaft (Mk 1,15). Die Nähe Gottes ist das Hauptthema der Verkündigung Jesu. Er selbst ist präsent, um für die Wahrheit seiner Worte einzustehen. In seiner Person ist Gott selbst nahe – mitten unter den Menschen. Ob Jesus Recht hat, ist eine Glaubensfrage. Dass man nur hoffen kann, er habe Recht, zeigen seine Taten der Nächstenliebe und die Versprechen, die sie abgeben.

Das Gleichnis vom Weltgericht überrascht, wie groß die Nähe ist. In einem doppelten Sinn: Erstens ist sie nicht an die körperliche Anwesenheit Jesu gebunden; das Gleichnis gilt vor Ostern so gut wie nach Ostern. Das erklärt sich nur, wenn Jesus die Menschen mit der Liebe Gottes liebt, die nicht an Raum und Zeit gebunden ist. Zweitens gilt sie gerade den Armen, den Kranken, den Gefangenen. Das erklärt sich aus der Lebenspraxis Jesu.

Die Konsequenzen sind weitreichend. Sie betreffen nicht nur die Moralvor-stellungen, sondern auch den Christusglauben. Jesus ist zu aller Zeit gegen-wärtig – nicht nur weil er zur Rechten Gottes erhöht ist, sodass er im Gebet angerufen, im Gottesdienst gefeiert, in der Katechese gelehrt werden kann; sondern auch weil er immer wieder neu erniedrigt wird: in den Kranken, die niemand pflegt, in den Hungernden, die niemand speist, in den Gefangenen, die niemand besucht.

Aber eben deshalb begegnet er nicht nur denen, die an einer Liturgie teilnehmen oder Theologie studieren, sondern ebenso denen, die auf der Sozialstation, im Krankenzimmer, in der Suchtberatung, in der Gefängnisseelsorge Dienst tun. Jesus nimmt – gestern wie heute und morgen – am Leben der Notleidenden teil: nicht von oben herab, sondern von innen heraus. In der Liebe Gottes identifiziert er sich so sehr mit den Menschen, die der Hilfe bedürfen, dass ihm begegnet, wer ihnen begegnet.

Sonne der Gerechtigkeit, gehe auf zu unsrer Zeit

Die Werke der Barmherzigkeit, die das Gleichnis vom Weltgericht prägen, spricht Jesus auch in der Bergpredigt an. Almosen, Gebet und Fasten nennt er (Mt 6): Almosen – der Ausdruck kommt vom griechischen Wort für Barm-herzigkeit – nennt er um der Unterstützung der Armen willen; das Gebet, zu dem er einlädt, ist nicht zuletzt Bittgebet für diejenigen, die der Hilfe Gottes bedürfen; das Fasten tut nicht nur denen gut, die bisweilen Speis' und Trank reduzieren, sondern auch denen, die von der dadurch gewonnenen Unabhän-gigkeit profitieren.

Im Judentum und Christentum ist das Fasten Ausdruck der Trauer über Not und Unglück. Es ist ein Zeichen der Anteilnahme, auch wenn man sonst nichts mehr tun kann. Im Christentum ist das Fasten speziell ein Ausdruck der Trauer über den Tod Jesu: also das Leid dessen, der das Leid der Welt auf sich nimmt, um es aus der Welt zu schaffen. Almosen, Gebet und Fasten gehören zusammen.

Jesus sieht aber auch die Gefahren. Das Hauptproblem ist die Heuchelei. Almo-sen, Beten und Fasten können allzu leicht der Selbstdarstellung dienen – weil sie so gut und wichtig sind. Sie dienen dann weder Gott noch dem Nächsten, sondern kultivieren den Egoismus. Deshalb soll die Rechte nicht wissen, was die Linke tut; deshalb soll man im stillen Kämmerlein beten; deshalb soll man nicht in Sack und Asche gehen, sondern das Haupt salben und fröhlich sein beim Fasten. Nur wenn die Gefahr der Heuchelei gesehen wird, können die

Taten der Nächstenliebe gut sein. Sie sind gut, wenn sie gut tun. Davon hat Jesus in der Bergpredigt auch gesprochen (Mt 5,13-17):

[13]Ihr seid das Salz der Erde.
Wenn das Salz aber schal wird, womit soll man's salzen?
Es taugt zu nichts mehr,
außer dass es hinausgeworfen und von den Leuten zertreten wird.
[14]Ihr seid das Licht der Welt.
Eine Stadt, die auf dem Berge liegt,
kann nicht verborgen bleiben.
[15]Man zündet ja kein Licht an
und stellt es unter den Scheffel,
sondern auf den Leuchter,
damit es allen im Haus leuchtet.
[16]So soll euer Licht vor den Menschen leuchten,
sodass sie eure guten Werke sehen
und euren Vater in den Himmeln preisen.

Jesus, der nach dem Johannesevangelium sich selbst „das Licht der Welt" (Joh 8,12) nennt, sagt nach der Bergpredigt seinen Jüngern, sie seien „Salz der Erde" und „Licht der Welt". Er will, dass sie ihr Licht nicht unter den Scheffel stellen, sondern in der Welt leuchten lassen. Denn er will, dass die Welt heller wird – durch diejenigen, die ganz auf Gott setzen.

Jesus hat nur eine kleine Schar von Jüngern vor Augen. Aber so wie eine kleine Kerze ein ganzes Zimmer erleuchten kann, so können auch wenige, die Jesu Spuren folgen, die Welt menschlicher machen. Entscheidend ist nicht die Quantität, sondern die Qualität.

Die guten Werke tun ihren Teil. Sie sind nicht selbst das Licht. Das sind vielmehr die Menschen, die sie tun, weil sie Jesus Glauben schenken. Von diesen Menschen strahlt das Licht der Liebe Gottes aus. Dieses Licht lässt die Güte barmherziger Werke erkennen. Es befreit sie von dem Verdacht, der Selbstdarstellung zu dienen oder die Abhängigkeit des Hilfsbedürftigen aus-zubeuten oder gar nur dem Ziel untergeordnet zu werden, sie wieder in den Produktionsprozess zu integrieren.

Wenn die Werke der Nächstenliebe ins Licht der Gottesliebe gesetzt werden, sind sie eindeutig: Sie gelten dann Menschen, denen die Liebe Gottes gilt – nicht weniger als denen, die sich Gott sei Dank zu Werken der Nächstenliebe bewegen lassen. Menschen um ihrer selbst willen zu lieben, heißt nach Jesus:

sie um Gottes willen zu lieben, der ihr Leben ausmacht. Und sie um Gottes willen zu lieben, heißt, sie um ihrer selbst willen zu lieben.

BEIM HERRN IST BARMHERZIGKEIT UND REICHES ERBARMEN

Das Beispiel Jesu hat Schule gemacht. Mehr noch: Seine Botschaft hat angesteckt. Und auch das reicht noch nicht: Er selbst ist gegenwärtig als der Heiland, der Retter. Deshalb gibt es in der ganzen Menschheit das Ethos des Mitleids. Und deshalb spricht Jesus von den Geringsten seiner Brüder, ohne religiöse, soziale, politische Grenzen zu ziehen.

Die Kirche Jesu Christi ist von diesem Ethos des Mitleids gefordert. Inmitten aller Schwächen hat sie auch in jeder Zeit Antworten gegeben, besonders in der Krankenpflege, in der Armutsbekämpfung, in der Bildungsarbeit, in der Betreuung von Sterbenden – bis hin zu kirchlichen Vereinen, die schon in der Antike Geld dafür gesammelt haben, dass auch die Ärmsten der Armen ein christliches Begräbnis bekommen. Krankenhäuser sind eine christliche Erfindung. Sterbenskranken die Bitte um einen guten Tod zu erfüllen, ist eine christliche Aufgabe, die heute im harten Widerspruch zu allen Suizid-Organisationen steht.

In jeder guten Theologie ist die Humanität, die Jesus vorbildlich gelebt hat, nicht als Privileg des Christentums, sondern umgekehrt das Christentum als echte Humanität gesehen worden, weil Gott ins Spiel kommt, der im Menschen Jesus von Nazaret das Leben der Menschen geteilt hat, gerade der Notleidenden.

Das Christentum als konsequenten Humanismus zu sehen, schafft auch heute die Möglichkeit, in den sozialen Aktivitäten Bündnisse einzugehen, zumal der Sozialstaat – eine christliche Idee – viele Aufgaben in die politische Regie übernommen hat. Im 19. Jahrhundert war es die große Leistung nicht zuletzt der Orden, eine Antwort auf die soziale Frage zu geben, die sich nicht in den Höhen der utopischen Spekulationen verlor, sondern bei der Not der Menschen ansetzte – nicht irgendwelcher, sondern derjenigen, die der Hilfe bedurften, weil sie krank und nackt und verfolgt und hungrig und durstig waren.

In Zeiten der Volkskirche war es die Aufgabe der Orden, diese Leuchtzeichen zu geben, von denen Jesus im Blick auf die gesamte Jüngerschaft in der Bergpredigt spricht. Heute, in Zeiten der Säkularisierung und wilden Religiosität, muss es zu einer neuen Arbeitsteilung nicht nur zwischen Ordensleuten und dem Klerus, sondern auch mit den Laien kommen.

Die Orden mit ihren Krankenhäusern, Hospizen, Sozialstationen und Bildungseinrichtungen von Kinderkrippen bis Hochschulen sind wichtige Orte, an denen das Gleichnis vom Weltgericht ernstgenommen und ein neues Miteinander in der Kirche eingeübt wird, um clementia und caritas, Gottes- und Nächstenliebe zu verknüpfen.

Schwester Marie-Theres
Krankenhaus- und Gemeindeseelsorgerin

Therapie mit Seelsorge

„Zeit für Menschen zu haben – das ist ein Wunschberuf", findet Schwester Marie-Theres. Die 65-Jährige kann diesen Wunschberuf ausüben, und das gleich in doppelter Hinsicht: Mit einer halben Stelle arbeitet sie als Krankenhausseelsorgerin im Augustahospital in Isselburg-Anholt, einer neurologischen Fachklinik mit dem Schwerpunkt Multiple Sklerose. Die andere Hälfte ihrer Arbeitszeit ist sie als Pastoralreferentin in der Seelsorgeeinheit Isselburg, Anholt, Werth und Schüttenstein im Einsatz.

Zwei Tätigkeiten, die vollen Einsatz fordern. In der Klinik: Besuche auf den Zimmern, Gespräche mit Patienten und Angehörigen, Teilnahme an Therapiesitzungen mit Ärzten und dem Pflegepersonal, Vorbereiten von Gottesdiensten und meditativen Impulsen. In der Gemeinde: Krankenbesuche und Austeilen der Krankenkommunion, Ansprachen in Gottesdiensten, Sterbebegleitung, Gespräche mit trauernden Angehörigen, Früh- und Spätschichten, Vorbereitung von Wortgottesdiensten und Meditationen.

GROSSE BELASTUNGEN

Das Augustahospital liegt mitten in einer Wohnsiedlung in Isselburg-Anholt, einer Kleinstadt im Westmünsterland, nahe der holländischen Grenze. Die Patienten kommen aus ganz Deutschland und den Niederlanden. Pro Jahr werden etwa 1.500 Menschen aufgenommen, zwei Drittel davon leiden an Multipler Sklerose, einer Erkrankung des zentralen Nervensystems.

Unter den Patienten seien viele junge Menschen, sagt Schwester Marie-Theres. „Man muss sich vorstellen, was das bedeutet: früh erkrankt zu sein, dann eine Zeit des Wartens, irgendwann kommt die Diagnose. Und dann kommt eine lange Zeit der Suche", weiß die Seelsorgerin aus ihren Begegnungen mit den Menschen. „In den Gesprächen stelle ich oft fest, welche großen Belastungen die Krankheit auslöst: Die jungen Leute müssen den Beruf aufgeben, viele geraten in finanzielle Schwierigkeiten, es gibt Streitigkeiten in der Familie. Bei gelähmten Menschen stellt sich außerdem die Frage: Wer übernimmt die Pflege?"

MOBILISIERUNG DURCH AUFBAU VON LEIB UND SEELE

Ziel des Aufenthalts in der Klinik sei es, die Menschen möglichst bald wieder in ihre gewohnte Umgebung zu entlassen. „Die Menschen sollen durch Therapie mobilisiert werden", sagt Schwester Marie-Theres. Dazu zählen nicht nur Bewegungsübungen, Hilfe bei Sprach- und Sprechstörungen, Massagen, Krankengymnastik und Sozialberatung, sondern auch die Seelsorge. „Meine Aufgabe besteht darin, einen ganzheitlichen Aufbau von Leib und Seele zu unterstützen", sagt Schwester Marie-Theres. „Es geht darum, den Menschen eine Wertschätzung zu geben, ihnen Anerkennung zu vermitteln."

Dabei komme ihr auch die Ordenstracht der Clemensschwestern zugute: „Die Patienten wissen sofort, mit wem sie es zu tun haben. Das ist eine Hilfe, auch in der Gemeindearbeit", sagt Schwester Marie-Theres. „Die Leute schöpfen sehr schnell Vertrauen." Die Ordensfrau unterliegt der Schweigepflicht – auch in den Therapiesitzungen mit dem Krankenhauspersonal, in denen der Heilungsprozess der Patienten besprochen wird. Oft wisse sie dann, was die Ursachen dafür sind, dass jemand schwierig, unnahbar oder unmotiviert sei. Doch sagen dürfe sie nur so viel, wie die Patienten zulassen. „Es ist wichtig, einen Bereich zu haben, der nicht sofort in die Öffentlichkeit gebracht wird. Der Patient kann sich aussprechen."

MEDITATION UND IMPULSE

Neben Sprechzeiten in ihrem Büro nutzt sie die Möglichkeit, die Patienten auf den Stationen zu besuchen und mit ihnen und den Angehörigen ins Gespräch zu kommen. Regelmäßig bietet sie außerdem Meditationen an: „Stille, Entspannung, mit allen Sinnen arbeiten, das suchen, worauf es ankommt, zu den eigentlichen Quellen kommen", nennt sie die Ziele solcher Übungen. Meditative Impulse und meditativer Tanz sind auch ein Schwerpunkt ihrer Arbeit in der Seelsorgeinheit. Seit fünf Jahren begleitet sie eine Gruppe von Frauen, mit denen sie Früh- und Spätschichten vorbereitet. „Diese Arbeit ist ein Ausgleich für die Arbeit im Krankenhaus. Es ist wichtig, im Alltag zur Ruhe zu kommen. Für die Leute und auch für mich selbst."

Schon im Alter von 14 Jahren habe sie den Wunsch verspürt, Ordensschwester zu werden. „Dieser Gedanke ist mit mir gegangen. Mit 19 Jahren habe ich den

Schritt gewagt." Auch aus einer Familientradition heraus: Ein Onkel war in der Mission tätig, und zwei Großtanten und eine Tante waren Clemensschwestern. Sie selbst trat den Barmherzigen Schwestern bei und machte eine Ausbildung zur Erzieherin. 13 Jahre lang war sie Kindergartenleiterin in Duisburg-Rheinhausen, bevor sie beim Institut für Diakonat und pastorale Dienste in Münster eine Ausbildung zur Pastoralreferentin machte.

BERUFUNG ZUR BARMHERZIGKEIT

„Die Barmherzigkeit hat mich lange beschäftigt, auch im Glauben", sagt Schwester Marie-Theres. „Es gab Punkte im Leben, wo die Barmherzigkeit eingeschlagen hat." Zum Beispiel, als ein damaliger Rektor ihr eine bisher unbekannte Sicht auf das Bußsakrament vermittelte: Gott als derjenige, der Barmherzigkeit walten lässt. Oder ihr Traum von Schwester Euthymia, der sie lange begleitet hat. „Da lag Schwester Euthymia im Traum im Sarg. Viele Leute standen um sie herum. Ich stand ziemlich am Schluss. Sie wurde lebendig und winkte mir zu und sagte: ‚durch die barmherzige Liebe unseres Gottes'. Darum ist mir die Barmherzigkeit so wichtig geworden."

Erinnert werde sie daran, wenn sie das Benedictus bete: „Durch die barmherzige Liebe unseres Gottes wird uns aufgehen das aufstrahlende Licht aus der Höhe." In der Krankenhausseelsorge und auch in der Gemeindearbeit komme es darauf an, nicht routinemäßig zu verfahren, sondern zu wagen, Dinge anzusprechen, Menschen Hoffnung zu bringen und zu erkennen, was wichtig ist. „Das kann ich nicht alleine." Jeden Tag versuche sie, durch Gebet und Meditation in die Nähe von Christus zu kommen: „jeden so anzunehmen und aufzunehmen, wie er ist, immer wieder entlastet zu werden, ihm die Dinge hinzuhalten, in sein barmherziges Handeln und seine Liebe." Das gebe ihr Kraft für ihre Tätigkeit als Seelsorgerin, sagt die Ordensfrau. „Sonst könnte ich das nicht."

ALMUD SCHRICKE

Gottes offene Seite

Herz Jesu: Ort der Begegnung mit der göttlichen Barmherzigkeit

Einer Sache, will man sie gründlich erforschen, geht man auf den Grund. Das kann schon mal mühselig sein. Einem Menschen, will man ihn wirklich kennen, muss man ins Herz schauen. Doch wer lässt sich gern ins Herz blicken?

Jesus tut das – sogar herzensgern. Seine Herzensangelegenheit: der Mensch. Sein Herzschlag: die Liebe. Sein Herzenswunsch: geliebt zu werden. Seine Herzensfreude: „dass alle eins sind", wie sein Vater und er. Das ist Kommunion – Vereinigung. Das ist seine Herzenslust: herzergreifend – herzerfrischend.

Barmherzigkeit

Was ist der Mensch? Und was ist Gott? Diesem doppelten Geheimnis spürt Prof. Dr. Pater Ludger Schulte nach in seinem Aufsatz. Und er macht deutlich: Jesus ist die Brücke zwischen Gott und Mensch. Der Mensch findet sein Herz in Gott, und Gott legt dem Menschen sein Herz offen. Und sie sollen eins sein – und dies geschieht in der Feier der Eucharistie.

Autor

Dr. Ludger Ägidius Schulte OFM-Cap (Jahrgang 1963) aus Münster ist Professor für Dogmatik und Dogmengeschichte. Er lehrt seit 1997 an der Philosophisch-Theologischen Hochschule Münster. Der Ordensmann ist seit 25 Jahren Kapuziner und verantwortlich tätig in der Ausbildung des Ordensnachwuchses.

Wer nur in Ruhe hinschaut, sich losmacht vom schnellen Urteil, vom Immer-schon-Bescheidwissen über sich und das Leben, wer also achtsam ist, der wird, in die Heilige Schrift blickend, sehen, wie unendlich gut Jesus ist. Da gibt es nichts Gemeines an ihm, keinen Drang, andere zu beherrschen oder ihnen seinen Willen aufzuzwingen. Wer auf den Menschen Jesus sieht, auf die Art und Weise, wie er spricht, wie er den Menschen begegnet, der sieht seine Freiheit, seine Klarheit, vor allem seine Barmherzigkeit und Liebe. „Jesu ganzes Dasein ist die Übersetzung der Macht in Demut" (Romano Guardini).

Demut ist aber nicht die Haltung, sich klein und gering zu machen oder gar abzuwerten, sondern die Kraft, den anderen in seiner Größe aufgehen zu lassen. Sie ist der Teil in der Liebe, die Raum schenkt. Jesus ist die Demut Gottes. Er ist das Raumgewähren Gottes, damit der Mensch Mensch werde. Das Hebräische besitzt für die gleiche Wirklichkeit das Wort „rahamim" – was so viel heißt wie Mutterschoß, Gnade, Güte, Wohlwollen und vor allem Barmherzigkeit.[1]

Die Demut Gottes und seine Barmherzigkeit sind nicht voneinander zu trennen. Die Liebe drängt sich nicht auf, sie respektiert die Freiheit des anderen. Sie gewährt Raum in sich, nährt den anderen zu sich hin, wie das Kind im Mutterschoß. Wahre Liebe lässt den anderen in seiner Andersheit gelten, ohne ihn aus der haltenden Nähe zu verstoßen. Weil Gott unendliche Liebe ist, ist Gott unendlich Raum gewährend und diskret. Das sehen wir an Jesus: Er beschämt nicht.

Er ist nicht gekommen, um die Menschen ihre Schuld fühlen zu lassen oder ein Urteil über sie zu sprechen, sondern zu retten was verloren ist (vgl. Mt 18, 11; Joh 3,17). Er ist beseelt von der Überzeugung, eine Sendung zu haben. Er ist stark. In ihm brennt das Licht der Wahrheit und die arglose Liebe eines Kindes. Natürlich, er kann mich überführen, mich läuternd in meine Wahrheit einsetzen, weil er mich ernst nimmt. Störend wirkt er nur auf unseren Stolz, unsere Verschlossenheit und unsere Angst, wenn er in uns das Licht wecken will. Wie? Er ruft und er wartet, um Leben zu schenken. In ihm ist geduldige Ungeduld. Sein Blick schaut uns in Liebe an wie den reichen Mann, der seinen Besitz und damit sich loslassen soll (vgl. Mk 10, 17-23). Ob wir es wagen?

Seine Sehnsucht ist es, die Ketten zu lösen, die uns in Egoismus und Schuld gefangen halten und uns hindern, auf dem Weg zu innerer Freiheit und innerem Wachstum weiterzukommen. Seine Sehnsucht ist es, die tiefsten Kräfte freizusetzen, die in uns allen verborgen sind, auf dass wir Menschen des Erbarmens werden können. Tatsächlich, wir sollen Frieden stiften wie er, nicht die Verletzungen, den Schmerz und die Widerständigkeit unserer Wirklichkeit fliehen, sondern unseren Platz einnehmen, selber zu einer Feuerstelle Gottes in dieser Welt werden, Gemeinschaft bilden und Orte der Liebe schaffen und auf diese Weise der Welt Hoffnung bringen.

So wie er, wir! Kann man das? Kann ich das? Die rettende Frage ist: Woher lebt er, damit wir können, was er mit uns leben will? Er lebt vom Vater. Sein Vertrauen zu Gott dem Vater macht ihn so menschlich und zugleich zum Ort Gottes in dieser Welt.

Es ist für Jesus in einer einmaligen Weise wahr, was für uns in ähnlicher Weise gilt und was der von den Nationalsozialisten ermordete Jesuitenpater Alfred Delp im Gefängnis so formuliert hat: Der Mensch ist nur ganz Mensch, wenn er mit Gott zusammengesehen wird.[2] Vom Menschen wissen wir nur, wenn wir Gott kennen.

JESUS, DAS GEHEIMNIS GOTTES

Indem ich auf den Menschen Jesus schaue, geht mir Gott auf. In ihm rühre ich an ein Geheimnis, das das Menschliche übersteigt und ihn zugleich zutiefst menschlich macht. In dieses Verhältnis will er mich ziehen. Er will mich ins Vertrauen ziehen. Er will mich zu Gott, dem Vater, führen. Es ist das Geheimnis Gottes selbst, das mir in dem Menschen Jesus entgegenleuchtet.

Von diesem Jesus spricht das Johannesevangelium: „Niemand hat Gott jemals gesehen. Der Einzige, der Gott ist und an der Brust – am Herzen – des Vaters ruht, er hat Kunde gebracht" (Joh 1,17). Wer nicht ahnt, wie weit einem Gott entrücken kann, wie viel Rätsel und Abgründigkeit das Leben birgt und Gott nur als dunklen Horizont übrig lässt, weiß nicht, was ihm diese Zeilen des Johannesevangeliums an Orientierung und Hoffnung schenken: Es gibt das menschliche Antlitz Gottes, die Übersetzung Gottes in unsere Hinfälligkeit, die Fleischwerdung des Wortes Gottes. Es gibt nicht nur den Namenlosen über allem Verstehen, sondern den, der seinem Namen, „Ich bin, der ich mich erweisen werde" (vgl. Ex 3, 14), ein Gesicht gegeben hat. In Jesus klärt sich das Gottsein Gottes auf. Gottes Liebe wird eindeutig.

Das gleiche Evangelium berichtet davon, wie der Lieblingsjünger im Abendmahlsaal an Jesu Brust liegt (vgl. Joh 13, 23), um den Herzschlag Jesu zu hören, der sein Leben hingibt für die Menschen. Und das gleiche Evangelium lädt uns ein, auf den zu schauen, den sie durchbohrt haben, denn der am Kreuz Erhöhte will alle an sich ziehen (vgl. Joh 19, 37). Auch wir sind also gleichsam eingeladen, uns an die Seite Jesu zu legen, um seinen Herzschlag für die Menschen zu hören und zu verstehen, damit unser Herz gesunde und wir wissen, was das Herz des Vaters bewegt.[3] Was sich im Abendmahl zwischen seinem Lieblingsjünger und ihm ereignet, wird am Tag darauf öffentlich: Jesus, mit seiner geöffneten Seitenwunde am Kreuz, ist die offene Stelle der Begegnung des Menschen mit Gott. Dieses letzte Geheimnis seines Lebens und seiner Hingabe ist uns gegeben, damit wir erkennen, wer Gott für uns ist und wer wir als Menschen werden können, wenn wir wie er auf Gott vertrauen: Menschen der Barmherzigkeit. Nur so wird die Forderung Jesu lebbar: „Seid barmherzig, wie euer Vater barmherzig ist" (Lk 6,36).

JESUS, DAS GEHEIMNIS DES MENSCHEN

Die Väter des Zweiten Vatikanischen Konzils haben über das Geheimnis Christi gesagt: „Tatsächlich klärt sich nur im Geheimnis des fleischgewordenen Wortes das Geheimnis des Menschen wahrhaft auf."[4] Wir brauchen diese neue Aufklärung über den Menschen! Wir leben in einer Zeit, in der der Mensch seiner eigenen Größe und Berufung wenig zutraut oder sich maßlos überschätzt, weil er gleichsam in der blutig-ideologischen Geschichte des letzten Jahrhunderts versinkt oder im psychologischen wechselweise soziologischen Konstrukt aufgelöst wird oder in den Genen seines Körpers und neuronalen Impulsen seines Gehirns verschwindet.

Der Mensch hat kein Bild mehr von sich. Er zerfällt in tausend Puzzleteile. Er weiß nicht mehr so recht, wofür er sich stark machen soll, noch was es wert ist, sich hinzugeben. Tragisch ist jedoch: Ein Mensch ohne eine sinnvolle Hingabe an etwas Größeres als er selbst ist ein magersüchtiger Mensch, ein verdorrter Mensch. Er bleibt in sich stecken. – In einem Gedicht heißt es erhellend:

wer bin ich

von Geburt an
das Fragezeichen ins Gesicht geschnitten

mein Name wie ein anonymer Steckbrief
vom Wind in den Sand geschrieben

Adresse im Niemandsland
zwischen Wunsch und Wirklichkeit

Passbild im Hochglanz
doch die Augen bleiben matt

kein Spiegel
zeigt mein wahres Gesicht

nicht passendes Puzzle
aus widerstreitenden Gefühlen

ein gejagter Jäger
mich selber suchend und fliehend zugleich

die Summe meiner Eigenschaften
geht nicht auf

Maske um Maske
entblättert meine Blöße

zerrissenes Ebenbild
eines um mich bangenden Gottes. (Andreas Knapp[5])

Jesus Christus ist nicht nur die Aufklärung des Gottes, sondern er ist zugleich die wahre Aufklärung des Menschen. Das heißt: Christus zeigt den Menschen nicht nur die Wege des inneren Lebens, sondern er bietet sich selbst als „Weg" an, dem man folgen muss, um das Ziel zu erreichen. Er ist der „Weg", weil er das Mensch gewordene Wort Gottes, weil er der Mensch schlechthin ist.

Im oben angeführten Konzilstext heißt es weiter: „Denn Adam, der erste Mensch, war das Vorausbild des Zukünftigen, nämlich Christi des Herrn. Christus, der neue Adam, macht eben in der Offenbarung des Geheimnisses des Vaters und seiner Liebe dem Menschen den Menschen selbst voll kund und erschließt ihm seine höchste Berufung."[6]

Nur der vollkommene Spiegel (1 Kor 13, 22), wie die christliche Tradition Christus als das Ebenbild des Vaters nennt (2 Kor 4,4; Kol 1,15; Heb 1, 3), zeigt dem Menschen sein wahres Gesicht. Christus ist gleichsam das Bangen Gottes um die zerrissene Gottebenbildlichkeit des Menschen. Jesus ist die endgültige Vision Gottes über den Menschen, weil er das „Sehen Gottes" nach dem Menschen ist. In ihm kann das verstümmelte, verletzte, ausgelöschte Antlitz des Menschen Heilung finden. Papst Johannes Paul II. hat es schlicht gesagt: „Das Evangelium ist Prophetie über den Menschen. Außerhalb des Evangeliums bleibt der Mensch ein dramatisches Rätsel ohne eine ausreichende Antwort. Die richtige Antwort auf das Rätsel Mensch ist tatsächlich Christus, der Redemptor hominis (der Erlöser der Menschen)."[7] All das heißt: Wir erhalten in

Jesus wieder ein Bild, eine Vision von dem, was wir werden können, weil wir auf ihn hin geschaffen sind. Wir werden Mensch, wir werden menschlicher, wenn wir immer mehr ihn in den Blick nehmen, ihm erlauben, in unser Leben einzutreten, ja gestatten, in uns zu leben und durch uns zu handeln.

IM BILDE SEIN

Wie kann das geschehen? Zuerst muss der heutige Mensch anhalten, unterbrechen, zur Ruhe kommen und aufhören zu fliehen.[8] Einfach gesagt: Er muss sich wieder stellen. Was ist damit gemeint? In einem Brief der heiligen Klara von Assisi (13. Jh.) an die selige Agnes von Prag kommt das Gemeinte auf mystische Weise zum Ausdruck:

Stelle Deine Gedanken
vor den Spiegel
der Ewigkeit.

Stelle Deine Seele
in den Glanz
der Herrlichkeit Gottes.

Stelle Dein Herz
vor das Bild
der Wesenheit Gottes.

Lasse Dich
im Gebet
verwandeln und umformen
in das Abbild seiner Gottheit.

Du wirst empfinden,
was seine Freunde empfinden.

Du wirst verkosten
die verborgene Süßigkeit,
die Gott von Anbeginn
aufbewahrt hat
für die, die ihn lieben.

Mit ganzer Hingabe schenke Ihm
Deine Liebe,

Ihm, der sich, um Dich zu lieben,
mit ganzem Wesen hingegeben hat,
Ihm, dessen Schönheit
Sonne und Mond bewundern,
Ihm, dessen Geschenke
in ihrer Kostbarkeit und Größe
ohne Ende sind.

Ihn meine ich,
den Sohn des Allerhöchsten,
den Himmel und Erde nicht zu fassen vermögen
und der sich dennoch
im Schoß einer menschlichen Mutter
tragen und darin bilden ließ. (Nach 3Ag 3)

Die christliche Tradition hat diese schlichte Wahrheit mit einem schlichten Satz
zu den Menschen getragen: „Bilde unser Herz nach Deinem Herzen!"

Die Dramatik Gottes und des Menschen

Auf das Bisherige schauend, lässt sich sagen: Jesus ist die Brücke zwischen Gott
und den Menschen. Er ist der Mittler. Die Suche des Menschen und das Suchen
Gottes nach dem Menschen verbinden sich in einer Person: Jesus. Jesus ist eine
doppelte Suche: Die Suche des Menschen nach seiner Mitte – sein Herz – und
die Suche Gottes nach seiner Schöpfung.

Jesus ist ein doppeltes Finden: Der Mensch findet sein Herz in Gott, und Gott
legt dem Menschen sein Herz offen. In seiner Brust schlagen das menschliche
und das göttliche Herz zusammen. In ihm schlägt das Herz der Welt.

Als Gott die Welt erschuf und uns die Würde seiner Ebenbildlichkeit gegeben
hat, diesem Wackelkandidaten Mensch, da konnte er das unvorstellbare Risiko,
das der Schöpfer immerzu mit uns eingeht, nur wagen, weil er uns sein offenes
Herz zeigen wollte. Der Mensch wird an sich irre ohne das offene Herz Jesu.
Er findet seine Mitte in Jesu offener Mitte.

Gott der Vater hat uns seinen Sohn geschenkt. In ihm kommt das Tasten des
Menschen nach sich selbst an ein Ziel. In ihm findet Gott den Menschen end-
gültig und erneuert seine gebrochene Schöpfung. Jesus ist der Ort der heilenden
Begegnung zwischen Mensch und Gott. Wir sehen sein Herz durchbohrt am
Kreuz, in der letzten Dramatik Gottes mit den Menschen. Wir sehen, wie

ernst er es mit uns meint, ohne irgendetwas erzwingen zu wollen, denn er will unsere Freiheit.

Wir sehen am offenen Herzen Jesu, wozu der Mensch in der Lage ist: Hinterlist, brutale Gewalt, Hass, der in ihm brütende Wille zur Vernichtung, der Brudermord – im geschändeten Christus wird uns dies vor Augen gestellt: Der Mensch ist Täter.

Der Mensch ist Opfer des Menschen. Auch das wird am offenen Herzen Jesu sichtbar. Der Mensch ist Opfer von Lüge, Verleumdung, Missbrauch, Mobbing, Verrat. Wir sehen im Opfer Christi die vielen Opfer.

Wir sehen aber auch am Kreuz den verzeihenden und vergebenden Menschen aus Gottes Kraft, der die Lüge und die Gewalt unterbricht. Wir sehen am offenen Herzen das Aushalten Gottes mit uns, immer noch. Die durchbohrte Seite Jesu ist letzter Ausdruck der Barmherzigkeit Gottes, der Ausdruck, dass Gott den Menschen Raum gewährt und Zugang „trotz alledem".

Wir sehen an den verklärten Wundmalen des Herzens den ewig geborgenen, geretteten und österlichen Menschen bei Gott. Wir sehen den letzten Frieden, der in den Worten liegt: In Deine Hände lege ich meinen Geist. Wir sehen, woraufhin Gott seine Schöpfung in die Freiheit entlassen hat.

DAS GEHEIMNIS SEINES HERZENS

Gestern wie heute tun sich Menschen schwer, Jesus zu verstehen, den hingebend Liebenden, der sich in Schwachheit hüllt. Das Christentum ist nicht selbstverständlich. Viele wollen lieber etwas Großes, politische oder soziale Macht als etwas so Kleines wie diese Liebe. Wie viele Christen wollen eine starke und einflussreiche Kirche, an der man in dieser Welt einfach nicht vorbeikommt. Sie denken: Ist die Kirche groß, dann ist auch Gott groß; geht niemand in die Kirche, kann es auch mit diesem Glauben nichts sein.

Jesus ist nicht der überragende, unnahbare, sich gütig und gerecht herablassende Führer, nicht der große König, der die Menschheit in Gerechtigkeit, Harmonie und Frieden neu organisiert. Nach der Speisung der Fünftausend wollten viele, dass Jesus zu solch einem König gemacht würde (Joh 6). Aber das wollte Jesus nicht, und dazu war er nicht gekommen. Er zog sich zurück und fuhr über den See. Dann verkündete er ihnen das Geheimnis seines Herzens:
„Amen, amen, das sage ich euch.
Wenn ihr das Fleisch des Menschensohnes

nicht esst und sein Blut nicht trinkt,
habt ihr das Leben nicht in euch.
Wer mein Fleisch isst und mein Blut trinkt,
hat das ewige Leben,
und ich werde ihn auferwecken am Letzten Tag.
Denn mein Fleisch ist wirklich eine Speise,
und mein Blut ist wirklich ein Trank.
Wer mein Fleisch isst und mein Blut trinkt,
der bleibt in mir,
und ich bleibe in ihm" (Joh 6).

Das ist das Zentrum alles Christlichen: Jesus kam nicht, um ein großer Politiker zu sein, sondern ein Liebender, der sich den Menschen liebevoll zuwendet, der sie befähigt, zu lieben, wie er liebt. Er kam, um seine innige Beziehung der Liebe zum himmlischen Vater zu offenbaren. Er wollte, dass auch wir in dieses Vertrauensverhältnis gelangen, und zwar dadurch, dass wir in ein Vertrauensverhältnis zu ihm gelangen. Wenn wir sein Fleisch essen und sein Blut trinken, d. h. die Eucharistie feiern, ist die Beziehung der Liebe gegeben: seine Hingabe und unsere ersehnte Antwort.[9]

Das Volk wollte einen großen, mächtigen Führer, aber Jesus kam und bot ihnen etwas anderes an: Liebe und Gemeinschaft durch sein Fleisch, eine geheimnisvolle, mystische Vereinigung. Er kam, um ein hingebend Liebender zu sein, er wollte den Herzen dienen, die tiefsten Liebeskräfte der Menschen entbinden, um sie nicht zuerst zur Freigebigkeit zu befähigen, sondern vielmehr zur Gemeinschaft, zu einer Gemeinschaft barmherziger Liebe. Hier stehen wir vor dem Herzensanliegen Jesu.

Der bleibende Unterschied: „Armherzig" bis zum Tod am Kreuz

Bernhard von Clairvaux hat eine bemerkenswerte Frage gestellt: Kann ein Gott über allen Himmeln wahrhaft barmherzig sein? Er äußert die Vermutung, Gott sei vielleicht deshalb Mensch geworden, damit er tatsächlich barmherzig („misericors") sein konnte. Denn er hätte als der je Größere nie persönlich ein „miserum cor", ein tatsächlich existenziell „armes Herz" haben können. Darum sei er in Jesus „armherzig" geworden, bis zum Tod am Kreuz.

Das ist eine gewagte, christliche Zuspitzung, denn die Barmherzigkeit Gottes gehört zu den zentralen theologischen Begriffen des Islam wie des Judentums. Die gesamte Bibel zeigt göttliche Barmherzigkeit als Leitbegriff, denn sie bestimmt sowohl das Handeln Gottes und des Menschen, allerdings in einem klaren Folgeverhältnis: Aus Barmherzigkeit handelt Gott an den Menschen, und der Mensch antwortet auf diesen göttlichen Zug, indem er barmherzig an seinen Mitmenschen handelt (vgl. Am 2,7-10; Hiob 6,14).[10]

Und doch bringt Bernhard von Clairvaux etwas zur Sprache, was der Evangelist Lukas bereits festhält: Das Heil und die Barmherzigkeit Gottes leuchten in Jesus auf und konkretisieren sich (vgl. Lk 1,78; 2,11.29-32).

Der Evangelist Johannes würde es anders, aber nicht weniger zugespitzt sagen, wie wir sahen: Jesus ist Gottes offene Seite. Er, der am Herzen des Vaters geruht hat (vgl. Joh 1,18), lässt durch sein offenes Herz am Kreuz den Herzschlag Gottes vernehmen. Wer ihn dort sieht, sieht den Vater (Joh 14, 9) und weiß, was die Barmherzigkeit Gottes meint: „Wenn du jemanden findest, der dich mit deinen Fehlern trägt, ist es Liebe."

Gottes unermessliche Größe ist es, wie franziskanische Spiritualität formulieren kann, dass er nicht nur der je Größere ist, sondern im je Kleineren, im Geringsten seine wahre Größe zeigt (deus semper maior et semper minor et in minimus maximus). Das Wort „Gott" ist in der Geschichte der Menschheit ein verschlüsselter Text, man kann ihn auf viele Weise auslegen. Die durchbohrte Seite Jesu als die offene Seite Gottes ist die Lesart, die uns bindet, wenn Christen von der Weite und Tiefe der Barmherzigkeit Gottes sprechen. Sein Herz steht offen für alle!

Anmerkungen

1   Vgl. R. Kampling, Art. Barmherzigkeit, in: Handbuch theologischer Grundbegriffe zum Alten und Neuen Testament, hrsg. v. A. Berlejung und C. Frevel, Darmstadt 2006, 106f.

2   Vgl. Delps Ausführungen zu den Adventsonntagen, die er mit gefesselten Händen im Gefängnis Berlin Tegel geschrieben hat, wenige Wochen vor seiner Hinrichtung, in: ders, Gesammelte Schriften, hrsg. v. R. Bleistein, Bd. IV: Aus dem Gefängnis, Frankfurt a. M. 1984, 156-185, z. B. 175.

3   Vgl. zum christlichen Herzverständnis und zum Ganzen: Ludger Schulte, Der Weg der Erlösung. Von der Herzmitte des Christseins, Freiburg-Basel-Wien 2007.

4   Pastoralkonstitution über die Kirche in der Welt von heute „Gaudium et spes" Nr. 22.

5   aus: Andreas Knapp, Brennender als Feuer. Echter Verlag Würzburg [4]2007.

6   Zweites Vatikanisches Konzil, Pastoralkonstitution über die Kirche in der Welt von heute „Gaudium et spes", 22.

7   Johannes Paul, Erinnerung und Identität, Gespräche an der Schwelle zwischen den Jahrtausenden, Augsburg 2005, 145.

8   Was notwendig an der Zeit ist in der geistlichen Suche des Menschen. Dazu vgl. Ludger Schulte, Gott suchen – Mensch werden. Vom Mehrwert des Christseins, Freiburg-Basel-Wien [2]2007. Unter dem hier genannten Aspekt, a. a. O., 93-117.

9   Vgl. Ludger Schulte, Zugang zur Mitte. Der Wandlungsweg der Eucharistie, in: Geist und Leben 78. (2005) 222-234.

10   Vgl. M. Franz, Der barmherzige und gnädige Gott, Stuttgart 2003. M. Zehetbauer, Die Polarität von Gerechtigkeit und Barmherzigkeit, Regensburg 1999.

Schwester Irmhild und Schwester Irmtrudis
im Hospiz in Lemförde

Blühendes Brachland

Es war Brachland – in vielerlei Hinsicht. Als Schwester Irmhild und Schwester Irmtrudis 1993 in den kleinen Ort Lemförde nördlich von Osnabrück aufbrachen, um in der Gemeinde „Zu den heiligen Engeln" ein Hospiz zu eröffnen, betraten sie einen unbestellten Acker. In der Diaspora: „90 Prozent der Menschen hier sind protestantisch oder gehören keiner Kirche an." In der Gemeinde: „Die Pfarrstelle sollte nicht mehr neu besetzt werden – Pfarrer und Gemeindemitglieder überlegten, wie sie Kirche hier im Ort künftig präsent halten konnten." Und nicht zuletzt auch für sich selbst: „Ein echtes Wagnis! Wir kamen aus sicheren Verträgen in der Krankenhausseelsorge oder der Familien- und Jugendarbeit und hatten die große Frage, ob wir eine Hospizarbeit überhaupt stemmen konnten."

„Ich habe erst gar keinen Acker gesehen, den wir bestellen konnten", erinnert sich Schwester Irmhild. Die Gemeinde war klein, zumeist aus den Familien ehemaliger Übersiedler gewachsen. „Zum Kriegsende hatte es genau zwei Katholiken in Lemförde gegeben." Und auch der Blick auf die aktuellen Zahlen warf Fragen auf: „Es waren in einem Kalenderjahr genau fünf Gemeindemitglieder gestorben – war hier ein Hospiz mit zwei Ordensschwestern wirklich notwendig?" Aber die Anfrage war gekommen. Theo Paul, damaliger Pfarrer in Lemförde und heute Generalvikar im Bistum Osnabrück, wollte das Pfarrhaus auch nach der Streichung der Pfarrstelle mit Leben füllen. Mit Leben! Wie kam es zur Idee, dafür die Sterbenden ins Pfarrhaus zu holen? Mit den Gemeindemitgliedern habe er ganz genau geschaut, wo die Bedürfnisse lagen, sagt Schwester Irmtrudis: „Und die lagen ganz deutlich bei den alten Menschen mit der Sorge, wer sich um sie kümmert, vor allem im Sterben."

GRUNDLEGENDE WACHHEIT

Und so ging die Anfrage an die Clemensschwestern, ob sie nicht nur die administrative Arbeit des Pfarrbüros übernehmen, sondern auch ein ambulantes

Hospiz mit einer stationären Hospizwohnung im Pfarrhaus eröffnen könnten. „Eine grundlegende Wachheit für das Thema war da", erinnert sich Schwester Irmtrudis. Als damalige Krankenhausseelsorgerin habe sie den tiefen Protest der Hospizbewegung gegen den Umgang mit Sterbenden gut nachvollziehen können. „Ich hatte Menschen im Badezimmer oder in der Abstellkammer sterben sehen, weil für diese Situation kein Raum in unserer Gesellschaft vorgesehen war."

Auch Schwester Irmhild fand schnell einen emotionalen Zugang zum Thema: „Die Situation des anonymen Sterbens war mir aus meiner Familie und dem Orden ganz fremd." Immer seien enge Verwandte und Mitschwestern an der Seite der Sterbenden gewesen. „Ich hatte das Gefühl, dass das wieder zur Normalität werden musste." Nach der Anfrage aus Lemförde an die Clemensschwestern gewann der Gedanke bei beiden immer mehr an Gewicht. Zwei Jahre intensiver Einarbeitung in das Thema mit vielen Fortbildungen folgten. „Wir wollten selbst spüren, was die Hospizbewegung will."

Theoretisch gingen sie gut gerüstet in die neue Aufgabe, aber die Situation vor Ort habe ihnen schnell gezeigt, dass sie vor einer „echten Pionierarbeit" standen. Ein mühsamer Anfang, bei dem sie viel „Klinken putzen" mussten, um ihrem Anliegen in der Öffentlichkeit überhaupt Gehör zu verschaffen. „Die Hospiz-Idee war nicht präsent", erinnert sich Schwester Irmhild. Etwa beim Krankenhaus-Arzt, der aus allen Wolken fiel. „Donnerwetter, das ist ein Ding", habe er auf ihre Anfrage zur Kooperation geantwortet. „Wie wollen Sie die Sterbenden denn retten, wenn wir es nicht mehr können?"

DOPPELTE SCHWELLENANGST

Auch der religiöse Hintergrund ihrer Arbeit habe viele Menschen zunächst befremdet. „Es war wie eine doppelte Schwellenangst: Hospiz und dann auch noch katholisch." Der Nachbar einer Sterbenden etwa sagte den Schwestern einmal lakonisch: „Das ganze Leben nix mit Gott zu tun gehabt und jetzt, wo sie stirbt, kommt sie ans Glauben ..." Die Antwort von Schwester Irmtrudis habe den Mann mit wenigen Worten nachdenklich zurückgelassen: „Sehen Sie – so ist Gott!"

Bei allen Startschwierigkeiten: An wirkliche Rückschläge können sich beide Schwestern nicht erinnern. Im Gegenteil: Gerade in der Pfarrgemeinde hätten sie einen großen Rückhalt erfahren. „Vielleicht lag es an der Diaspora-Situation: eng zusammengerückt, mit großem Engagement und lebendigen Ideen." Zentrales Ziel sei dabei gewesen, das Sterben der Menschen in das Gemeindeleben zu integrieren, sagt Schwester Irmhild. „Dort, wo sonst das ganze Leben Platz haben darf, sollte auch der Tod seinen Raum bekommen."

An ein „Aha-Erlebnis" können sich beide erinnern: das erste Seminar für die Ausbildung ehrenamtlicher Hospizhelfer – 80 Stunden mit zum Teil intensiver Auseinandersetzung mit den persönlichen Ängsten. „17 Menschen kamen – und alle ließen sich begeistern." Ein Zuspruch, der auch in der Folgezeit nicht abriss, sodass die Gruppe der Helfer stetig wuchs. „Der Arzt, die evangelische Pfarrersfrau oder die Bäuerin – alle kamen mit viel Liebe und großem Engagement", erinnert sich Schwester Irmhild.

MITTEN IM LEBEN

Besonders deutlich wurde diese Unterstützung bei der Einrichtung der Stationären Hospizwohnung im Jahr 1994. Chor und Jugendgruppe räumten ohne Fragen die Zimmer im Pfarrhaus, wo ein Krankenbett sowie ein Raum für Angehörige Platz fanden. Eine große Nähe von Gemeinde- und Hospizalltag konnte entstehen. Wer die Kirche durch den Haupteingang betrat, ging nur durch eine dünne Wand getrennt am Zimmer des Sterbenden vorbei. „Sie waren mitten im Leben", so Schwester Irmtrudis. „Durch diese Tür kamen alle: die Lebenden, die Sterbenden und die Toten." Viele Begegnungen und Gespräche hätten sich daraus ergeben. Die Ausstrahlung sei deutlich gewesen: „Kirche ist nicht nur Liturgie, sondern auch Diakonie." Als die Wohnung im Jahr 2004 aus bürokratischen Gründen geschlossen werden musste, sei das für alle schmerzlich gewesen.

Sie sind sich bewusst, dass es ihnen nur mit der Unterstützung der vielen Menschen in der Gemeinde gelungen ist, die schwierigen Wege der Hospizarbeit zu gehen. Denn es brauche immer wieder neu einen Menschen mit viel Rückhalt, der angstfrei in die Extremsituation des Sterbens gehe. „Jede Situation ist ein ganz individuelles Einlassen, jede Begleitung einzigartig", sagt Schwester Irmtrudis. „Immer wenn ich das erste Mal bei einem Sterbenden schelle, habe ich das Gefühl, es ist auch das erste Mal, dass ich jemanden begleite." Denn sie müsse sich einlassen auf die einzigartigen Gefühle des Gegenübers und seiner Angehörigen. Wut, Trauer und Ohnmacht müsse sie mitleben. „Ich setze mich auf den Misthaufen des Leids mit drauf und kann auch mal sehr zornig werden auf den da oben." Es wird nicht zur Routine. Gespräche, Nachtwache, große Diskussionsrunden mit allen Beteiligten an einem Tisch, Trauerangebote, konkrete Hilfen bei konkreten Fragen. Etwa wenn es um Ernährung oder Medikamentation geht. Schwester Irmtrudis hat eine Zusatzausbildung in Palliativmedizin gemacht, um auch hier professionell helfen zu können. All diese Formen der Fürsorge dienen in ihren Augen dem Ziel, den Druck vieler Entscheidungen von den letzten Tagen zu nehmen. „Da, wo der Sterbende ist, soll er zur Ruhe kommen, denn jeder sucht dann Frieden – mit sich, der Situation und mit Gott."

Tausend Begleitungen

Die Schwestern wissen, was für eine Hoffnung im Glauben steckt, können aber nicht sicher sein, dass diese bei den Menschen, die sie begleiten, angenommen wird. „Das macht schon ein wenig traurig", gestehen sie. Aber sie nehmen sich zurück. Wenn etwa ein Sterbender sagt, er habe mit Kirche gar nichts zu tun, besuchen sie ihn auch mal ohne Ordensgewand. „Der Sterbende ist wichtiger als die Kirche – da stehen wir nicht mit Kreuz, Bibel und Rosenkranz in der Tür." Ein markanter Zahlenvergleich macht diese Situation in der Diaspora deutlich: Erst zwei Mal haben sie in all den Jahren den Rosenkranz am Bett des Sterbenden gebetet – bei mittlerweile etwa tausend Begleitungen.

Eine Zahl, die zeigt, wie akzeptiert und gefragt ihr Angebot mittlerweile in der Bevölkerung ist. Auf dem Brachland ist etwas gewachsen. Die Zahl zeigt aber auch, wie intensiv die tiefe religiöse Ausstrahlung einer Ordensfrau abseits einer offensiven Missionierung sein kann. „Vielleicht eine kleine Parallele zu den Anfängen unseres Ordens", sagt Schwester Irmhild. „Die Clemensschwestern haben sich damals der Pestkranken angenommen." Der Weg direkt auf die Menschen zu, die sich in einer Krise befinden, sei seither zentrales Anliegen der Ordensgemeinschaft. „Und Sterben ist die größte Lebenskrise, die der Mensch kennt."

MICHAEL BÖNTE

Maria –
die Mutter der Barmherzigkeit

Wie Barmherzigkeit trägt und Gelassenheit schenkt

„Er erbarmt sich von Geschlecht zu Geschlecht über alle, die ihn fürchten. Er denkt an sein Erbarmen, das er unseren Vätern verheißen hat." – Als Maria dies sprach, trug sie in sich die fleischgewordene göttliche Barmherzigkeit: Jesus.

Selbst ganz und gar davon durchdrungen, wird sie zur Mutter der Barmherzigkeit, und so wird sie seit jeher angerufen um ihr mütterliches Wort, damit sie die Gläubigen zu ihrem Sohn führe: „Wohlan denn, unsere Fürsprecherin, wende deine barmherzigen Augen uns zu, und zeige uns Jesus, die gebenedeite Frucht deines Leibes."

Barmherzigkeit

„Hilf, Maria es ist Zeit, Mutter der Barmherzigkeit" – das schrien nicht nur die Menschen im Zweiten Weltkrieg in den Luftschutzkellern, das flehen Gläubige seit Jahrhunderten. Spiritual Paul Hövels zeigt auf, wie Maria durch die enge Beziehung zu ihrem Sohn zur Ansprechpartnerin aller wurde, die auf Gottes Barmherzigkeit hoffen und bauen.

Autor

Paul Hövels (Jahrgang 1932) wurde 1961 zum Priester geweiht. Nach Kaplanstellen in Greven-Reckenfeld und Lengerich war er von 1973 – 1994 Pfarrer in Ahlen, St. Marien. Seither ist er tätig als Spiritual der Kongregation der Barmherzigen Schwestern von der Allerseligsten Jungfrau und Schmerzhaften Mutter Maria (Clemensschwestern) in Münster.

Am Anfang aller Namen, mit denen wir Maria anrufen, steht der Name: Maria, die Mutter Jesu. „Sie war ganz und immer Mutter des ganzen Jesus. So steht sie bei Jesus und gehört als Mutter zu allem, was durch ihn geschah und durch ihn uns geschenkt wurde. Der unantastbare Glanz der Gnade und des Reiches Gottes, der durch Jesus offenbar wurde als die große geheimnisvolle Gabe für die beladenen und mühseligen und immer auch ein wenig verwirrten und befleckten Menschen: dies alles ist aus Maria hervorgegangen, und so steht Maria als Mutter Jesu bei diesem. Die unantastbare Gabe, die mit Jesus in die Welt kam, ist durch Maria hervorgetreten und hat sich in ihrem mütterlichen Geleit entfaltet."[1]

Der Evangelist Johannes spricht ausdrücklich von Maria als der Mutter Jesu: „Am dritten Tag fand in Kana eine Hochzeit statt, und die Mutter Jesu war dabei. Auch Jesus und seine Jünger waren zur Hochzeit eingeladen. Als der Wein ausging, sagte die Mutter Jesu zu ihm: Sie haben keinen Wein mehr" (Joh 2,1-3). Maria hat einen aufmerksamen Blick und ein mütterliches Herz für die Menschen. Als Mutter Jesu ist sie auch Schwester der Menschen. Sie weist ihren Sohn auf die Nöte und Sorgen der Menschen hin: „Sie haben keinen Wein mehr!" Sie weist die Menschen auf Jesus hin, der das Wort des Lebens ist: „Was er euch sagt, das tut!"

Wenn wir Menschen uns in unserer jeweiligen Situation verstanden fühlen und auf Jesus schauen und auf ihn hören, dann geschieht Neues. Die Diener bei der Hochzeit taten das Ihrige, das, was Jesus ihnen gesagt hatte: „Füllt die Krüge mit Wasser" (Joh 2,7), und Jesus schenkt das Seinige: Verwandlung. Und Maria, die Mutter Jesu, ist dabei – im Hintergrund – mit Herz und Verstand.

Maria, die von Anfang an an der Fülle der Barmherzigkeit Gottes Anteil hatte, und Jesus Christus geboren hat, der „die göttliche Barmherzigkeit in Person ist" (Papst Benedikt XVI.) wird selbst immer mehr zur Mutter der Barmherzigkeit.

Maria, die Mutter der Barmherzigkeit

Seit Kindestagen ist mir Maria unter dem Namen „Mutter der Barmherzigkeit" vertraut. Das alte Mariengebet „Hilf, Maria es ist Zeit, Mutter der Barmherzigkeit" gehörte zum Gebetsschatz meiner Mutter und vieler Mütter. Das habe ich eindrucksvoll erlebt, als wir im Zweiten Weltkrieg im Luftschutzkeller der Nachbarschaft Schutz und Geborgenheit suchten.

Es waren die Mütter, die mit „heißem Flehen" während der Bombenangriffe in der Zeit, wo die „Not am größten" war, Maria, die Mutter der Barmherzigkeit, um ihre Fürbitte anriefen und beteten:

Hilf, Maria, es ist Zeit,
Mutter der Barmherzigkeit.
Du bist mächtig, uns in Nöten
und Gefahren zu erretten;
denn wo Menschen Hilf' gebricht,
mangelt doch die Deine nicht.
Nein, Du kannst das heiße Flehen
deiner Kinder nicht verschmähen.
Zeige, dass Du Mutter bist,
wo die Not am größten ist.
Hilf, Maria, es ist Zeit,
o Mutter der Barmherzigkeit. Amen.

Seit Jahrhunderten vertrauen sich die Menschen betend Maria, der Mutter der Barmherzigkeit, an.

In seiner Lebensbeschreibung über Abt Odo von Cluny (gest. 942) kommt Johannes von Salermo (1190 – 1242) auf Maria als „mater misericordiae" – Mutter der Barmherzigkeit – zu sprechen. Er erzählt von einem Räuber, der Ordensmann wurde.

Dieser Mönch berichtet am Ende seines Lebens seinem Vater Abt Odo von einer besonderen Nacht: „In jener Nacht, Vater, wurde ich in einer Vision in den Himmel gehoben. Es begegnete mir auch eine Frau von wunderschöner und erhabener Gestalt. Sie näherte sich mir und sagte: ‚Kennst du mich?' Ich antwortete ihr: ‚Keineswegs, Herrin.' Und sie sagte: ‚Ich bin die Mutter der Barmherzigkeit.' Ich sagte: ‚Was ist zu tun?' Sie antwortete: ‚Zu dieser Stunde, nach drei Tagen, wirst du hierhin kommen.'" Und so geschah es. Wahrhaftig am dritten Tag zu jener Stunde starb er, wie die Frau es gesagt hatte. Und es ist offensichtlich wahr. Er verließ die Welt zu der Stunde, wie er es vorhergesehen, und sie gesagt hatte. Und seitdem hatte Vater Abt (Odo) die Gewohnheit, die heilige Maria „Mutter der Barmherzigkeit" zu nennen.[2]

Salve Regina: Vertrautes Gebet zur Mutter der Barmherzigkeit

Seit dem 12. Jahrhundert ist das „Salve Regina" als marianische Antiphon weit verbreitet. Sie wird am Schluss der Komplet in der Zeit des Jahreskreises im Stundengebet der Katholischen Kirche gebetet oder gesungen.

Salve, Regina,
mater misericordiae;
vita, dulcedo
et spes nostra, salve.

Sei gegrüßt, o Königin,
Mutter der Barmherzigkeit;
unser Leben, unsere Wonne
und unsere Hoffnung, sei gegrüßt!

Ad te clamamus, exules filii Evae.
ad te suspiramus, gementes et flentes
in hac lacrimarum valle.

Zu dir rufen wir verbannte Kinder Evas,
zu dir seufzen wir trauernd und weinend
in diesem Tal der Tränen.

Eia ergo, advocata nostra,
illos tuos misericordes oculos
ad nos converte.
Et Jesum, benedictum fructum ventris tui,
Nobis post hoc exilium ostende.

Wohlan denn, unsere Fürsprecherin,
wende deine barmherzigen Augen
uns zu
und nach diesem Elend zeige uns Jesus,
die gesegnete Frucht deines Leibes!

O clemens, o pia, o dulcis virgo Maria.

O gütige, o milde, o süße Jungfrau Maria.

Zu Beginn begrüßen wir Maria als die Königin und rufen sie dann sofort als Mater Misericordiae, als Mutter der Barmherzigkeit, an.

Der lateinische Text soll von dem Benediktinermönch Hermann dem Lahmen von Reichenau geschrieben worden sein. Hermann der Lahme – Hermanus Contractus (1013-1054) – war seit seiner Geburt gelähmt, er lernte niemals zu gehen. Schon als siebenjähriges Kind kam er in das Kloster Reichenau. Bedingt durch die ausgezeichnete klösterliche Erziehung und Bildung wurde er bald ein Meister der Musik und der Geschichte, der Mathematik und der Astronomie. Nachdem er mit etwa 30 Jahren seine Gelübde abgelegt hatte, starb er „frühvollendet" im Alter von 41 Jahren.

Ich kann mir gut vorstellen, dass er auf Grund seiner persönlichen Situation eine intensive Beziehung zur Mater Misericordiae, zur Mutter der Barmherzigkeit, hatte, und der Verfasser des „Salve Regina" ist. Auch eine barocke Ofenkachel in Mittelzell auf der Insel Reichenau zeigt Hermann den Lahmen als Verfasser des „Salve Regina".

Allerdings wird nach neuesten Forschungen auch gesagt: „Die Frage der Verfasserschaft ist strittig: Die lange verbreitete Tradition, die Hermann den Lahmen von Reichenau († 1054) als Verfasser annahm, gilt heute aus verschiedenen Gründen gemeinhin als eher unwahrscheinlich. In der Ikonographie wird das

,Salve Regina' jedoch über Jahrhunderte hinweg bis in die Gegenwart mit der Reichenau und der Person Hermann des Lahmen in Verbindung gebracht."[3]

Wer auch immer der Verfasser (die Verfasserin) des Textes sein mag, die Tiefe und Schönheit dieser Worte sind von großer Kostbarkeit und fanden seit dem 15./16. Jahrhundert ihren Platz in fast allen katholischen Gesangbüchern. Über Jahrhunderte bis heute verehren die Katholiken die Mutter Jesu als Königin und suchen Zuflucht bei Maria, der Mutter der Barmherzigkeit.

„Ihr Name wird zwar erst am Ende des Textes genannt, aber an Maria ist das Lied gerichtet. Maria ist die Mutter Christi, des Auferstandenen, des königlichen Herrn, der seiner Mutter bereits Anteil an seiner himmlischen Herrlichkeit geschenkt hat. Sie ist die ,Mutter der Barmherzigkeit': Gottes Barmherzigkeit ist in Jesus von Nazaret, dem Sohn Marias, erfahrbare Wirklichkeit geworden. Gehorsam, glaubend, hoffend und liebend hat Maria in einzigartiger Weise an der Verherrlichung des von Gott gewollten Heils für den Menschen mitgewirkt. Sie ist deshalb nicht nur Vorbild des Glaubens und der Liebe schlechthin, sondern ist in der Gnade für alle Menschen zur ,Mutter' geworden. Durch die enge Beziehung zu ihrem Sohn wird Maria zur Ansprechpartnerin aller, die auf Gottes Barmherzigkeit hoffen und bauen ... In den letzten Zeilen des ,Salve Regina' bricht sich das Vertrauen auf die Zuwendung und Weggemeinschaft der Gottesmutter Bahn in jubelndem Lobpreis. Es ist die Freude, die hier singt; die Freude darüber, dass dem suchenden Menschen von Gott her Hilfe geschenkt ist. Maria ist Zeugin dafür und steht dafür ein."[4]

Maria, die Mutter Jesu, die Mutter der Barmherzigkeit, bitten wir, dass sie uns Jesus zeigt.

Wohlan denn, unsere Fürsprecherin,
wende deine barmherzigen Augen uns zu
und nach diesem Elend zeige uns Jesus,
die gesegnete Frucht deines Leibes!
O gütige, o milde, o süße Jungfrau Maria.

EIN BILDNIS DER BARMHERZIGKEIT: DIE PIETÀ

Die Pietà im Vorraum der Mutterhauskirche der Clemensschwestern in Münster ist ein Abbild der Barmherzigkeit. Sie strahlt eine wohltuende innere Ruhe aus: Hingabe und Gelassenheit, Trauer und Wunden, Zeichen der Hoffnung. Jesus Christus hat sein Leben hingegeben für uns Menschen, damit wir das Leben haben. Er hat sein Leben losgelassen. „Er erniedrigte sich und war gehorsam bis zum Tod, bis zum Tod am Kreuz" (Phil 2,8). Der Arme unter den Ärmsten bezeugt durch seinen Tod sein Wort: „Selig, die arm sind vor Gott, denn ihnen gehört das Himmelreich" (Mt 5,3).

Maria, die Mutter Jesu, wird zur Mutter der Barmherzigkeit. Sie trägt ihren toten Sohn noch einmal in ihrem Schoß. Ein inniges Bei- und Miteinander von Mutter und Sohn. Der Barmherzigkeit Schenkende wird zum Barmherzigkeit Empfangenden. Maria weiß sich selbst getragen, darum kann sie tragen. Barmherzigkeit trägt und erträgt und schenkt Gelassenheit. Bernhard Häring sagt: „Ich halte die Gelassenheit für eine ganz große Heilkraft. Sie ist jedoch letzten Endes ein großes Geschenk."[5]

In stiller Trauer neigt sich Maria ihrem Sohn zu. Tränen sind geflossen. Jesus kennt die Tränen seiner Mutter, die Tränen der Menschen. Er selber hat geweint. Mutter und Sohn werden gebetet haben: „Ja, du hast meine Tränen getrocknet" (Ps 116,8). Barmherzigkeit heißt auch: Trauernden beistehen und Tränen trocknen.

Jesus zeigt uns – unterstützt von seiner Mutter – seine von brutaler Macht zugefügten Wunden. „Sie werden auf den schauen, den sie durchbohrt haben" (Joh 19,37). Seine Wundmale sind Zeichen seiner Liebe und Hoffnungszeichen für uns: Durch seine Wunden sind wir geheilt. Wer es mit der Liebe ernst meint, der leidet mit – wie Maria, die Mutter der Barmherzigkeit.

Wer Liebe will, muss gleichzeitig die eigene Verwundung zulassen. Wer heil (heil-ig) werden will, muss seine eigenen Wunden anschauen und sie IHM übergeben können.

Und Dein Leid? Mein Leid? „In jedem Leid, das uns widerfährt, steckt immer auch die Chance der Verwandlung." (Anselm Grün) „Auch mein Leiden hat sich reich gelohnt"[6], sagt Häring im Rückblick auf seine schwere Krankheit. Jesu Wunden sind die Quelle, „aus der die große Woge der Barmherzigkeit entspringt" (Papst Johannes Paul II.). Jesu Wundmale sind Hoffnungszeichen. Sie verbinden Erde und Himmel miteinander. Auch der Auferstandene zeigt uns seine Wundmale. Sein Wille ist unser Heil. „Vater, ich heilige mich für sie, damit auch sie in der Wahrheit geheiligt sind" (Joh 17,9), sagt Jesus. An Maria, der Mutter der Barmherzigkeit, und allen Seligen und Heiligen des Himmels, den Zeugen der Barmherzigkeit Gottes, hat sich dieses schöpferische Wort Jesu schon erfüllt.

„Herr, du bist in die Nacht des Todes hinuntergestiegen. Aber dein Leichnam wird von gütigen Händen aufgenommen. Hilf uns, dass wir dich nicht allein lassen. Gib uns die Treue, die standhält in der Verwirrung, und die Liebe, die dich gerade in deiner äußersten Not umfängt, wie die Mutter dich nun noch einmal in ihrem Schoß geborgen hat. Hilf uns, hilf den Armen und den Reichen, den Einfachen und den Gescheiten, durch Ängste und Vorurteile durchzublicken und dir unser Vermögen, unser Herz, unsere Zeit anzubieten und so den Garten zu bereiten, in dem Auferstehung geschehen kann."[7] – Maria, Mutter der Barmherzigkeit, bitte für uns.

Barmherzige Schwestern schauen auf zu Maria

In persönlichen Gesprächen, in Gesprächskreisen und Exerzitien bat ich mehrere Clemensschwestern, sich Gedanken über Maria, die Mutter der Barmherzigkeit, zu machen. Nachdenkend über ihre Beziehung zu Maria, der Mutter der Barmherzigkeit, sagen sie:

- Durch ihr „Fiat" (Es geschehe!) hat sie Ja gesagt, auch zu dem Leid, das sie als Mutter Jesu zu durchleben hatte. Dadurch wurde sie für uns zur Mutter des Erbarmens, der Barmherzigkeit.
- Sie versteht uns in unserem Menschsein.
- Auch in Schuld und Versagen nimmt sie sich unser an und zeigt uns den Weg der Versöhnung durch Jesus Christus, den Auferstandenen.
- Sie trägt und führt uns und lädt uns ein, in Freiheit und Liebe der Spur Jesu zu folgen.
- In Angst und Not schenkt sie uns ihre Nähe, ihren Trost und ihre Hoffnung.
- Wenn der Mut uns verlässt, und wir keinen Ausweg mehr sehen, schenkt sie uns in der Dunkelheit des Lebens Klarheit und Freude.
- In wichtigen Entscheidungen und Krisensituationen erfahren wir ihre Hilfe und können uns neu orientieren.
- Sie ermutigt uns, die befreiende Wahrheit und beglückende Liebe Jesu zu leben, und so werden wir offen für das mitmenschliche Du und für unser eigenes Leben.

Meditierend schauen sie auf zu Maria, der Mutter der Barmherzigkeit, und sagen ihr zu:

- Du hast im Gehorsam dein Ohr und dein Herz geöffnet für das Wirken des Heiligen Geistes, und indem du Ja gesagt hast als „Magd des Herrn" hast du Anteil an seiner Barmherzigkeit.
- In der Begegnung mit Elisabet hast du in der Freude deines Herzens das

Magnificat angestimmt und die Barmherzigkeit Gottes „von Geschlecht zu Geschlecht" besungen.

- Auch die Ablehnung deines Sohnes hast du erfahren und bist im Mitgehen seines Leidensweges zur Mutter aller in Leid geratenen Menschen geworden.
- Unter dem Kreuz bist du, Maria, die Mutter der Barmherzigkeit, zum Urbild der Kirche geworden.
- Maria, als Mutter der Barmherzigkeit bist du die Patronin unserer Gemeinschaft und schenkst Orientierung in unserem Alltag.
- Dein Lebensweg ist für viele ein Vorbild im Glauben.
- Du bist ganz Mensch und hast auf menschliche Art und Weise Schmerz und Leid erfahren.
- Du bist auch als Mutter der Barmherzigkeit eine Frau mitten im Leben und verstehst das Leben der Menschen.
- Bei dir können wir uns verstanden und angenommen fühlen.

Sich inspirieren lassend von Worten des Papstes Johannes Paul II. und von Bischof Reinhard Lettmann vertiefen sie ihre „Beziehung" zur Mutter der Barmherzigkeit:

- „Sie hat auch auf besondere und außerordentliche Weise – wie sonst niemand – das Erbarmen Gottes erfahren."[8]
- „Niemand hat so wie die Mutter des Gekreuzigten das Geheimnis des Kreuzes erfahren, diese erschütternde Begegnung der transzendenten göttlichen Gerechtigkeit mit der Liebe, diesen ‚Kuss' zwischen Erbarmen und Gerechtigkeit."[9]
- „Sie kennt am tiefsten das Geheimnis des göttlichen Erbarmens. Sie kennt seinen Preis und weiß, wie hoch er ist. In diesem Sinne nennen wir sie auch Mutter der Barmherzigkeit."[10]
- „Nachdem sie in außergewöhnlicher Weise das Erbarmen erfahren hatte, ist sie in gleicher Weise ‚erbarmungswürdig' geworden."[11]
- „In ihr und durch sie offenbart sich die erbarmende Liebe weiterhin in der Geschichte der Kirche und der Menschheit."[12]
- „Diese Offenbarung ist deshalb besonders fruchtbar, weil sie sich in Maria auf das einzigartige Taktgefühl ihres mütterlichen Herzens gründet."[13]
- „Maria preist die Barmherzigkeit Gottes, die sie in ihrem Leben erfahren hat."[14]
- „Auch wir haben wie Maria die Barmherzigkeit Gottes erfahren."[15]
- „Maria kündet Gottes Barmherzigkeit nicht nur mit ihrem Wort. Sie gibt Zeugnis für die Barmherzigkeit Gottes, indem sie selbst ihr Herz für die Menschen öffnet."[16]

Dankend und bittend wenden sie sich persönlich an Maria, an die Mutter der Barmherzigkeit, und beten:

- Unter deinen Augen und mit deiner Hilfe, Mutter der Barmherzigkeit, leben zu dürfen und im Alltag für die Menschen da sein zu können, ist für mich ein Geschenk göttlichen Erbarmens. Ich danke.
- Ich bitte dich um deine Güte und Herzenswärme und um die Kraft deiner Liebe.
- Ich vertraue mich immer neu deiner Führung an.
- Die Nähe zu dir ist mir wie ein Kompass, der mir zeigt, wo ich gebraucht werde.
- Du Mutter der Barmherzigkeit, die Kraft deiner Liebe umfasst alle Menschen, und diese Liebe ist grenzenlos und reich an Erbarmen. Ich danke dir, dass ich dazu gehören darf.
- Du bist mir Mutter meiner Berufung, tief innerlich wie Quelle und Wurzel.

Anmerkungen

1	B. Welte, Maria die Mutter Jesu, Freiburg 1976, S.20
2	PL – Patres Latinae, Bd 133, S. 72 (A)
3,4	Br. Sebastian Haas-Sigel OSB (Reichenau)
5	B. Häring, Ich habe deine Tränen gesehen, Freiburg 1998, S. 26
6	B. Häring, a.a. Ort, S. 46
7	Josef Ratzinger, Benedikt XVI., Der Kreuzweg unseres Herrn, Herder Verlag 2006, S. 66
8-13	Papst Johannes Paul II, Enzyklika „Dives in misericordia" 30. November 1980, Bonn 1980, V, 9
14-16	Reinhard Lettmann, Maria, Mutter der Glaubenden, Kevelaer 1983, S. 53-54

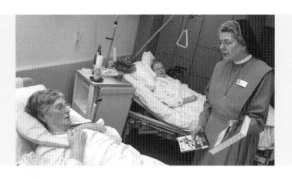

Schwester Irmlinde betreut die Bücherei
im St.-Walburga-Krankenhaus in Meschede

„Das Buch ist nicht das Wesentliche"

Die Aufzugstüren öffnen sich. Mit einem schleifenden Sirren rollt ein fahrbares Bücherregal heraus. Per Knopfdruck steuert Schwester Irmlinde den vollbepackten Wagen über die glatten Flure des St.-Walburga-Krankenhauses in Meschede. Mit 230 Romanen, Krimis und Sachbüchern der unterschiedlichsten Kategorien macht sich die Ordensfrau an diesem Vormittag auf den Weg zu Station 6, wo die Patienten der Unfallchirurgie liegen. Dort parkt sie den Bücherwagen, sucht sich drei Bücher heraus, klopft an die Tür des ersten Krankenzimmers und geht hinein. „Guten Tag, ich komme von der Patientenbücherei. Darf ich Ihnen etwas zur Unterhaltung bringen?"

Seit einem Jahr betreut Schwester Irmlinde die Patientenbücherei des Krankenhauses. Von ihrem Arbeitsplatz in den beiden Bibliotheksräumen auf der vierten Etage blickt die Konventoberin auf die Kreisstadt Meschede, hinter der sich die bewaldeten Hügel des Sauerlands erheben. Draußen die Weite der Landschaft, drinnen die Welt der Bücher: 3.000 Titel, sortiert nach Rubriken wie Familie, Biografie und Krimi, stehen eng aneinander gereiht in den Regalen.

Keine schwere Literatur

Romane, Thriller, Kinder- und Jugendbücher, Fachliteratur über Religion, Naturkunde, Erdkunde und Geschichte sowie Reiseführer und Kunstbände gehören zum Bestand. „Das Medienangebot einer Patientenbücherei bietet Ablenkung, vertreibt Langeweile und zeigt neue Perspektiven auf", weiß Schwester Irmlinde. Die meisten Bücher fallen in die Kategorie Unterhaltung. „Patienten befassen sich nicht mit schwerer Literatur." Ab und zu wolle jemand ein historisches Buch lesen, aber das sei eher selten. „Das ist für Kranke weniger geeignet."

Erst im vergangenen Jahr hat die 70-Jährige die Bücherei mit 100 neuen Titeln ergänzt. Bei der Auswahl der Bücher hat sie die Interessen aller Altersgruppen und auch die Handikaps der Kranken im Blick. „Patienten, die zum Beispiel länger an Diabetes leiden, haben oft eine Sehschwäche", sagt Schwester Irmlinde. So hat sie zusätzlich 25 Hörbücher und drei CD-Player angeschafft. Für Kinder, von denen viele auf der Hals-Nasen-Ohren-Abteilung behandelt werden, gibt es eine große Auswahl an Kinderbüchern, auch zum Vorlesen. Auf der Gynäkologie und Geburtshilfe wurden mit Schwester Irmlindes Hilfe Spielekisten für wartende Geschwisterkinder bereitgestellt.

SERVICE AUF DEN STATIONEN

Ihre Sorge, ob die Patienten und Krankenhausmitarbeiter die Bücherei überhaupt annehmen, hat sich schnell als unbegründet erwiesen: Bis zu 150 Bücher werden pro Monat ausgeliehen. An fünf Tagen in der Woche ist die Bibliothek geöffnet. Patienten, die mobil sind, können sich beraten lassen oder sich selbst etwas zu lesen heraussuchen. Viele Eltern kommen mit ihren Kindern vorbei. Auch die Mitarbeiter leihen Bücher aus. „Die kommen nachmittags, lassen sich in den Stuhl fallen und erzählen, was sie gelesen haben. Das ist für mich sehr aufschlussreich", sagt Schwester Irmlinde. Für alle, die im Bett liegen müssen, gibt es an drei Vormittagen in der Woche den Bücherdienst auf den Stationen. Dann bepackt die Ordensfrau ihren motorisierten Bücherwagen und besucht die 259 Patienten auf den Zimmern.

Auch auf der Unfallchirurgie, auf der überwiegend junge Patienten liegen, wird die kostenlose Buchausleihe gerne angenommen. „Oh schön, ich habe gerade etwas ausgelesen", sagt eine Frau. „Lassen Sie mir das schon hier", sagt sie und zeigt auf einen Roman, den Schwester Irmlinde dabei hat. Ein Patient, der kurz vor einer Operation steht, fragt nach einem Buch über Lastwagen. Hier muss Schwester Irmlinde passen. Wenn sie krank sei, lese sie gerne Romane von Mary Scott, sagt eine ältere Frau, die mit einem gebrochenen Handgelenk im Bett liegt. Schwester Irmlinde notiert sich den Namen und verspricht, in der Bücherei nachzusehen. Solange bietet sie der Patientin ein anderes Buch an: „Wollen Sie da mal reingucken? Alltagsgeschichten, etwas zum Lachen. Das ist ganz schön: Es ist interessant geschrieben und hat eine große Schrift."

OFFENES OHR FÜR DIE PATIENTEN

„Der Bezug zu den Mitmenschen" – das war es, was die gelernte Krankenschwester 1957 motivierte, der Gemeinschaft der Clemensschwestern beizutreten. Den hält sie auch durch die Büchereiarbeit aufrecht. Jede Woche kommt Schwester Irmlinde mit etwa 250 Patienten in Kontakt. Auch wenn es nicht für jeden das passende Buch gibt, ein paar freundliche Worte, eine anteilnehmende Frage hat sie für jeden bereit. Ein junges Mädchen mit Halskrause berichtet ihr von dem Autounfall, den sie hatte. Eine alte Frau erzählt, dass sie an Parkinson erkrankt ist und in ihrer Wohnung hingefallen ist.

„Das Buch ist gar nicht das Wesentliche", weiß die Ordensfrau. Viel wichtiger sei es, Zeit für die Patienten mitzubringen. Etwas, das oft im hektischen Krankenhausalltag zu kurz kommt. „Es gibt Zimmer, in denen Menschen liegen, die gar kein Buch halten können", sagt Schwester Irmlinde. „Wenn ich jemandem fünf Minuten die Hand halte, bedeutet denen das viel mehr." Sie nimmt sich Zeit für ein kurzes Gespräch am Krankenbett. Zeit, um jemandem mit verbundenen Händen beim Brotschneiden behilflich zu sein. Zeit, jemandem etwas zu trinken zu geben, der Durst hat und es nicht alleine schafft, das Glas zu nehmen. „Sonst würde mir die Arbeit keine Erfüllung geben", sagt Schwester Irmlinde.

DANKBARKEIT AUF BEIDEN SEITEN

„Sie helfen uns, mit unserer Krankheit fertig zu werden", haben ihr zwei schwer krebskranke Frauen einmal gesagt. An den Augen der Patienten könne sie deren Dankbarkeit ablesen. Auch die alte Frau mit dem gebrochenen Handgelenk ist froh, dass ihr jemand ein paar Minuten lang zuhört. Schwester Irmlinde wünscht ihr „Gute Besserung" und „Alles Gute" und verlässt mit den Büchern unter dem Arm das Zimmer. Bis zum Mittag hat sie noch einige Zimmer vor sich. Die Patientin ruft ihr etwas nach: „Schön, dass es solche Frauen gibt wie Sie."

ALMUD SCHRICKE

Barmherzig sein heißt sanftmütig werden

Anmerkungen zur Tugend der Sanftmut

„Denn so, wie wir beobachten, dass sich die Rose für den frischen Tau und die Kraft der Sonne von Natur aus öffnet, sich aber vor dem kalten Wind verschließt, so wird das Herz des Menschen durch die Milde der Sanftmut und Güte weit und fähiger, die göttlichen Einflüsse aufzunehmen."
Heinrich von Friemar

Barmherzigkeit

Barmherzigkeit empfangen – das hat jeder nötig. Doch auch diejenigen, die Barmherzigkeit erweisen, sind nicht zu vernachlässigen. Sie unterliegen einem grundlegenden Prozess der Verwandlung, wie Prof. Dr. Pater Michael Plattig in seinem Text über die Sanftmut darlegt. Denn barmherziges Tun braucht ein reflektiertes und erprobtes spirituelles Fundament, wenn es auf Dauer fruchtbar sein soll.

Autor

P. DDr. Michael Plattig O.Carm. (Jahrgang 1960) aus Fürth (Bayern) ist Professor für Theologie der Spiritualität und Leiter des Instituts für Spiritualität an der Philosophisch-Theologischen Hochschule Münster. Der Karmelit ist Spiritual der Mauritzer Franziskanerinnen.

In der Spiritualitätsgeschichte gibt es seit dem 18. Jahrhundert mit Auswirkungen bis in unsere Tage eine starke Betonung christlicher Ethik. Christsein erweist sich vor allem in einem christlichen Handeln nach christlichen Wertvorstellungen. Zum Stichwort Barmherzigkeit traten dann auch die sog. „Werke der Barmherzigkeit" in den Vordergrund, also das, was für einen guten Christen zu tun ist. Dieses Tun ist für den Adressaten positiv, es verändert seine Situation, es verändert, verbessert das Zusammenleben der Menschen, es humanisiert die Welt.

Dieser Prozess der Veränderung wurde vor allem aus der Perspektive derer beschrieben, die Barmherzigkeit empfangen. Die vielen Ordensgemeinschaften mit sozial-karitativer Ausrichtung in Erziehung und Krankenpflege, die wie die Clemensschwestern im 19. Jahrhundert gegründet wurden, geben davon ein beredtes und beeindruckendes Zeugnis. Große Missionswerke und karitative Einrichtungen entstehen als Antwort auf die Nöte und Bedürfnisse dieser Zeit, und viele junge Menschen fühlen sich angezogen von diesem Engagement und treten in die neuen Ordensgemeinschaften ein. Heute, am Beginn des 21. Jahrhunderts, haben viele dieser Gemeinschaften große Nachwuchssorgen und sind dabei, ihre Werke zum Teil oder ganz in andere Hände zu geben.

In diesem krisenhaften Wandlungsprozess der jüngeren Vergangenheit und der Gegenwart wurde etwas deutlich, was in der Geschichte dieser Ordensgemeinschaften vernachlässig bzw. überhaupt nicht wahrgenommen wurde, dass nämlich nicht nur die Menschen im Blick zu behalten sind, denen Barmherzigkeit erwiesen wird, sondern dass auch diejenigen, die Barmherzigkeit erweisen, einem grundlegenden Prozess der Verwandlung unterliegen, und dass ihr barmherziges Tun ein reflektiertes und erprobtes spirituelles Fundament braucht, soll ihr Tun auf Dauer fruchtbar sein und sollen vor allem auch sie selbst wirklich wachsen und reifen, vollkommen werden können.

Die geistliche Tradition der Kirche hat bis in die Neuzeit hinein immer wieder betont, dass der geistliche Weg nicht in einem bestimmten spirituellen oder karitativen Tun besteht, sondern einen Weg der „transformatio", der Verwandlung und des Verwandeltwerdens, beschreibt, der den Menschen immer mehr in die Gemeinschaft mit Gott hineinwachsen lässt und damit untrennbar verbunden ist, der ihn beziehungsfähiger, freier und barmherziger im Blick auf sich selbst, seine Mitmenschen und die Welt macht.

Dieser Beitrag will mit Hilfe einiger Beispiele diese Prozesse beschreiben, weil das Veränderungspotenzial der Barmherzigkeit sich auf alle Beteiligten beziehen muss, soll Barmherzigsein nicht zu einer Einbahnstraße oder zur Autobahn ins burn out werden. Diese Erweiterung der Perspektive drückt sich auch in der Verwendung eines anderen Begriffs aus, in der frühen Kirche ist von der Haltung der Sanftmut die Rede, wobei Barmherzigkeit einen Teilaspekt von Sanftmut beschreibt.

Sanftmut als Ziel des geistlichen Weges

Im alten Mönchtum, bei den Anachoreten der ägyptischen Wüste, gehörte die Sanftmut neben der Apatheia zu den wesentlichen Haltungen dessen, der als Abbas, als geistlicher Vater, von seinen Schülern um Rat und Weisung gefragt wurde.[1] Nach 1 Tim 6,11 gehört die Sanftmut zu den Tugenden, nach denen ein „Mann Gottes", einer, der durch die Handauflegung den Geist empfangen hat und ihn daher auch weitergeben kann, streben sollte.

Amma Synkletika fordert: „Ahme den Zöllner nach, damit du nicht zugleich mit dem Pharisäer verurteilt wirst (Lk 18, 10). Und des Moses Sanftmut erwähle dir, damit du dein Felsenherz zu Wasserquellen umwandelst.' (Ps 113,8)" (Synkletika 11) (Apo 902)[2]

Der zweite Begriff, Apatheia, beschreibt im Gegensatz zum modernen Verständnis von „Apathie" den Zustand dessen, der den Kampf mit den Lastern erfolgreich geführt hat und den Leidenschaften gegenüber frei ist. Apatheia meint gerade nicht Gefühllosigkeit oder Leidenschaftslosigkeit, sie meint den freien Umgang mit Gefühlen und Leidenschaften, die den Altvater zu einer Liebe befähigen, die sanftmütig und barmherzig sich selbst und den Bruder anschaut und so erst hilfreich sein kann. Mit Apatheia ist „weder Unempfindlichkeit und Leidensunfähigkeit noch eine Ausrottung der Leidenschaften durch Willensakte oder Vernunfterwägungen gemeint, und auch nicht die stoische Apathie der unerschütterlichen Gelassenheit und Standhaftigkeit in den Stürmen des Lebens, sondern horchend-schauende und gelassene Offenheit für den zu vernehmenden Logos."[3]

Abbas Evagrios berichtet: „Einer von den Vätern sprach: Eine besonders einfache (trockene) und (nicht) unregelmäßige Lebensweise, verbunden mit Liebe, führt den Mönch schneller in den Hafen der Leidenschaftslosigkeit" (Evagrios 6 /(Apo 232). Apatheia wird mit Leidenschaftslosigkeit übersetzt, was den Sinn nicht trifft, denn gemeint ist, mit den Leidenschaften positiv umgehen zu können.

Deutlich wird jedenfalls, dass Sanftmut wie Apatheia am Ende eines oft lange dauernden Prozesses der Selbst- und Gotteserkenntnis stehen und die Frucht ehrlichen Ringens mit sich selbst und mit Gott, die Frucht des Kampfes mit den Dämonen sind.

Ein nicht mehr zum alten Mönchtum gehörender, aber dennoch in dieser Tradition stehender Zeuge, Johannes Tauler, erläutert den Zusammenhang von geistlichem Wachstum und Nächstenliebe am Beispiel der Sanftmut, die er in einer Pfingstpredigt als zweite Gabe des Heiligen Geistes einführt: „Es ist die der sanftmütigen Milde, die den Menschen zu einem höheren Grad höchster Bereitschaft führt, denn sie benimmt ihm alle ungeordnete Trauer und Bangigkeit, die ihm die Furcht (Gottes) senden und womit sie ihn niederwerfen könnte. Sie richtet ihn auf, bringt ihn in eine göttliche Duldsamkeit, innerlich und äußerlich in allen Dingen, sie benimmt ihm das Gefühl eigener Geringschätzung, der Hartmütigkeit und aller Bitternis in sich selber, macht ihn sanftmütig gegen seinen Nächsten in allem, in Worten und Werken, friedfertig und gütig in seinem äußeren Wandel und besonnen. Dies alles erwirbt man nur in der Furcht Gottes, denn Heftigkeit verjagt und vertreibt den Heiligen Geist gänzlich."[4]

Dieser Text unterstreicht eindrücklich, dass Sanftmut nichts mit Geringschätzung sich selbst gegenüber zu tun hat, im Gegenteil, sie vertreibt diese. Sanftmut führt zum Standfassen in einem geordneten Verhältnis zu Gott, zu sich selbst und zum Nächsten. In der rechten Einschätzung eigener Bedürftigkeit Gott gegenüber und im Bewusstsein eigener Wertigkeit kann der Mensch auch sanftmütig mit seinem Nächsten umgehen, friedfertig und ohne Heftigkeit, also gelassen, weil in sich selbst und in der Furcht Gottes verankert. Sanftmut beschreibt schließlich eine Glaubenshaltung. Ein Mensch ist sanftmütig geworden, weil er seinem Schatten und seiner Ohnmacht begegnet ist und darin Gottes Barmherzigkeit und Sanftmut erfahren hat.

Nach Evagrios Pontikos, so Gabriel Bunge, ist Sanftmut „jene Form der Liebe, die den, der sie besitzt, dazu drängt, dem anderen Raum zu eigenem Sein zu geben – bis hin zur Selbstaufgabe. Im Umgang mit anderen äußert sich diese Sanftmut namentlich auch als Diskretion, als liebevolles Eingehen auf die Bedürfnisse und das Fassungsvermögen des anderen, der etwa um Rat fragt. Die sanftmütige Liebe ist jedoch nicht nur ‚Ziel der Praktike' (Übung der Tugenden des Evangeliums), sie ist auch ‚Tor der Erkenntnis der geschaffenen Natur', und ihr eigenes ‚Ziel ist Erkenntnis Gottes selbst'."[5]

Hier besteht ein deutlicher Unterschied zum aristotelischen Tugendbegriff der Sanftmut. In der Nikomachischen Ethik des Aristoteles findet sich folgende Definition: „Es ist also die Tugend eine vorsätzliche Haltung, in einem für uns gedachten mittleren Zustand, bestimmt durch Überlegung und so, wie der Verständige es abgrenzt. Die Mitte liegt zwischen zwei Lastern, deren eines das Übermaß, deren anderes die Dürftigkeit vorzieht und die teils über das rechte Maß hinausgehen, teils dahinter zurückbleiben in Gefühlen und Handlungen, während die Tugend die rechte Mitte findet und innehält. Nach ihrem Wesen und nach dem Begriff, der ihr Wesen bestimmt, ist die Tugend also ein Mittelzustand, nach Rang und Wert dagegen ist sie ein Gipfelzustand."[6]

So ist etwa Sanftmut die Mitte zwischen Jähzorn und Apathie, Tapferkeit die Mitte zwischen Frechheit und Feigheit, Schamhaftigkeit die Mitte zwischen Schamlosigkeit und Schüchternheit usw. Die Tugend des Menschen ist „eine Haltung, die ihn befähigt, seine Aufgabe recht zu erfüllen".[7] Haltung ist dabei nicht passiv zu verstehen, sondern beschreibt das verantwortliche Handeln des freien Subjekts. Dies bedeutet, dass Sanftmut als Haltung den verantwortlich handelnden Menschen befähigt, seine Aufgabe recht zu erfüllen und weder in Jähzorn noch in Apathie zu verfallen.

Im Mönchtum erfährt diese Haltung eine wesentliche Veränderung bzw. Erweiterung. Die Haltung der Sanftmut entspricht nicht einfach einem tugendhaften Leben, einem Bemühen um das rechte Tun, das rechte Maß, sondern ist Frucht eines geistlichen Weges, einer Anstrengung im Sinne der Bemühung um Selbst- und Gotteserkenntnis. Darüber hinaus ist sie als Frucht dieses Weges unverfügbares Geschenk Gottes. Andererseits ist sie aber auch Ausdruck einer Glaubenserfahrung, dass Gott den Menschen annimmt, dass Gott ihn immer wieder aufrichtet und dass es keine aussichtslose Situation für den Menschen, auch den gefallenen Menschen gibt, wenn er sich auf den Weg der Gottsuche einlässt.

SANFTMUT UND UNTERSCHEIDUNG

Paulus beschwört die Galater im 5. Kapitel seines Briefes förmlich, ihre Berufung zur Freiheit (vgl. Gal 5,13) ernst zu nehmen. Diese Berufung ist immer wieder gefährdet durch das Begehren des Fleisches. Darum mahnt Paulus: „Lasst euch vom Geist leiten, dann werdet ihr das Begehren des Fleisches nicht erfüllen."(Gal 5,16) Die Früchte des Geistes sind: „Liebe, Freude, Friede, Langmut, Freundlichkeit, Güte, Treue, Sanftmut und Selbstbeherrschung"(Gal 5,22f.). Sanftmut ist damit als Charakteristikum des Wirkens des Geistes, als seine Frucht qualifiziert.

Auf diesem Hintergrund gebraucht Evagrios Pontikos die Sanftmut auch als Kriterium zur Unterscheidung von echtem Eifer, echter Enthaltsamkeit und falschem Eifer, frommer Entrüstung, übertriebener Askese. „Billige keine Enthaltsamkeit, die die Sanftmut vertreibt."[8] Wenn die Askese des Mönches, die Übung des Frommen nicht zu Sanftmut, zu barmherzigerem Umgang mit dem Nächsten, vor allem dem Sünder, führt, dann sind Eifer und Askese umsonst, Selbsttäuschung oder gar das fromme Deckmäntelchen zum Ausleben des Zorns. Das alte Mönchtum hat sich nicht blenden lassen von Äußerlichkeiten. Evagrios Pontikos sieht Sanftmut als Frucht der Askese und als Hauptwaffe gegen den Zorn.

Die Frage ist allerdings, ob diese Wendung von der Sanftmut als Frucht des Geistes hin zur Sanftmut als zu übende Tugend nicht bereits eine Entwicklung einleitet, an deren Ende die Aushöhlung des Begriffs steht. Dies betrifft das geistliche Leben, den geistlichen Weg fundamental, weil sich die Frage nach dem Tun des Menschen, nach seinen Möglichkeiten stellt. Begreift man streng die Sanftmut als Frucht des Geistes, dann kann sie nicht Gegenstand einer Übung sein bzw. vom Menschen nicht einfach getan werden, sondern ist das vom Geist geschenkte Ergebnis einer Bemühung des Menschen, das ganz andere Ziele hat, nämlich Selbsterkenntnis und Gottsuche bzw. andere Mittel wie Enthaltsamkeit, Loslösung, Kampf mit den Dämonen etc. So wird noch einmal deutlich, dass Sanftmut als Frucht des Geistes nicht eine Tugend im aristotelischen Sinn meint, nicht das Mittelmaß zwischen Jähzorn und Apathie, sondern einerseits die Frucht einer Glaubenserfahrung ist und andererseits eine Haltung beschreibt, die aus Übung und Glaubenserfahrung gewachsen ist, aber nicht einfach an sich geübt oder angestrebt werden kann.

„Sanftmut – Die Tugend der Starken"[9]

Evagrios betont: „Der Sanfte steht nicht von der Liebe ab, auch wenn er die schlimmsten Dinge zu erleiden hätte. Denn um dieser [Liebe] willen ist er langmütig und duldsam, milde und geduldig! Denn wenn der Liebe die Langmut eigen ist, so folglich nicht das zornige Streiten. Denn Zorn weckt Kummer und Haß, Liebe aber verringert alle drei."[10]

Etwas ausführlicher begründet Johannes Cassian diesen Zusammenhang: „Unser Herr und Heiland wollte uns zu einer ganz tiefen Geduld und Sanftmut führen, die wir nicht nur auf den Lippen tragen, die vielmehr im innersten Heiligtum unserer Seele ihre Wohnstatt haben ... Es ist gut zu wissen, daß ganz allgemein der die größere Stärke beweist, der seinen eigenen Willen dem Willen des Bruders unterordnen kann, und keineswegs der, welcher seine eigenen Meinungen ständig verteidigen und hartnäckig aufrechthalten muß. Wer seinen Nächsten erträgt und aushält, gehört zu den Verständigen und Kraftvollen.

Der andere dagegen hat seinen Platz bei den Schwachen und gewissermaßen Kranken. Darum muß man ihn bisweilen hätscheln und verwöhnen. Manchmal muß man ihm gegenüber sogar in notwendigen Dingen nachgiebig sein, damit jener in Frieden und Ruhe bleibe. Niemand habe Sorge, daß dadurch die eigene Vollkommenheit Einbuße erleidet. Im Gegenteil: das kostbare Gut der Langmut und Geduld bringt umso reicheren Gewinn. Gebietet doch der Apostel: ,Ihr, die ihr stark seid, müßt die Schwächen der Kraftlosen ertragen' (Röm 15, 1), und: ,Einer trage des anderen Last, so werdet ihr das Gesetz Christi erfüllen' (Gal 6,2). Ein Schwächling nämlich kann keinen Schwachen tragen und ertragen, und es kann einen Kranken nicht heilen, wer selber krank ist."[11]

Sanftmut als Eigenschaft des Starken steht natürlich quer zum heutigen Bild von Stärke, aber ist vielleicht gerade deshalb bedenkenswert, denn die aktuelle Definition von Stärke als Durchsetzungsfähigkeit, als Erfolgsorientiertheit, als Coolness macht gesellschaftlich zunehmend Probleme.

Stärke dagegen als die Fähigkeit, etwas zu tragen bzw. zu ertragen wäre ungewohnt. Stärke als das Bewusstsein, dass ich es mir leisten kann, zurückzustecken, mich nicht immer zu behaupten, nicht immer alles bestimmen zu müssen, auch wenn ich Recht habe, sondern mich zurücknehmen zu können, damit der andere in seiner Schwäche nicht beschämt wird, würde eine neue Form von Coolness beschreiben. Stärke, so Cassian, zeigt sich in der Fähigkeit zu Langmut und Geduld, darin, dass sie des anderen Last tragen kann.

Hier wird deutlich, dass diese Fähigkeit nur dem zur Verfügung steht, der sich selbst so gut kennt, dass er zugunsten des anderen von sich und seinen Interessen absehen kann. Sie steht dem zur Verfügung, der seine Leidenschaften kennt und mit ihnen umgehen kann, der sein Selbstwertgefühl nicht über Erfolg oder Misserfolg definiert, sondern in Gott verwurzelt ist. Dieser sanftmütige Starke hat es nicht mehr nötig, seine Kräfte zur Durchsetzung seiner Ziele einzusetzen, sondern er kann zugunsten des Schwächeren darauf verzichten.

Es geht, um es in moderne Terminologie zu übersetzen, um die Solidarität der Starken mit den Schwachen, die nur dann wirkliche Solidarität ist, wenn sie nicht nur Brosamen des Überflusses verteilt, sondern bereit ist zu wirklichem Verzicht und echten Einschränkungen.

Sanftmut und Gebet

In Num 12,3 wird von Mose in der griechischen Übersetzung des Alten Testaments (Septuaginta) gesagt, dass er überaus sanftmütig sei, mehr als alle

Menschen auf Erden. Auf diese Stelle bezog sich bereits der oben zitierte Spruch von Amma Synkletika, und auf diese Stelle geht Evagrios in einem seiner Briefe ein:

„Sag mir doch, warum hat die Schrift, als sie Moses preisen wollte, alle Wunderzeichen beiseite gelassen und einzig der Sanftmut gedacht? Denn sie sagt nicht, daß Moses Ägypten mit den zwölf Plagen züchtigte und das werte Volk aus ihm herausführte. Und sie sagt nicht, daß Moses als erster das Gesetz empfing und daß er die Einsichten der vergangenen Welten erlangte. Und sie sagt nicht, daß er mit dem Stab das Schilfmeer teilte und dem dürstenden Volk aus dem Felsen Wasser hervorquellen ließ. Sondern sie sagt, daß er ganz allein in der Wüste im Angesichte Gottes stand, als dieser Israel vernichten wollte, und bat, mit den Söhnen seines Volkes ausgelöscht zu werden. Menschenliebe und Verbrechen stellte er vor Gott hin, indem er sprach: ‚Vergib ihnen, oder streiche mich aus dem Buch, das du geschrieben hast.‘(Ex 32,32) Dies sprach der Sanftmütige! Gott aber zog es vor, lieber denen zu vergeben, die gesündigt hatten, als dem Moses ein Unrecht zu tun.“[12]

Und in einem anderen Brief unterstreicht Evagrios: „Dieser Sanftmut verdankte es Moses, daß er als einziger mit Gott von Angesicht zu Angesicht sprach‘(Ex 33,11) und von ihm die Gründe der Schöpfung ‚in einer Schau und nicht [nur] im Gleichnis‘(Num 12,8) erfuhr. Denn die sanftmütige Liebe ist die Mutter der Erkenntnis.“[13]

Sanftmut beeinflusst also nicht nur das Verhältnis und die Beziehung zu Menschen, sondern auch die Beziehung zu Gott, sie öffnet für die Erkenntnis Gottes, wie das auch ein Autor des Mittelalters, Heinrich von Friemar, mit eindrücklichen Bildern und Vergleichen beschreibt:

„Denn so, wie wir beobachten, daß sich die Rose für den frischen Tau und die Kraft der Sonne von Natur aus öffnet, sich aber vor dem kalten Wind verschließt, so wird das Herz des Menschen durch die Milde der Sanftmut und Güte weit und fähiger, die göttlichen Einflüsse aufzunehmen. Ein Beispiel dafür wird bei den Propheten im Alten Testament deutlich (vgl. 1 Sam 10,5f.; 2 Kön 3,15): Wenn sie manchmal nicht bereit waren, die Gabe der Prophetie zu empfangen, ließen sie eine Harfe bringen: Durch die Süße des Wohlklanges wurde ihr Herz so weit und so von der Gnade bereitet, daß sie sogleich den Einfluß der Gabe der Prophetie aufnehmen konnten. Christus erwähnt diese beiden Tugenden deshalb in besonderer Weise, weil sie gleichsam zwei Gefolgsmannen darstellen, die die Seele für die Vereinigung mit Gott bereiten: Die Sanftmut öffnet – wie gezeigt wurde – Herz und Sinn durch ihre Milde und bereitet so für Gott den freien Eintritt in die Seele. Die Demut aber, die für Gott sanften Duft verströmt, führt die Seele selbst in das Gemach des Bräutigams und verbindet sie mit Gott."[14]

Das Testament des heiligen Franziskus beginnt mit folgenden Worten: „So hat der Herr mir, dem Bruder Franziskus, gegeben, das Leben der Buße zu beginnen: Denn als ich in Sünden war, kam es mir sehr bitter vor, Aussätzige zu sehen. Und der Herr selbst hat mich unter sie geführt, und ich habe ihnen Barmherzigkeit erwiesen. Und da ich fortging von ihnen, wurde mir das, was mir bitter vorkam, in Süßigkeit der Seele und des Leibes verwandelt."[15]

Die gängige Vorstellung in unserem Sozial- und Gesundheitssystem ist die, dass sich jemand mit entsprechender Qualifikation, sei es Arzt oder Ärztin, Therapeutin oder Therapeut, Sozialarbeiter oder Sozialarbeiterin, Seelsorgerin oder Seelsorger, Krankenschwester oder Pfleger, dem bedürftigen Menschen zuwendet und so weit wie möglich zur sozialen, physischen und/oder psychischen Gesundung beiträgt. Dass dies nicht nur eine sozial-medizinisch-technische Seite hat, sondern dass auch die ganzheitlich personale Qualität dieser Zuwendung eine Rolle spielt, das ist heute wohl unumstritten. Doch bei all diesen Versuchen steht meist der bedürftige Mensch im Mittelpunkt, und es geht um dessen Veränderung im Sinne von Gesundung, vielleicht sogar Heilung.

Franziskus spricht in seinem Testament nicht von der Heilung der Aussätzigen, also der Ausgegrenzten und Kranken. Überhaupt erfahren wir ziemlich wenig über sie. Was Franziskus berichtet, ist seine eigene Veränderung, die für ihn offensichtlich so prägend war, dass er sie an den Anfang seines Vermächtnisses stellt. Angewendet auf die eben beschriebene Situation unseres Sozial- und Gesundheitswesens würde Franziskus von der Veränderung der „Professionellen" im und durch den Umgang mit den Bedürftigen sprechen.

Ist das aber nicht ein wenig heikel? Muss nicht gerade für einen professionellen Umgang auch der rechte Abstand gewahrt werden, damit Nähe nicht zum Problem für beide wird? Zu starkes Mitleiden kann Hilfe beeinträchtigen und führt zur psychischen Überforderung. Darum aber geht es beim Testament des heiligen Franziskus nicht, sondern er beschreibt eine Haltung in menschlicher Begegnung, die fundamental ist, soll das Zusammentreffen von Menschen wirklich zur Begegnung werden, nämlich dass jeder Beteiligte zulässt, durch die Begegnung verändert zu werden. Es ist die Offenheit für menschliches und geistliches Wachstum durch die Begegnung.

Voraussetzung dafür ist, dass der/die andere als Person wahrgenommen und nicht von vornherein defizitär oder nicht ebenbürtig gesehen wird. Das gilt eben auch und vielleicht in besonderer Weise wie es Franziskus erfahren hat für den Aussätzigen. Im deutschen Sprachgebrauch steht Aussatz für unterschiedliche Makel. Aussätzig ist nicht nur der oder die Kranke, sondern es gibt auch die soziale Dimension von Aussätzigsein. Also jede Form von körperlicher, psychischer oder sozialer Behinderung eines Menschen, aus welchen Gründen auch immer, kann aussätzig machen.

Franziskus erfährt in der Begegnung mit den Aussätzigen eine Verwandlung. Weil er seine bittere Abscheu überwindet, weil er den Aussätzigen als Menschen barmherzig begegnet, erfährt er an sich selbst eine Verwandlung, eine Heilung, denn Bitternis verwandelt sich in Süßigkeit. Bitterkeit wird nicht einfach neutralisiert, sondern sogar in Süßigkeit verwandelt. Franziskus fand durch diese Begegnung zu einem sinnerfüllten Leben, er konnte aus seinem kindischen Streben nach Ehre, Anerkennung, Wohlstand und Wellness herauswachsen und erwachsen werden. Der mittelalterliche Yuppie, der „Schikeria-Franziskus", wird zu einem der größten Heiligen der Kirchengeschichte. Ein Schlüsselerlebnis für ihn war nach seinem eigenen Zeugnis die Begegnung mit den Aussätzigen.

In den großen Institutionen von Diakonie und Caritas gibt es sicher gewisse strukturelle Erfordernisse, die wichtig sind oder wichtig wären, soll eine solche Form von Begegnung gelingen. Doch sollte sich niemand im Hinblick darauf entschuldigen, denn die wesentliche Voraussetzung können Strukturen nicht herstellen, sie können sie höchstens befördern oder behindern, nämlich Einstellung und Haltung, mit der man Menschen begegnet und ob den anderen zugetraut wird, etwas Wichtiges, vielleicht Entscheidendes geben zu können, auch wenn sie noch so schwach oder entstellt, noch so aussätzig sind.

Barmherzigkeit ist keine Einbahnstraße oder ein sich von oben herab Zuwenden, dann hätte Gott nicht Mensch werden müssen, sondern Barmherzigkeit ist die Begegnung auf Augenhöhe, die Achtung vor der Würde des/der anderen und die Bereitschaft zu wachsen, sanftmütig zu werden.

Sanftmut als pastorale Haltung – abschließende Bemerkungen

Sanftmut beschreibt primär eine Haltung, nicht ein Tun. Diese Haltung steht am Ende eines geistlichen Prozesses, der mit zunehmender Selbsterkenntnis die eigene Angewiesenheit auf die Barmherzigkeit Gottes erfährt und an deren Gewährung glaubt. Dieser zunächst auf die eigene Entwicklung bezogene Prozess führt zu einer Änderung in der Haltung dem Nächsten gegenüber. Der

Blick in den eigenen Abgrund und die eigene Bedürftigkeit zusammen mit dem Glauben an Gottes unbedingte Barmherzigkeit führen zur Sanftmut.

Damit erweist sich Sanftmut auch im Sinne der Unterscheidung der Geister als Frage nach der Motivation christlichen oder pastoralen Engagements. Nächstenliebe aus einer Position der Überlegenheit heraus, Zuwendung im Sinne des sich Hinabbeugens, begründet in einem Überlegenheitsgefühl, Diakonie als institutionalisierte Barmherzigkeit entsprechen nicht der Haltung der Sanftmut. Letztere fordert Solidarität und Erinnerung an die eigene Geschichte und Entwicklung bzw. die eigene Angewiesenheit auf Barmherzigkeit und Hilfe und das ehrliche Bemühen auf dem Weg der Gottsuche.

Anknüpfend an die oben skizzierten Bemerkungen zur Unterscheidung der Geister ist nun anzumerken, dass man Sanftmut nicht einfach erlernen kann, dass sie keine einübbare Tugend ist, sondern im Bemühen um Selbsterkenntnis auf dem Weg ehrlicher Gottsuche wächst.

Die „einstudierte", die „andressierte" Sanftmut kommt nicht aus reinem Herzen, sie bleibt pastorale Fassade, hinter der Narzissmus, Stolz und Jähzorn verborgen werden. Es ist die triefende pastorale Freundlichkeit, die, scheinbar einladend, am Ende den Menschen doch verobjektiviert und verurteilt, defizitär von ihm denkt, um sich „liebevoll" an ihm abzuarbeiten zur Befriedigung der eigenen Bedürfnisse nach Bestätigung und Erfolg. Die Frage nach der Sanftmut und ihrer Echtheit kann damit zum Kriterium der Unterscheidung werden in der alten Frage nach echten oder falschen Propheten[16], nach wahren Hirten oder Wölfen im Schafspelz, nach wirklichen Begleitern/Begleiterinnen oder blinden Blindenführern/-innen.[17] Sie ist deshalb ein wichtiges Kriterium der Unterscheidung der Geister im Rahmen moderner Pastoral und Diakonie, weil sie jegliche Managermentalität in Frage stellt und alle kurzatmigen Konzepte entlarvt. Die Sanftmut fragt radikal nach der Motivation menschlichen Handelns, nach seiner tiefsten Quelle und lässt sich nicht mit „Scheinheiligkeiten" und frommen Floskeln abspeisen. Sie ist deshalb eine heilsame Infragestellung und Herausforderung aller, die einen geistlichen Weg gehen, aller, die nach Gott suchen und nicht mit Fast-Food-Spiritualität und religiösem Feeling zufrieden sind, aller, die sich um das Hineinwachsen in eine geistliche Haltung bemühen und nicht einfach Religion verwalten.

Sanftmut gehört gegenwärtig nicht gerade zu den erstrebenswerten Tugenden unserer Gesellschaft, sie passt scheinbar nicht zum gefragten Typ Mann oder Frau, der etwas voran bringt, etwas durchsetzt, aktiv und agil, sportlich und jugendlich ist. Sanftmut wird leicht mit Schwäche assoziiert. Als Beispiel mag ein Gedicht von Heinz Erhardt dienen: „Voller Sanftmut sind die Mienen / und voll Güte ist die Seele, / sie sind stets bereit zu dienen, / deshalb nennt man sie Kamele."

In diesen Versen wird ein ganzes Bündel von Begriffen negativ konnotiert, neben Sanftmut auch Seelengüte und die Bereitschaft zum Dienst. Nun ist die Verwendung dieser Begriffe in einem frommen oder besser frömmlerischen Kontext wohl der Hintergrund des Spotts, und es ist zu konstatieren, dass der machtförmige Missbrauch dieser Begriffe im Rahmen von Kirche, Orden und Frömmigkeit wesentlich zu ihrer Entleerung beigetragen hat. Dabei eröffnet der Vergleich mit den Kamelen, der gemeinhin synonym für Beschränktheit und Dummheit gebraucht wird, durchaus einen Zugang zu Elementen des ursprünglichen Verständnisses von Sanftmut. Kamele sind genügsame und vor allem ausdauernde Tiere. Bei denen, die sie kennen oder auf ihre Hilfe angewiesen sind, bei den Nomaden der Wüste, sind es hoch geschätzte Tiere, denen so mancher Wüstenbewohner sein Leben verdankt.

Sanftmut ist wirklich die „Tugend der Kamele", derer, die sich auf lange Wege einstellen können, die wenig Wasser zur Befriedigung des eigenen Durstes brauchen, die stark, ausdauernd und geduldig sind, die auch durch Wüste und Nacht gehen können und so Menschen begleiten und mittragen auf dem Weg zu Gott und seinem Reich.

Anmerkungen

1   Zur Geistlichen Begleitung im alten Mönchtum: Bäumer R. / Plattig M., „Aufmerksamkeit ist das natürliche Gebet der Seele." Geistliche Begleitung in der Zeit der Wüstenväter und der personzentrierte Ansatz nach Carl R. Rogers – eine Seelenverwandtschaft?!, Würzburg 1998, bes. 17-128.

2   Alle Apophthegmata zitiert nach Miller B., Weisung der Väter, Trier 31986; die erste Klammer bezieht sich auf die Zählung in PG 65,71-440, die zweite Klammer auf die Zählung von Miller.

3   Wucherer-Huldenfeld A.K., Maskierte Depression und „Trägheit" in der klassischen Achtlasterlehre. Zur Aktualität der Frühgeschichte christlicher Spiritualität und Psychotherapie, in: Evangelische Theologie 57(1997), 338-363, hier 344.

4   Johannes Tauler, 2. Predigt zu Pfingsten: zitiert nach: Johannes Tauler, Predigten, Bd. I, hrsg. v. G. Hofmann, Einsiedeln 1979, 181.

5   Bunge G., Geistliche Vaterschaft. Christliche Gnosis bei Evagrios Pontikos, Regensburg 1988, 31.

6   Aristoteles, Nikomachische Ethik II,6; zitiert nach: Aristoteles, Die Lehrschreiben, hrsg. v. P. Gohlke, Bd. VII/3, Paderborn 1956, 55.

7   Aristoteles, Nikomachische Ethik II,5; zitiert nach: Aristoteles, Die Lehrschreiben, hrsg. v. P. Gohlke, Bd. VII/3, Paderborn 1956, 53.

8   Evagrios Pontikos, Epistulae LXII, 56,5 gr.; zitiert nach: Bunge G., Drachenwein und Engelsbrot. Die Lehre des Evagrios Pontikos von Zorn und Sanftmut, Würzburg 1999, 108.

9   So charakterisiert G. Bunge diese Tugend nach Evagrios Pontikos; vgl. Bunge G., Drachenwein und Engelsbrot. Die Lehre des Evagrios Pontikos von Zorn und Sanftmut, Würzburg 1999, hier 68.

10   Evagrios Pontikos, Tractatus ad Eulogium monachum 10; zitiert nach: Bunge G., Drachenwein und Engelsbrot. Die Lehre des Evagrios Pontikos von Zorn und Sanftmut, Würzburg 1999, 69.

11   Johannes Cassian, Coll. XVI, 21-23; zitiert nach: Johannes Cassian, Ruhe der Seele. Einweisung in das christliche Leben III, hrsg. v. G.u.T. Sartory, Freiburg 1984, 62f.

12   Evagrios Pontikos, Epistolae LXII 56,6; zitiert nach: Bunge G., Drachenwein und Engelsbrot. Die Lehre des Evagrios Pontikos von Zorn und Sanftmut, Würzburg 1999, 69f.

13   Evagrios Pontikos, Epistolae LXII 27,2 u. 3; zitiert nach: Bunge G., Drachenwein und Engelsbrot. Die Lehre des Evagrios Pontikos von Zorn und Sanftmut, Würzburg 1999, 70.

14   Heinrich von Friemar (der Ältere), De quatuor instinctibus; zitiert nach: Greshake G. /Weismayer J. (Hg.), Quellen geistlichen Lebens, Band II: Das Mittelalter, Mainz 1985, 188-193, hier 190f.; vgl. Warnock R.G. / Zumkeller A. (Hg.), Der Traktat Heinrichs von Frimar über die Unterscheidung der Geister, Lateinisch-mittelhochdeutsche Textausgabe, Cassiciacum 32, Würzburg 1977, hier 158f.

15   Die Schriften des Heiligen Franziskus von Assisi, Einf., Übers., Erl. V. L. Hardick u. E. Grau, Franziskanische Quellenschriften Bd. 1, 6. Völlig neu bearbeitete Aufl., Werl 1980, 213.

16   Vgl. Mt 24,11; 2 Petr 2,1; 1Joh 4,1; in der Didache wird das Problem ausführlich behandelt: Did 11,1-12; vgl. dazu Plattig M., Prüft alles, behaltet das Gute!, Münsterschwarzacher Kleinschriften Bd. 158, Münsterschwarzach 2006, 47-54.

17   Diesen Ausdruck gebraucht u.a. Johannes vom Kreuz zur Charakterisierung schlechter geistlicher Begleiter, vgl. Johannes vom Kreuz, Lebendige Liebesflamme III, 29; mehr dazu: Plattig M., Der Glaube an das Wirken des Geistes. Aspekte Geistlicher Begleitung nach Johannes vom Kreuz, in: Studies in Spirituality 8(1998), 249-261.

Aufregend barmherzig

Sie ist ein Vorbild an Barmherzigkeit. Wer die Clemensschwestern kennt, kennt vor allen sie: Schwester Maria Euthymia. Sie ist Barmherzigkeit in Person – liebevoll, gütig, freundlich. Aber auch provokant: Wie kann ein Mensch nur so sein?

„Was sie tat, das tat keine andere", berichtet Schwester Raphaelis. Sie hat Schwester Maria Euthymia selbst erlebt. Damals – Mitte der 1950er Jahre – war sie in der Ausbildung zur Kinderkrankenschwester in der Raphaelsklinik in Münster. Und Euthymia leitete das Waschhaus – eine sehr harte und schwere Arbeit.

Was tat sie denn? „Sie hielt uns die Tür auf", erzählt Schwester Raphaelis, die heute mit ihrer Mitschwester Annette für das Euthymia-Zentrum verantwortlich ist. „Selbst wenn sie im lauten Waschhaus mit dem Rücken zur Tür stand, bekam sie mit, wenn wir mit einem großen Bündel Schmutzwäsche kamen. Schnell drehte sie sich um und hielt uns freundlich die Tür auf – das tat sonst niemand." Untereinander redeten sie darüber: „Wie macht sie das?"

FREUNDLICH - ZUVORKOMMEND - AUFMERKSAM

Stets hat Schwester Euthymia ein gutes Wort für die jungen Frauen – freundlich, zuvorkommend, aufmerksam. Noch auf dem Sterbebett lässt sie den Schülerinnen, die gerade ihre Abschlussprüfung machen, ausrichten: „Ich bete für Sie." Drei Tage vor ihrem Tod am 9. September 1955 war das. Alle schafften ihr Examen; „die schlechteste Note war ein ‚Gut'", erinnert sich Schwester Raphaelis. Zum Dank bekam die todkranke Euthymia einen großen Blumenstrauß. Wenig später standen sie alle vor ihrem offenen Sarg. „Da liegt eine Heilige", sagt damals die Jüngste unter den frisch gebackenen Kinderkrankenschwestern. „Eine Heilige" – das sagen viele der Kranken, die vom Fenster aus auf das Waschhaus sehen können. Sie rufen es denen zu, die zur Totenkapelle gehen, wo Schwester Maria Euthymia aufgebahrt ist.

Fromm geprägt ist die geborene Emma Üffing durch ihr Elternhaus. An einem Wegekreuz in Halverde bei Hopsten am Nordrand des Münsterlandes betete sie häufig. Das Kreuz – Inbild der göttlichen Barmherzigkeit – dominiert die kleine Dorfkirche St. Peter und Paul in Halverde; dort geht sie oft mit ihrer Mutter zur heiligen Messe. Geschwächt durch eine Rachitis muss die kleine Emma Üffing kämpfen – in der Schule, auf dem elterlichen Hof. Sie geht als Jugendliche nach Hopsten und macht eine Ausbildung im St.-Anna-Kranken-haus, wo sie die Clemensschwestern kennen lernt. Eine Mitschülerin aus dieser Zeit meint: „Keine Arbeit war Emma Üffing zu klein oder zu gering. Von allen im Haus wurde sie geschätzt und geachtet." Frühe Anerkennung.

1934 geht ihr „Herzenswunsch" in Erfüllung: Sie darf endlich Ordensfrau werden. Mit viel Energie und Ausdauer schafft sie mit „Sehr gut" später die Prüfung zur Krankenschwester – ein Beruf wie maßgeschneidert für sie. Seit 1936 ist sie in Dinslaken tätig. Der Krieg macht sie zum „Engel" – so nennen sie die kranken Kriegsgefangenen und Zwangsarbeiter, die von ihr gepflegt wer-den. „Mama Euthymia" nennen sie andere. Sie verkörpert „christliche Liebe", wie ein Gefangener später berichtet. So ist sie: freundlich, zuvorkommend, aufmerksam, liebevoll.

Getestete Geduld

Doch dies provoziert: Emile Eche, ein kriegsgefangener französischer Priester, ist überaus skeptisch, als er mit Schwester Euthymia zusammenarbeiten soll. Er schreibt: „Schließlich erinnerte ich mich daran, dass einige Ordensschwestern von Schwester Euthymia wie von einer Heiligen gesprochen hatten. Ich würde also Gelegenheit haben, dieses Gerede nachzuprüfen und selber festzustellen, was an dieser ‚Heiligen' echt war. Und da man mich selber zu Geduld und Langmut zwang, wollte ich feststellen, was Geduld und Langmut einer deut-schen Ordensfrau wert sind. So gab ich mich anfangs barsch und abweisend, ich widersprach und übte sogar scharfe Kritik. Wenn Schwester Euthymia auch nicht im einzelnen verstand, was ich sagte, so war mein Gesichtsausdruck doch unmissverständlich, und sie konnte darin nichts Freundliches entdecken. Aber ihre Antworten waren aufregend – denn es ist aufregend, wenn man selber harte Worte gebraucht, aber auf der anderen Seite kein ärgerlich verzogenes Gesicht sieht. Schwester Euthymia gewann mich durch ihre Einfachheit und Geradheit. Ihre Stille und ihr Lächeln überzeugten mich von ihrem Wert."

Der Priester beschreibt detailliert sein aggressives Verhalten – und die Liebe, die ihm die „Heilige" entgegenbringt. „Die Barmherzigkeit, das vierte Ordensgelüb-de der Clemensschwestern, ist von Schwester Euthymia in wahrhaft heroischer

Weise erfüllt worden", urteilt der Geistliche. Eche beschreibt, wie Schwester Euthymia eines Tages Nachricht erhält, dass ihr Bruder in Russland gefallen sei. „Ihr Gesicht war unendlich traurig. Aber sie weinte nicht. ‚Fiat' sagte sie, es geschehe. Dann fuhr sie fort, ihre kranken Russen zu versorgen."

Schwester Euthymia schrieb einmal: „Liebe: Ein so kleines, winziges Wörtchen, und ach, welch einen Reichtum trägt es in sich. Leider ist diese tiefe Goldgrube so wenig bekannt. Du, o lieber Heiland, warst uns Vorbild. Du, die reichste Quelle unendlicher Liebe. Dein ganzes Leben war Liebe. Liebe für alle ... Wohltätige Liebe für die Ärmsten und Verlassenen. Tröstende Liebe für die Traurigen und Weinenden. Ja, dienende Liebe für die Allerärmsten und die Feindesliebe übtest du noch in deinen größten Schmerzen am Kreuze. Und ach, wo bleibt meine Liebe, ist sie ganz vergraben? Nein, mein lieber Heiland, auch ich will Liebe ... wohltuende Liebe spenden. O schenke du mir, o mein lieber Heiland, du meine einzige Liebe ... ein Fünkchen deiner Liebe, damit auch ich allen Liebe geben kann, die mir begegnen, mag es durch Wort oder Tat oder auch nur durch einen liebenden, freundlichen Blick sein. Wenn deine Liebe sich doch in mir, in deiner Braut, widerspiegelte. Herr, gib mir mehr Liebe ...".

Dieses Vorbild einer Krankenschwester wird später in der Waschküche eingesetzt. Doch von Euthymia kein Protest. „Es ist ja alles für den großen Gott" – also wusch sie ihm fortan die Wäsche. Sie tat alles für ihn und wollte seine Liebe weitergeben. Sie betete: „Schenke mir ein Fünkchen deiner Liebe, damit ich allen Liebe geben kann, die mir begegnen, mag es in Wort oder Tat oder nur ein liebender, freundlicher Blick sein." Und die Menschen um sie herum spürten das: „Sie hat gemerkt, wenn etwas nicht in Ordnung war und man Sorgen hatte", erzählt Schwester Raphaelis. „Niemand sonst fragte danach – sie spürte es."

„Für Sie besser in Kapelle ..."

Euthymia – die ganz andere Schwester: Wenn die jungen Krankenpflegeschülerinnen den Termin für die Abgabe der Schmutzwäsche verpasst hatten, entschuldigte Schwester Euthymia diese Verspätung: „Sie hatten sicherlich so viel zu tun." – Keiner musste ein schlechtes Gewissen haben, aber keiner nutzte das aus, wie Schwester Raphaelis betont. Denn alle hatten eine große Hochachtung vor ihr.

Ihre Kraft schöpfte sie nach den Worten von Emile Eche „aus einem starken inneren Leben, und der Herr schützte ihre empfindsame und reine Seele. Ich wusste dies recht gut, so dass ich ihr in ruhigen Stunden in meinem Kauderwelsch sagte: ‚Schwester Euthymia, hier ganz Ruhe, nicht mehr Arbeit. Für Sie besser in Kapelle.' Stunden verbringt sie so im Gebet.

Auch das beeindruckte später die jungen Krankenpflegeschülerinnen. Ohne Buch oder eine andere Hilfe kniet sie in der Anbetungskirche St. Servatii neben dem Mutterhaus in Münster. „Sie strahlte Gottesnähe aus", meint eine Mitschwester. Kurz vor ihrem Tod berichtete sie der Generaloberin von ihren Erfahrungen im Gebet, die man wohl nicht anders als mystisch bezeichnen kann.

Nimm mich lieber in den Himmel

Deutlich wird in ihren Aufzeichnungen, dass sie bei aller Demut und Bescheidenheit keineswegs naiv war: „Und wenn du mich lieb hast, Jesus, warum lässt du mich hier auf der Erde, wo die Menschen mich ausschelten und hart zu mir sind und mir alle möglichen Dinge befehlen, die ich nicht tun mag? Warum nimmst du mich nicht lieber zu dir in den Himmel, wenn du mich lieb hast?" Im Gebet erfährt Schwester Maria Euthymia die Antwort Jesu. Sie schreibt weiter: „Ja, ich liebe dich, darum nehme ich dich nicht gleich zu mir in den Himmel. Denn gerade, weil ich dich liebe, lasse ich dich eine kleine Weile auf der Erde, damit du auf meinen Wegen in den Himmel gehen kannst. Auf dem Weg der Tapferkeit und des Sieges. Auf dem Weg treuer Freundschaft und Liebe. Dann wirst du einst wie ich eine strahlende Krone tragen. – Ja, das Kreuz ist schwer. Man muss die Hingabe geübt haben, Tag für Tag, um es in schweren Tagen und im Tod zu können."

Diese kleine, unscheinbare Frau wurde 2001 selig gesprochen. Barmherzig ist sie noch heute – ungezählte Menschen haben auf ihre Fürbitte Hilfe erfahren.

Norbert Göckener

Befreiend und heilend

Die Beichte als Sakrament der Barmherzigkeit Gottes

Ich bitte dich: Schenke mir alles!
Schenke mir dein Sitzen und dein
Gehen.
Schenke mir dein Tun und dein
Ausruhen.
Schenke mir dein Lachen und dein
Weinen.
Schenke deine guten und deine
schlechten Tage.
Schenke mir dein Können und dein
Versagen.
Schenke mir auch deine Schuld.
Ich will dich verwandeln!

Barmherzigkeit

Unser Glaubenswissen wird zur „gefühlten" Lebenserfahrung und zum gelebten Glaubenszeugnis, wenn wir uns immer wieder den entscheidenden Lebensfragen stellen: Lassen wir uns je neu von der Zusage Gottes anrühren und innerlich dahin „zeugen", dass wir geliebte Söhne und Töchter Gottes sind? Das Beichtsakrament als konkrete Form der erlebbaren Barmherzigkeit Gottes stellt Domkapitular Dr. Christoph Hegge in seinen Ausführungen vor. So wird sie als Geschenk und Anlass zu Dankbarkeit und Freude über die Begegnung mit Gott erfahren.

Autor

Dr. Christoph Hegge (Jahrgang 1962) studierte Theologie in Münster, Paris und Rom. Er empfing 1988 die Priesterweihe. Seit 1999 ist er im Bischöflichen Generalvikariat in Münster verantwortlich für den Bereich Orden, Säkularinstitute und Neue Geistliche Gemeinschaften. 2004 wurde er Domkapitular am münsterschen St.-Paulus-Dom.

„Herr Pfarrer, mir ist nicht mehr zu helfen", sagte ein junger Mann halb spöttisch, halb hilflos, als ich ihm bei einem Beerdigungsbesuch im Haus seiner soeben verstorbenen Mutter begegnete. Oft steckt hinter solch einer Aussage die Selbsterkenntnis, sich weit vom Glauben an Gott und vom Leben der Kirche entfernt zu haben. Welches Gottesbild, welches Bild von Kirche und vom priesterlichen Dienst mag der Mann besitzen, dass er glaubt, ihm sei nicht mehr zu helfen?

Der „Heilige Pfarrer von Ars", Johannes M. Vianney, sagte einmal: „Nichts beleidigt Gott so sehr, wie jemand, der nicht an seine Barmherzigkeit glaubt."[1] Dass wir der Barmherzigkeit Gottes, die uns in Jesus Christus begegnet, keine Grenzen setzen dürfen, bestätigt der Apostel Paulus, wenn er an die Gemeinde in Rom schreibt: „Wo jedoch die Sünde mächtig wurde, da ist die Gnade übergroß geworden" (Röm 5, 20). Diese Gnade und Barmherzigkeit Gottes ist auch heute gegenwärtig und wirksam in der persönlichen Begegnung mit Jesus Christus in den Sakramenten, besonders im Sakrament der Beichte und Versöhnung.

Die folgenden geistlichen Impulse wollen eine Einladung zur Besinnung auf unsere lebendige Gottes- und Christusbeziehung sein. Dabei geht es um eine innere Vergewisserung und Neuentdeckung, wie großartig, liebevoll und barmherzig Gott uns in Jesus Christus entgegenkommt. Dadurch sollen Zugänge zu einer reineren und tieferen Selbsteinschätzung unserer christlichen Berufung eröffnet werden, die auch die Freiheit und kindliche Einfachheit des Bekenntnisses der eigenen Grenze und Schuld und den Empfang der Versöhnung Gottes in der sakramentalen Beichte einschließen.

Christen – als „Ver-söhnte" und „neue Menschen" in Christus

„Weißt du, wer du bist?" Mit dieser Frage ist jeder Christ konfrontiert, der sich mit dem tragenden Grund seines menschlichen und christlichen Lebens ehrlich auseinander setzt. Dabei geht es um weit mehr als um das Wissen. Die Frage richtet sich auf das „gefühlte Wissen", also auf ein Wissen, das unser Bewusstsein und unser Lebensgefühl als Christen prägt. Nur wenn das Bewusstsein unserer tiefen Verbundenheit mit Gott auch unser Lebensgefühl und unsere Lebenseinstellung prägt, können wir unser tägliches Handeln glaubwürdig motivieren und gestalten.

Das Wissen darum, wer wir als Christen sind, setzt die innere Überzeugung und Lebenserfahrung einer lebendigen Liebesbeziehung Gottes voraus, der uns anspricht und uns im Ansprechen verwandelt, mehr noch: der uns zum „Ort" seiner Gegenwart, seines Lebens macht. Darum sagt Jesus Christus im Johannes-Evangelium: „Wenn jemand mich liebt, wird er an meinem Wort festhalten; mein Vater wird ihn lieben, und wir werden zu ihm kommen und bei ihm wohnen" (Joh 14, 23). Das Wort Gottes erhält hier gleichsam sakramentalen Charakter. Wer am Wort Gottes, an der Zusage Gottes in Jesus Christus, festhält, wer es in schlichter Liebe glaubt und es als die grundlegende Wirklichkeit all unserer Lebensumstände begreift, der empfängt Gott, der entdeckt, was er bereits durch die Taufe ist: Sohn (und Tochter) Gottes in Christus.

Der Apostel Paulus entfaltet diese Überzeugung in seinem Brief an die Galater: „Ihr seid alle durch den Glauben Söhne Gottes in Christus Jesus. Denn ihr alle, die ihr auf Christus Jesus getauft seid, habt Christus (als Gewand) angelegt. (...) Weil ihr aber Söhne seid, sandte Gott den Geist seines Sohnes in unser Herz, den Geist, der ruft: Abba, Vater. Daher bist du nicht mehr Sklave, sondern Sohn; bist du aber Sohn, dann auch Erbe, Erbe durch Gott" (Gal 3, 26-27; 4, 6-7).

Wie das geht, sich vom Wort Gottes ergreifen und verwandeln lassen, berichtete einmal der Franzose Jean Vanier, der Gründer der Kirchlichen Bewegung „Die Arche". Er begegnete auf den Straßen Frankreichs einem schwer behinderten Jugendlichen, der an den Rollstuhl gefesselt war. Obwohl er ihn nicht kannte, fragte er ihn: „Betest du?" Der Jugendliche antwortete: „Ja, ich bete." Darauf fragte Jean Vanier weiter: „Was tust du denn, wenn du betest?" – „Ich höre", sagte der Jugendliche. Verwundert über die Antwort des Jugendlichen fragte Vanier: „Was hörst du denn, wenn du betest?" Und zu seiner großen Überraschung antwortete der junge Mann: „Du bist mein geliebter Sohn, an dem ich mein Wohlgefallen habe."

Da stellt sich doch die Frage: Hätte nicht gerade dieser schwer behinderte Jugendliche Grund genug, sich auf der Schattenseite dieser Welt zu fühlen? Würden wir nicht gerade solch einem Menschen zugestehen, dass er unter der Last seiner Behinderung leidet, sich in unserer Leistungsgesellschaft hoffnungslos an den Rand gedrängt und wertlos fühlt? – Wider Erwarten begegnen wir jedoch einem selbstbewussten Christen, der im Hören das Wort Gottes aufnimmt, es zu leben beginnt und darin die wirkliche Nähe des barmherzigen Vaters entdeckt und bezeugt. Sein Herz ist frei. Er hört und empfängt das eine entscheidende Wort Gottes, er hört und empfängt damit sein Leben vom anderen, von Gott her. Denn „Gott sandte den Geist seines Sohnes in unser Herz" (Gal 4, 6). Im Ergreifen dieser tiefen Wahrheit und im Sich-Ergreifen-Lassen durch diese tiefe Wahrheit Gottes liegt das Lebensgeheimnis unserer Berufung als Christen.

Der Apostel Paulus nennt diese grundlegende Berufung des Christen die „neue Schöpfung": „Wenn also jemand in Christus ist, dann ist er eine neue Schöpfung: Das Alte ist vergangen, Neues ist geworden" (2 Kor 5, 17). „In Christus sein" bedeutet Anteil haben an seinem Tod und an seiner Auferstehung, wirklich das „Alte", das Tod bringende Leben, abzugeben und abzulegen und mit Jesus Christus zum neuen Leben aufzuerstehen.

Die „neue Schöpfung" in Christus treibt uns Christen daher an, auch als „neue Menschen" zu leben: „Wisst ihr denn nicht, dass wir alle, die wir auf Christus Jesus getauft wurden, auf seinen Tod getauft worden sind? Wir wurden mit ihm begraben durch die Taufe auf den Tod; und wie Christus durch die Herrlichkeit des Vaters von den Toten auferweckt wurde, so sollen auch wir als neue Menschen leben. (…) Sind wir nun mit Christus gestorben, so glauben wir, dass wir auch mit ihm leben werden. (…) Denn durch sein Sterben ist er ein für allemal gestorben für die Sünde, sein Leben aber lebt er für Gott. So sollt auch ihr euch als Menschen begreifen, die für die Sünde tot sind, aber für Gott leben in Christus Jesus" (Röm 6, 3-4.6-8.10-11).

Nur in der ständigen inneren Wendung und Bekehrung dahin, dass uns die erlösende und versöhnende Hand Jesu Christi voll Liebe und Barmherzigkeit vom Kreuz herab ergriffen hat und uns hineinzieht in das neue österliche Leben als Jünger Jesu, finden wir auch die richtige Einstellung und Haltung, im Alltag Gott, dem Nächsten und uns selbst als „neue Schöpfung", als „Söhne und Töchter Gottes" zu begegnen.

Wie sehr das Erlösungsereignis Jesu Christi zu Herzen gehen und uns Menschen verwandeln kann, erfuhr der heilige Johannes vom Kreuz, der nach einer Vision im Jahre 1572 eine Darstellung des gekreuzigten Jesus auf eine Schiefertafel zeichnete; eine sehr schlichte, fast schemenhafte Darstellung des Gekreuzigten, der qualvoll vom Kreuz herabhängt. Ein Nagel – fast übergroß dargestellt – durchbohrt seine linke Hand. Sein Körpergewicht reißt ihn in die Tiefe; das Haupt ist weit nach vorn gebeugt; die Arme drehen sich nach hinten und scheinen ausgekugelt zu sein.

Diese Zeichnung des qualvoll Gekreuzigten unterscheidet sich von allen anderen bekannten Kreuzigungsbildern. Denn der heilige Johannes sieht den Gekreuzigten in seiner Vision nicht von vorn, sondern er schaut von schräg rechts oben auf die Vorderseite des Kreuzes herab. Der Betrachter des Bildes gewinnt den Eindruck: Der Gekreuzigte ist unter mir, er trägt mich. Ich befinde mich zwischen dem Gekreuzigten und dem Vater, der seinen Sohn aus Liebe zu mir hingibt. Und mir kommt der Gedanke: So tief hinabsteigen kann ich als Mensch gar nicht, dass mich die barmherzige Liebe Gottes nicht mehr erreichen könnte. Jesus, seine Liebe zu mir und meiner Gebrochenheit – und sei sie auch noch so groß – unterfängt mich, ja, sie umgibt mich. Ich als Mensch und die ganze zerbrochene Welt stehen mitten drin im Strom der Liebe zwischen Vater und Sohn.

Wenn wir im Glauben dem nachspüren, wer wir eigentlich sind, dann können wir entdecken, dass wir durch Jesus Christus mit Gott „Ver-söhnte"[2] – also in die Sohnschaft Gottes Berufene – und deshalb „neue Menschen" sind. Unser Glaubenswissen wird zur „gefühlten" Lebenserfahrung und zum gelebten Glaubenszeugnis, wenn wir uns immer wieder den entscheidenden Lebensfragen stellen: Lassen wir uns je neu von der Zusage Gottes anrühren und innerlich dahin „zeugen", dass wir geliebte Söhne und Töchter Gottes sind?

Können wir uns wie Johannes vom Kreuz persönlich mit unserer ganzen Existenz von der überwältigenden Liebe und Barmherzigkeit Gottes im Kreuzes- und Erlösungsgeschehen Jesu im positiven Sinn „erschüttern" lassen? Verstehen wir uns mit dem Apostel Paulus wirklich als „neue Menschen", die durch Jesus Christus in der Taufe „neue Schöpfung" geworden sind und deshalb immer wieder ganz konkrete Zeichen brauchen, durch die sich „Ver-söhnung" wirksam im Alltag ereignet und – wie im Sakrament der Beichte – zu einer lebensprägenden und lebenserneuernden Glaubenserfahrung wird?

Denn die Sakramente der Taufe, der Firmung und der Versöhnung sind niemals nur Instrumente oder gar Automatismen. Mit ihnen muss die persönliche Ergriffenheit von der Wirklichkeit des sich uns hier und jetzt zuwendenden und an uns handelnden Herrn einher gehen, damit ihre Wirkung im christlichen Alltag voll zur Entfaltung kommen kann. In diesem Sinn kann der Apostel Paulus die Gemeinde in Korinth und uns voller Überzeugung ermuntern: „Wir sind also Gesandte an Christi Statt, und Gott ist es, der durch uns mahnt. Wir bitten an Christi Statt: Lasst euch mit Gott versöhnen!" (2 Kor 5, 20)

Christen – als „Bettler" vor Gott und mit Jesus Christus

Die bleibende Herausforderung, der Begegnung mit der abgrundtiefen Liebe und Barmherzigkeit Gottes im tagtäglichen Leben und Leiden nicht auszuweichen, thematisiert die Skulptur „Der Bettler" von Ernst Barlach, die seit 2007 im Kreuzgang des Münsteraner St.-Paulus-Doms aufgestellt ist. Jeder festliche Einzug in die Liturgie führt an dieser 2,17 Meter hohen Statue vorbei. Und bei jedem Verlassen des Doms durch den Kreuzgang schaut man dem Bettler ins Gesicht. Ein markanter Eindruck. Je näher man ihm kommt, desto imposanter wirkt seine Gestalt: ausgemergelt und doch aufgerichtet, erbärmlich und doch voller Hoffung auf Erbarmen.

Der Künstler Ernst Barlach war auf einer längeren Reise durch Russland im Jahr 1906 unzähligen Bettlern begegnet. Er entdeckte in ihnen die tiefen Grundzüge unserer menschlichen Existenz. In ihnen sah Barlach die Konfrontation des Menschen mit dem Dunkel und den Abgründen des Lebens. Aber auch Menschen, die aus den vielfältigen Nöten ihres irdischen Alltags mit verzehrender Leidenschaft Rettung und Heil suchen, dabei zwar nicht immer fündig werden, aber auf dem Weg bleiben. Es sind für Barlach offensichtlich Stationen des eigenen Ringens und Suchens nach Frieden und Erbarmen, nach Heilung und Leben, die in der Skulptur des Bettlers ihren Ausdruck finden.

Die Skulptur Barlachs hält uns Christen einen Spiegel vor. Wir können uns in ihr wieder erkennen. Sie ist wie der in Bronze gegossene, geronnene Zustand unseres gesamten irdischen Lebens. „Der Bettler", der Mensch, wir: zurückgeworfen auf die kalte Existenz: gebrechlich, verwundbar, angewiesen auf Krücken, – aber dennoch aufgerichtet. Der Mensch am Ende seiner eigenen Möglichkeiten: einsam, dem Tod geweiht, erdrückt durch eine Welt, in der jeder nur sich selbst der Nächste ist, – aber dennoch mit einem sehnsuchtsvollen Blick nach oben. Der Mensch, reduziert auf das, was er sich zutiefst ersehnt: gesehen und angesprochen, umarmt und geliebt zu werden. „Der Bettler", der Mensch, wir: ein offener Mund, eine Frage: Wo ist Erlösung, wo Heilung, wo Versöhnung? Wer wird unser Leben, unsere Zukunft sein?

Die christliche Antwort auf die offene Frage unserer Bettlerexistenz in dieser Welt erschließt sich uns im Blick auf die Menschwerdung und die Erlösungstat des Gottessohnes Jesus Christus. Nicht, dass nicht auch andere Religionen eine irgendwie geartete Vorstellung von der Nähe und vom Kommen Gottes hätten. Das unerhört Andere und Unerwartete ist jedoch im Christentum die Weise, wie Gott in diese Welt kommt, in welcher Gestalt er uns Menschen begegnet und erlöst. Hier überholt der christliche Glaube bei weitem die vagen Vorstellungen der Gottesoffenbarung anderer Religionen. Denn der Messias kommt ganz unscheinbar zur Welt, als einer von uns, als nackte Existenz in einer Futterkrippe, hineingeworfen in das Wohl und Wehe des menschlichen Dramas.

Der Messias Jesus Christus stellt sich an unsere Seite, gewissermaßen als „Bettler" unter „Bettlern". Schon als Kind in der Krippe möchte er angewiesen sein auf die Liebe der Menschen, die ihn umgeben. Und sein ganzes Leben, seine Botschaft, seine Wunder, sein Leiden und schließlich sein Tod sind das große Zeugnis des Gottessohnes, der um unsere Liebe, um unser Erbarmen und um unsere Barmherzigkeit, unsere Bereitschaft zu Friede und Versöhnung bettelt.

„Der Bettler" – ein Bild des kommenden Gottes im Menschen Jesus Christus. Ein Bild Gottes, der unser Schicksal teilt, mit uns hineingeht in unser Sehnen und Suchen, in Furcht und Finsternis unseres Lebens. Jesus Christus, Gottessohn und menschlicher „Bettler".

Das ist wohl der schönste Gottesbeweis, weil Gott in Jesus Christus uns Menschen in unserer Freiheit ernst nimmt und sich einfühlsam dort zu erkennen gibt, wo sich unser Wohl und unser Wehe, unsere Lebensfülle und unsere Sinnlosigkeit, wo sich unser Leben und unser Tod entscheiden: an der Frage, ob unsere armselige Existenz im Letzten wirklich angenommen, umarmt und über unseren seelischen und physischen Tod hinaus geliebt, versöhnt und im Ewigen Leben Gottes geborgen ist.

Gleichwie uns die provokante Skulptur „Der Bettler" von Ernst Barlach zur befreienden Selbsterkenntnis führen kann, hat auch das Sakrament der Beichte eine befreiende und heilende Wirkung, wenn wir uns in der Tiefe den Grenzen und Verwundungen unseres Lebens stellen. Muss es uns da noch peinlich sein, vor den Priester hinzutreten, der wie wir und mit uns als erbarmenswürdiger „Bettler" vor Gott steht, uns gleichwohl aber im Auftrag Jesu Christi Barmherzigkeit, Versöhnung und Heilung zuspricht, weil Gott in Jesus Christus als „Bettler" und göttlicher Erlöser auf unserer Seite steht?

Gemeinsam vor Gott können getrost alle Masken fallen, weil Gott in Jesus Christus für uns zum „Bettler" der göttlichen Liebe und Barmherzigkeit geworden ist und die Priester in seinem Dienst stehen und handeln. Schließlich sind vor Gott ohne Ausnahme alle Menschen erbärmlich und zugleich erbarmungswürdig. Wir dürfen uns daher getrost an den schwächsten Punkten unserer menschlichen Existenz begegnen lassen, weil im Priester Christus selbst mit uns dort steht, es mit uns dort aushält, voller Bemühen um unsere ehrliche Bekehrung und erfüllt von der Sendung, uns im Namen Jesu Christi die Vergebung, die Versöhnung und den Frieden Gottes zu schenken, die wir uns selbst nicht schenken können.

Denn im Sakrament der Versöhnung begegnet unsere innere Suche nach Vergebung und Versöhnung der Person Jesus Christus als Geschenk des Heiligen Geistes. Er selbst hatte seinen Jüngern nach seiner Auferstehung von den Toten gesagt: „Empfangt den Heiligen Geist! Wem ihr die Sünden vergebt, dem sind sie vergeben; wem ihr die Vergebung verweigert, dem ist sie verweigert" (Joh 20, 22-23). Jesus Christus ist daher das bleibende Geschenk der Barmherzigkeit Gottes, das durch die Handauflegung und Vergebung des Priesters im Namen und im Geist Christi je neu gegenwärtig wird.

Christen – als empfangende und beschenkte Kinder Gottes

Das Ringen der Christen aller Zeiten um das Leben und Bleiben in der Gegenwart Gottes bleibt ein lebenslanger Prozess der inneren Umkehr als Lebensgestalt des Christen, der alles von Gott erwartet und alles von Gott empfängt. Es ist das existenzielle Ringen des Menschen, der sich durch Jesus Christus erlöst und zur Würde der Gotteskindschaft erhoben weiß, aber immer wieder schwach wird, sich von den Geboten der ausschließlichen Gottes- und Nächstenliebe (vgl. Joh 13, 34-35; 15, 4-17) entfernt und den Versuchungen dieser Welt erliegt.

Der Apostel Paulus fasst dieses Ringen in dem Wort zusammen: „Ich begreife mein Handeln nicht: Ich tue nicht das, was ich will, sondern das, was ich hasse. Ich weiß, dass in mir, das heißt in meinem Fleisch, nichts Gutes wohnt; das Wollen ist bei mir vorhanden, aber ich vermag das Gute nicht zu verwirklichen. Denn ich tue nicht das Gute, das ich will, sondern das Böse, das ich nicht will" (Röm 7, 15. 18-19). Welcher aufrichtige Christ kennt dieses innere Ringen nicht? Der heilige Paulus gelangt jedoch kraft des Osterglaubens zur tieferen Erkenntnis der Barmherzigkeit Gottes, wenn er schreibt: „Ich unglücklicher Mensch! Wer wird mich aus diesem dem Tod verfallenen Leib erretten? Dank sei Gott durch Jesus Christus, unseren Herrn! (…) Jetzt gibt es keine Verurteilung mehr für die, welche in Christus Jesus sind. Denn das Gesetz des Geistes und des Lebens in Christus Jesus hat dich frei gemacht vom Gesetz der Sünde und des Todes" (Röm 7, 24; 8, 1-2).

Die umfassende Versöhnung des Menschen mit Gott ist uns Christen durch den Heiligen Geist „ins Herz" hinein geschrieben, sodass in uns und unter uns der Lobpreis und die Dankbarkeit Gott gegenüber geradezu jedes innere Haften am Negativen, am Urteil über uns selbst und über unsere Mitmenschen und jede pessimistische Haltung gegenüber den uns geschenkten Möglichkeiten zur Gestaltung der Welt bei weitem überwiegen sollte.

Berufen zur Gottessohnschaft ist es daher die erste Aufgabe der Christen, auf jede nur mögliche Art den Lobpreis Gottes zu feiern und auszustrahlen. „Denn alle, die sich vom Geist Gottes leiten lassen, sind Söhne Gottes", schreibt der Apostel, und fährt fort: „Denn ihr habt nicht einen Geist empfangen, der euch zu Sklaven macht, sodass ihr euch immer noch fürchten müsstet, sondern ihr habt den Geist empfangen, der euch zu Söhnen macht, den Geist, in dem wir rufen: Abba, Vater! So bezeugt der Geist selber unserem Geist, dass wir Kinder Gottes sind. Sind wir aber Kinder, dann auch Erben; wir sind Erben Gottes und sind Miterben Christi, wenn wir mit ihm leiden, um mit ihm auch verherrlicht zu werden" (Röm 8, 14-17).

Diese Glaubenserfahrung des Paulus prägt sein Verhältnis zu Gott grundlegend. Die Fülle des geschenkten Lebens rückt in den Mittelpunkt, die Begeisterung der Nähe Christi ergreift und verwandelt ihn ganz und gar. Sie gipfelt schließlich in dem Ausruf: „Ich bin mit Christus gekreuzigt worden; nicht mehr ich lebe, sondern Christus lebt in mir. Soweit ich aber jetzt noch in dieser Welt lebe, lebe ich im Glauben an den Sohn Gottes, der mich geliebt und sich für mich hingegeben hat" (Gal 2, 19-20).

Der Apostel Paulus beschreibt hier eine innere Haltung, die für einen persönlichen Zugang zum Beichtsakrament unverzichtbar ist: Es ist die Haltung des Kindes. Kinder, die in geordneten Familienverhältnissen aufwachsen, besitzen von Natur aus ein Urvertrauen ihren Eltern und Geschwistern gegenüber. Für Kinder gibt es immer eine Lösung der Probleme, weil ihre Eltern im Hintergrund den Raum der Sicherheit, der Heimat und des inneren und äußern Friedens bilden. Kinder können vergessen und selbstvergessen leben, lieben, verzeihen und neu beginnen. Kinder sehen immer eine gute, hoffnungsvolle und frohe Zukunft.

In einem Glaubensgespräch erzählte ein erwachsener Christ über das kindlich-vertrauensvolle Verhalten, das seit früher Jugend an sein Verhältnis zu seinem älteren Bruder prägt. Im Alter von zehn und elf Jahren teilten sie gemeinsam ein Zimmer. Sie mochten sich gegenseitig gern leiden und waren geradezu Freunde. Sie unternahmen viel miteinander. Abends, wenn das Licht im Schlafzimmer schon ausgeschaltet war, erzählten sie einander, was sie tagsüber erlebt hatten. Sie erzählten von ihren Wünschen und Träumen, von ihren Fantasien und Abenteuern, wie es für Jungen diesen Alters typisch ist.

Aber in diesen Gesprächen geschah mitunter auch etwas, das Erwachsenen untypisch und außergewöhnlich erscheinen mag: Jeden Abend baten sie einander um Vergebung. Sie entschuldigten sich, wenn sie tagsüber miteinander Streit hatten. Bei manchem Streit dachten sie schon daran, dass sie sich ja abends wieder versöhnen werden. Ihre Zuneigung zueinander war so groß, dass sie sich innerlich schon darauf freuten, einander abends um Vergebung zu bitten oder dem Bruder vergeben zu können.

Ist es nicht genau diese Haltung eines Kindes Gottes, die die Einstellung zum Empfang der Versöhnung im Beichtsakrament prägen sollte? Ein Kind Gottes besitzt die Einfachheit, ohne Zögern umzukehren, weil es alles Gute von Gott erwarten darf und alles Lebenswichtige von Gott empfängt. Ein Christ als Kind Gottes lebt aus einer tiefen, vertrauensvollen, geistlichen, geradezu familiären Verbindung zu seinem himmlischen Vater, von dem er nur Gutes erwarten kann, wie es Jesus Christus seinen Jüngern offenbart hat. Darum leben Jünger Jesu und Christen aus der Grundstimmung einer tiefen Freude über die Nähe Gottes in Jesus Christus, die sie derart verwandelt, dass sie die sakramentale Versöhnung vor allem als Geschenk und Anlass zu Dankbarkeit und Freude über die Begegnung Gottes empfinden.

Auf der inneren Suche nach Gott, erzählte ein junger Mann von einem Sommerausflug in die Berge, den er mit einem befreundeten Priester gemacht hatte.[3] Der Priester strahlte Freude und innere Gelassenheit aus. Der junge Mann fasste Vertrauen und sagte zum Priester: „Ich bin bedrückt, weil ich schon eine lange Zeit nicht mehr gebeichtet habe. Aber ich habe Angst vor der Beichte." Darauf fragte ihn der Priester: „Hast du denn Angst vor Gott?" – „Nein", antwortete der junge Mann. „Hast du etwa Angst vor mir"?, fragte der Priester zurück. Darauf sagte er: „Nein, vor dir habe ich keine Angst." – „Dann tue es doch einfach", hörte er den Priester sagen. Der junge Mann entdeckte mit einem Mal, dass eine Beziehung zu Gott „einfach" sein muss. „Einfach" beichten, „einfach" Gott in das eigene Leben hinein lassen, „einfach" Gott in diesem Augenblick mehr Vertrauen schenken und das Größere, das Schönere von ihm her erwarten. Und ihm wurde bewusst, dass ihm in diesem Moment die Gnade Gottes in der Liebe und Menschenfreundlichkeit eines Priesters begegnete.

So könnte es doch eigentlich immer sein: Die Gläubigen sollten mit der Sehnsucht, dem auferstandenen Herrn zu begegnen, und ohne Angst zur Beichte kommen und mit Freude und Frieden im Herzen und einem Lächeln auf dem Gesicht nach der Beichte wieder weggehen. Das entspricht dem einfachen und spontanen Vertrauen eines Kindes Gottes, von dem Jesus Christus sagt: „Amen, das sage ich euch: Wenn ihr nicht umkehrt und wie die Kinder werdet, könnt ihr nicht in das Himmelreich kommen. Wer so klein sein kann wie dieses Kind, der ist im Himmelreich der Größte." (Mt 18, 3-4).

Christen – als Beichtende an der offenen Tür des Vaters

Offensichtlich gibt es einen Überschuss der Barmherzigkeit Gottes, der das Bewusstsein eines jeden Christen prägen sollte. Davon erzählt Jesus Christus in dem Gleichnis vom „Verlorenen Sohn" und dem „Barmherzigen Vater" (vgl. Lk 15, 11-32). Im Hintergrund des Gleichnisses steht die Beziehung des barmherzigen Gottes, der Jesus und unser himmlischer Vater ist, zu uns Menschen. Gleich zu Beginn des Gleichnisses kommt die überlegene Freiheit und Gelassenheit zum Ausdruck, mit der der Vater dem Sohn begegnet: Ohne Zögern teilt der Vater auf Bitten des Sohnes das Erbe auf und übergibt dem Sohn seinen Teil. Das Erbteil schon zu Lebzeiten des Vaters zu fordern, war erlaubt, galt aber damals wie heute als Zeichen des offensichtlichen Bruchs mit der eigenen Familie.

Die Beziehung des Sohnes zum Vater scheint gravierend gestört zu sein. Der Sohn sucht seine Freiheit, eine bindungslose, zügellose Freiheit, wie sich bald herausstellen wird, und setzt dafür seine lebenswichtigen Beziehungen aufs Spiel. Er schaut nur noch auf sich selbst, verlässt mit seinem ganzen Besitz sein Zuhause, ja sogar sein Vaterland, führt ein zügelloses Leben, verschleudert sein Vermögen, bis er schließlich in bitterer Armut endet, nachdem er alles durchgebracht hat.

Völlig auf sich allein gestellt, herunter gekommen auf die Gemeinschaft mit Vieh, isoliert von aller menschenwürdigen Unterstützung, besinnt sich der Sohn auf den Ursprung seines Lebens, auf seinen Vater und seine Familie. Damit tut er das Eine, das für ihn zur Lebensrettung wird: Er wendet seinen Blick von sich selbst ab. Mehr noch: Er verlässt die „Hölle" des eigenen „Ich" und entdeckt, was seine einzige Rettung ist: Das „Du" des Vaters. Im Evangelium heißt es wörtlich: „Er ging in sich", das heißt: er erinnert sich an die Liebe des Vaters, die ihm bisher alles geschenkt hat. Und dann folgt: „Er brach auf und ging zu seinem Vater" (Lk 15, 17.20). Er geht also aus sich selbst heraus, er geht ganz neu auf den Vater, auf den Ursprung seines Lebens, zu.

Und der Vater? Er sieht seinen Sohn schon von weitem kommen. Offensichtlich hat der Vater schon längst auf ihn gewartet. Vom Vater heißt es: „Er hatte Mitleid mit ihm, (...) lief dem Sohn entgegen, fiel ihm um den Hals und küsste ihn" (V.20). Kein Wort von der Schuld des Sohnes, keine Diskussion über das Wenn und Aber, keine nachträgliche Schuldzuweisung. Im Gegenteil! Der Vater ehrt den Sohn, lässt ihm das beste Gewand anziehen, einen Ring an die Hand stecken und feiert ein Fest mit dem ganzen Hof. Denn „er war tot und lebt wieder; er war verloren und ist wieder gefunden worden" (V. 32), sagt der Vater im Gleichnis Jesu zum älteren Sohn.

Am Gleichnis vom „Barmherzigen Vater" wird deutlich, dass echte Reue und Umkehr nur derjenige empfinden und erleben wird, der sich von der persönlichen, größeren Liebe Gottes treffen lassen kann, weil er aus der Selbstver-krümmung und dem Kreislauf der Selbstbezogenheit seines Denkens und Handelns aufbricht und erkennt, dass er Leben und Erlösung, Versöhnung und inneren Frieden, ja schließlich sein ewiges Leben ausschließlich verdankt und als Geschenk empfängt. Es drängt den Menschen zur Umkehr, wenn er in der Begegnung mit Christus tief in seinem Herzen vom Überschuss der Barmherzigkeit Gottes berührt wird.

Hinter dem Gleichnis, das Jesus seinen Jüngern erzählt, verbirgt sich für uns Christen ein viel größeres und zugleich sehr konkretes Angebot. Denn das Gleichnis ist nicht einfach nur eine Geschichte, sondern es ist eine Person: Jesus Christus! Er löst dieses Gleichnis mit seinem Leben ein. Die Liebe des barmherzigen Vaters bleibt nicht im Himmel, sondern sie kommt uns im Menschen Jesus Christus entgegen, der von sich selbst sagt: „Ich und der Vater sind eins!" (Joh 10, 30).

Diese Liebe Gottes zu jedem Einzelnen von uns bleibt nicht ein frommer Gedanke, sondern wird mit Leib und Leben Jesu Christi eingelöst. Jedes Wort der Barmherzigkeit und der Vergebung ist bereits ausbuchstabiert mit seinem Blut und seiner Qual am Kreuz, aus der heraus auch uns sein Gebet gilt: „Vater, vergib ihnen, denn sie wissen nicht, was sie tun" (Lk 23, 34). Und eben diese überwältigende Liebe Gottes erreicht uns Menschen auf besondere Weise und ganz konkret im Sakrament der Versöhnung, in der Beichte.

Eine unbegrenzte und unaufhörliche Berührung

Durch die Begegnung Gottes im Sakrament der Versöhnung, im konkreten Bekenntnis der eigenen Schuld und in der Lossprechung von allen Sünden durch den Priester, schenkt Gott uns Christen die Gewissheit, dass uns seine Tür stets offen steht. So wie in Jesus Christus Gott in die Geschichte der Men-schen eingetreten ist, bleibt er kraft des Heiligen Geistes in den Sakramenten gegenwärtig und handelt durch sie in unserer Geschichte.

Gott möchte wirklich Geschichte machen und in der Geschichte der Menschen wirken und bleiben. So setzt sich die überwältigende Berührung der Barm-herzigkeit und Liebe Gottes in Jesus Christus besonders auch im Sakrament der Versöhnung fort und wird zur persönlichen Geschichte jedes gläubigen Christen.

Das Wort des französischen Theologen Teilhard de Chardin über die Eucharistie gilt auch in abgewandelter Form für das Sakrament der Buße und Beichte: „Im

Sakrament der Versöhnung schenkst du mir mein Leben, Jesus. Mein Leben wird dank des Beichtsakramentes zu einer unbegrenzten und unaufhörlichen Berührung mit dir."

Das Sakrament der Beichte ist eine Einladung, die Tür zum Leben nicht von innen her verschlossen zu halten, sondern durch die offene Tür Gottes ins Leben zu gehen, das schon heute beginnt und kein Ende kennt.

Anmerkungen

1   Zitiert aus dem Heft von Hans Schalk: Beichten. Eine praktische Hilfe für Menschen, denen es schwerfällt, 6. Aufl., (Verlag Neue Stadt) München-Zürich-Wien 1986, 12.

2   Der Begriff „Versöhnung" wird hier in freier, assoziativer Symbolik gebraucht. Dem deutschen Wort „Versöhnung" liegt der Begriff der „Sühne" zugrunde. Die lateinische Übersetzung aus dem Griechischen mit „reconciliatio" betont die von Gott ausgehende Friedensstiftung, die die sündigen Menschen in die „Freundschaft" mir Gott zurückführt. Die Übersetzung „propitiatio" assoziiert hingegen eher die Sühnethematik, also die stellvertretende Sühneleistung Jesu Christi für unsere Sünden durch sein Kreuzesopfer. Als Mittler zwischen Gott und den Menschen hat Christus die Versöhnung, ja die „Einheit" mit Gott bewirkt. In Christus sind die Getauften daher zur Gottessohnschaft berufen, wie der Apostel Paulus unterstreicht: „Weil ihr aber Söhne seid, sandte Gott den Geist seines Sohnes in unser Herz, den Geist, der ruft: Abba, Vater. Daher bist du nicht mehr Sklave, sondern Sohn; bist du aber Sohn, dann auch Erbe, Erbe durch Gott" (Gal 4, 6-7).

3   Für den Abdruck der im Text zitierten Glaubenserfahrungen wurde von den betroffenen Personen die Erlaubnis erteilt (Anmerkung des Verfassers).

„Ihr habt mich aufgenommen"

Von der Gastfreundschaft zur Barmherzigkeit

Der Mensch ist zwar selber „nur Gast auf Erden" (Psalm 119), doch zeigt sich in der Gastfreundschaft die gläubige Haltung des Menschen. Gott ist zu Gast bei Abraham (Genesis 18). Jesus spricht den Zöllner Zachäus an: „Zachäus, komm. Ich muss heute in deinem Haus zu Gast sein" (Lukas 19). „Ich war fremd und obdachlos – und ihr habt mich aufgenommen" (Matthäus 25), sagt der Richter beim Weltgericht.

Gastfreundschaft kann Überraschendes bereit halten: „Vergesst die Gastfreundschaft nicht; denn durch sie haben einige – ohne es zu ahnen – Engel beherbergt" (Hebräer 13).

Barmherzigkeit

Barmherzigkeit hat Geschichte. Und das auf eine unspektakuläre, aber nicht wenig eindringliche Weise: Dr. Claudia Kunz zeigt, wie die ersten Christen in der Gastfreundschaft eine konkrete Ausformung der von Gott erfahrenen und aufgetragenen Barmherzigkeit praktizierten. Gleichzeitig macht sie deutlich: „Was wir heute brauchen, sind Menschen und Gemeinschaften, in denen Geschichten von Barmherzigkeit erzählt und so anschaulich werden, dass anderen unmittelbar einleuchtet, was es mit dem Evangelium Jesu Christi auf sich hat."

Autorin

Dr. Claudia Kunz (Jahrgang 1957) ist Referentin im Bereich Pastoral der Deutschen Bischofskonferenz mit den Schwerpunkten Geistliche Berufe und Kirchliche Dienste.

Es liegt schon einige Jahre zurück, da wurde ich nach einem Vortrag von einer jungen Frau befragt: „Was meinen Sie damit, wenn Sie von Barmherzigkeit sprechen?" Vielleicht hat mich noch nie eine Frage so zum Nach-Denken, ja zur Be-Sinnung gebracht, wie diese; denn wie erkläre ich einem Menschen, der sich im Gespräch als Neu-Christ zu erkennen gibt, das Wort „Barmherzigkeit"? In diesem Moment wurde mir das bislang so selbstverständliche Wort aus dem christlichen Vokabular frag-würdig.

Wenn ich erklären will, was Barmherzigkeit ist, muss ich erzählen – von Menschen und ihren Geschichten, in denen sie Barmherzigkeit erfahren und barmherzig gehandelt haben. Und immer wieder zeigen diese Geschichten aus der Bibel bis heute, dass Barmherzigkeit die ureigene Weise Gottes ist zu lieben; eine Liebe, die in Jesus Christus Gestalt geworden ist und die immer neu Gestalt gewinnt in Menschen, die es verstehen, wie Er zu lieben: kraftvoll und zärtlich, universal und persönlich, bedingungslos und herausfordernd, freiwillig und befreiend, spontan und organisiert zugleich.

Barmherzigkeit, die aus der Gastfreundschaft erwächst

In der christlichen Tradition versuchte man, die Vielfalt barmherziger Liebe in den so genannten Werken der leiblichen Barmherzigkeit (Hungrige speisen, Durstige tränken, Fremde aufnehmen, Nackte bekleiden, Kranke besuchen, Gefangene befreien, Tote bestatten) und geistigen Barmherzigkeit (Unwissende lehren, Zweifelnden raten, Trauernde trösten, Irrende zurechtweisen, Unrecht ertragen, Beleidigungen verzeihen, für Lebende und Tote beten) durchzudeklinieren und zu konkretisieren.

Bereits in der Alten Kirche kam es zu einer Institutionalisierung der Barmherzigkeit in Häusern, Hospize genannt, die sich der Versorgung von Waisen und Witwen, Obdachlosen und Fremden, der Bildung von Kindern und Jugendlichen wie der Pflege von Alten, Kranken und Sterbenden annahmen. Solche Hospize gab es in Verbindung mit dem Haus des Bischofs und später in Verbindung mit einer Klosteranlage.

In der Antike galt die praktizierte Barmherzigkeit der Christen geradezu als Ausweis des Christlichen; so führt Kaiser Julian, der im 4. Jahrhundert erfolglos eine Wiederbelebung der alten römischen Religiosität unternimmt, den missionarischen Erfolg der Christen auf deren Menschenliebe zurück, die sich in den Werken der Barmherzigkeit erweist. Für die Christen aber ist die tätige Nächstenliebe eine Weise, ihren Glauben an den Gott, der in Jesus Christus Mensch geworden ist, zu bezeugen, indem sie ihm nämlich ähnlich werden: auf dem Weg der Barmherzigkeit. Nachahmung Gottes und Nachfolge Jesu Christi waren auch starke Motive für viele Frauenorden, die im 19. Jh. durch ihre Einrichtungen der Barmherzigkeit eine Antwort gaben auf die sozialen Missstände in der damaligen Gesellschaft. Seitdem gehört das Charisma der Barmherzigkeit zum Profil dieser heute noch lebendigen Frauengemeinschaften.

Doch wie kann dieses Charisma der Barmherzigkeit heute – in einer Zeit, in der der Sozialstaat seine Pflicht erkannt und Hilfeleistungen für Bedürftige in vielfältiger Weise institutionalisiert hat – von den Ordensgemeinschaften gelebt und praktiziert werden?

Was unsere Gesellschaft und Kirche in ihren sozialen und karitativen Einrichtungen heute brauchen, ist die Barmherzigkeit als eine profilierte Weise der Zuwendung zum anderen und der Annahme des anderen, eine Weise, in der etwas von dem Gott aufleuchtet, der in Jesus Christus zur Barmherzigkeit in Person wurde. Was wir heute brauchen, sind Menschen und Gemeinschaften, in denen Geschichten von Barmherzigkeit erzählt und so anschaulich werden, dass anderen unmittelbar einleuchtet, was es mit dem Evangelium Jesu Christi auf sich hat. Am Anfang der organisierten Barmherzigkeit in der Caritas der Kirche stand die Gastfreundschaft. Am Beispiel der Gastfreundschaft in der frühen Kirche möchte ich einen Weg aufzeigen, wie auch heute Barmherzigkeit erfahren und praktiziert werden kann. Im Zentrum dieses Weges steht eine Umkehr und Umformung der Gemeinschaft zur Barmherzigkeit.

Ein Modell von Gemeinschaft in der frühen Kirche ...

Die Regel des heiligen Augustinus beginnt mit einer Beschreibung dessen, was „gemeinschaftliches Leben" heißt, nämlich „in Eintracht zusammenzuwohnen"; als Begründung wird die Schilderung der Urgemeinde in Apg 4,32 – „Die Gemeinde der Gläubigen war ein Herz und eine Seele" – angefügt.

Durch Jahrhunderte hindurch hat diese Vorstellung von gemeinsamem Leben das Ordensleben geprägt: Gemeinschaft wurde wesentlich bestimmt durch den räumlichen Faktor des „Zusammenwohnens". Gemeinschaft definierte sich durch ein Haus, in dem die Mitglieder wohnten. In der Antike war das Haus ein anderes Wort für Familie. Und wie eine Familie (ein weiteres Leitbild von Ordensgemeinschaft) teilten die Mitglieder der Ordensfamilie tagaus, tagein alle wesentlichen alltägliche Vollzüge: beten und arbeiten, essen und feiern.

Nicht zuletzt das Familienbild des 19. Jahrunderts trug das Seine dazu bei, dass auch die Kongregationen und Orden ihre Gemeinschaft im Bild des harmonischen Zusammenklangs einer Reihe von „einträchtigen" Schwestern (Brüdern) unter einer Mutter (einem Vater) in einem Haus verstanden.

In der Schilderung des Lukas zielt die Beschreibung der Gemeinde als „ein Herz und eine Seele" aber noch nicht auf ein Wohnen unter einem Dach. Vielmehr wird hier eine andere Form deutlich, wie Glaubende ihr Leben miteinander verbanden: nämlich so, dass niemand Not zu leiden hatte. Man ließ die jeweils anderen an dem teilhaben, was man selbst besaß. Die Schilderungen in der Apostelgeschichte setzen sogar voraus, dass die zum Glauben Gekommenen weiterhin in „ihren" Häusern (Apg 2,46) wohnten und dort einander Gastfreundschaft erwiesen.

Das Haus des Paares Priska und Aquila liefert dazu konkretes Anschauungsmaterial. Die beiden nehmen Paulus während seiner Missionstätigkeit in Korinth auf. Paulus arbeitet in ihrem Zeltmacher-Betrieb mit und nutzt das Haus zugleich als Basis für seine Missionsarbeit (Apg 18,1-5). Als das Paar später nach Ephesus zieht, kehrt Paulus abermals bei ihnen ein. Zugleich dient ihr Haus in Ephesus der dortigen Gemeinde als Versammlungsraum.[1] Der Lebensraum der Gemeinde ist also die Gastfreundschaft, die man sich wechselseitig in seinen Häusern erweist. Ohne solche Gastfreundschaft ist das Wachsen der frühen Kirche nicht denkbar gewesen:

- Schon die Predigttätigkeit Jesu war wesentlich gebunden an die Gewährung von Gastfreundschaft, die im Neuen Testament und besonders bei den Synoptikern in der Gestalt der Gastmähler für Jesus und seine Jünger dargestellt wird.[2]
- Jesus selbst gibt seinen Jüngern Weisungen mit auf den Weg, wie sie die Gastfreundschaft in den Dienst der Mission stellen sollen.[3]
- Das Beispiel des Paulus macht deutlich, dass und wie die christliche Mission ohne die empfangene Gastfreundschaft auf seinen Reisen nicht denkbar gewesen wäre.[4]
- Auch Petrus und die anderen Apostel sind für ihre missionarische Tätigkeit auf Unterstützung und Bewirtung durch die Gläubigen angewiesen.[5]
- Bei den Apostolischen Vätern und den frühen Kirchenschriftstellern tauchen Mahnungen zur Gastfreundschaft vornehmlich den christlichen Missionaren – den Propheten und Lehrern – gegenüber auf, ebenso soll diese Gastfreundschaft den durchreisenden Glaubensgeschwistern gewährt werden.[6]
- Bei den frühchristlichen Apologeten wird die Gastfreundschaft zum besonderen Kennzeichen für die Glaubwürdigkeit der christlichen Gemeinden und ihrer Mitglieder.[7]

In den ersten Zeiten der Kirche verbreitete sich das Evangelium auf der Basis der gewährten Gastfreundschaft, auf die die Missionare angewiesen waren. Die weithin praktizierte Gastfreundschaft diente der Glaubensstärkung und der Verbundenheit der einzelnen christlichen Gemeinden. Die Gastfreundschaft wird als die „stärkste Einzelursache für den missionarischen Erfolg der Kirche bezeichnet"[8] und gilt als „hervorstechendes Kennzeichen des Gemeindelebens"[9]. Sie wird zum Ausdruck der Gemeinschaft der Christen, die an unterschiedlichen Orten und in verschiedenen Häusern leben.

DAS BESONDERE DER CHRISTLICHEN GASTFREUNDSCHAFT IN DER ANTIKE

Für die Bedeutung und die konkrete Praxis der Gastfreundschaft konnte die frühe Kirche an den hohen Rang anknüpfen, der der Gastfreundschaft in der gesamten Antike zukam. Die Bedeutung der Gastfreundschaft in der Antike ergab sich aus den weithin fehlenden öffentlichen Gasthäusern bzw. aus dem schlechten Ruf von gewerblichen Herbergen. Wer sich also auf eine weitere Reise begab, war angewiesen auf Häuser bzw. Familien, die ihn unterwegs beherbergen konnten. Wer es sich eben leisten konnte, baute ein weit reichendes Netz gesellschaftlicher Beziehungen auf, das wechselseitige Gastfreundschaft ermöglichte.

Aus der antiken Literatur wissen wir, dass die Verpflichtung zur Gastfreundschaft zwischen Häusern und Familien oft über Generationen hinweg gepflegt wurde. Das Prinzip der Gegenseitigkeit von Gastfreundschaft führte dazu, dass nur die durch Gastfreundschaft untereinander verbunden waren, die ihrerseits durch ihren Besitz in der Lage waren, Gäste aufzunehmen. Durch die Gastfreundschaft waren Familien von vergleichbarem gesellschaftlichem Rang und Reichtum im gesamten Mittelmeerraum untereinander vernetzt. Die antike Gastfreundschaft basierte auf verwandtschaftlichen Beziehungen und stiftete verwandtschaftliche Beziehungen „unter gesellschaftlich Gleichen".

Die frühe Kirche konnte an die antike Gastfreundschaft anknüpfen, und zugleich geriet die Praxis der Gastfreundschaft durch die christliche Mission in Bewegung. Die Basis, auf der die christliche Gastfreundschaft funktionierte, war nicht mehr die von verwandtschaftlichen und/oder gesellschaftlichen Beziehungen; die Gastfreundschaft der frühen Kirche gründete vielmehr in der durch die Taufe und den Geist Jesu Christi gestifteten neuen Verbundenheit bzw. Geschwisterlichkeit der Christen untereinander.

Wer einen Wandermissionar oder einen durchreisenden Christen als Gast aufnahm, nahm einen Bruder auf, dessen Bruderschaft durch die Taufe und nicht durch Blutsverwandtschaft zustande kam, einen Bruder, der in der Regel nicht die Mittel hatte, seinerseits einmal seinem jetzigen Gastgeber die Gastfreundschaft zurück zu erweisen. Einige Kirchenväter sahen gerade darin, dass die Christen ihre Gastfreundschaft nicht auf das Prinzip der Gegenseitigkeit, sondern der Großzügigkeit und Unentgeltlichkeit, eben der Barmherzigkeit gründeten, die Eigenart christlicher Gastfreundschaft.[10]

Christliche Gastfreundschaft besaß gegenüber der antiken Praxis, dem familiär und gesellschaftlich ,Vertrauten' Gastfreundschaft zu gewähren, ihre Eigenart darin, dass sie denen galt, die – sozial gesehen – „fremd" waren, nicht zur eigenen Familie und Gesellschaftsschicht gehörten. Christliche Gastfreundschaft ist im Unterschied zur Gemeinschaft der Familie, des Volkes, der Freundschaft eine Gemeinschaft, die unter Fremden entsteht.

Christliche Gastfreundschaft galt den Fremden; weil und wenn der Fremde aber aufgenommen war, wurde er zum Bruder/zur Schwester. Denn in und mit ihm nahm man gemäß Mt 25,35 („Ich war fremd, und ihr habt mich aufgenommen") – ein extensiv in der Patristik zitiertes und kommentiertes Wort – Christus selbst auf.

Durch die Zugehörigkeit zu Christus, die durch Taufe und Glaube konstituiert wird, entsteht eine Verbundenheit aller untereinander, die auf diese Weise zu Christus gehören. Quer durch den Mittelmeerraum knüpfte damit die wachsende Kirche ein neues Netz sozialer Verbundenheit, die in der Taufe gründete und quer durch die Familien und Gesellschaftsschichten ging. Aus der Kraft ihres Glaubens an Christus entwickelten die Christen einen neuen Stil von Beziehung und Gemeinschaft, der in der Gastfreundschaft konkret wurde.

Als Ausweis des Christlichen galt neben dem Glauben die Gastfreundschaft als dessen konkreter Ausdruck. Eine christlich glaubwürdige Lebensführung erwies sich an der geübten Gastfreundschaft. Zur Gastfreundschaft verpflichtet war darum jedes Haus (d.h. jede Familie); insbesondere aber die Amtsträger, allen voran der Bischof[11]. „Ein Laie erfüllt das Gebot der Gastfreundschaft schon, wenn er einen oder zwei oder wenige aufnimmt. Der Bischof aber, wenn er nicht alle aufnimmt, ist unmenschlich."[12]

Als nach 312 der Bau von Herbergen einsetzte, errichtete man diese nicht als Baubestandteil einer Kirche, sondern in Verbindung mit dem Bischofshaus. Die Größe von Bischofshäusern ergab sich aus der besonderen Pflicht der Bischöfe zur Gastfreundschaft. Mangel an oder gar Unfähigkeit zur Gastfreundschaft galt nach Gregor dem Großen als Hindernis für die Erhebung zum Bischofs-

129

amt.[13] In der Aufnahme von Fremden, d.h. in dieser besonderen christlichen Beziehungs- und Gemeinschaftskompetenz lag ein entscheidendes Zulassungs-Kriterium zum Bischofsamt.

Nach und neben den Bischöfen wurden die Mönche und die Klöster zu den speziellen Trägern der Gastfreundschaft. Das sich ausbreitende Mönchtum trug entscheidend zur Ausbreitung der Gastfreundschaft bei. Für den wahren Mönch gilt die Gastfreundschaft als oberstes Gebot; ihretwegen kann sogar das Fasten gebrochen und die Klosterordnung zeitweise aufgehoben werden.[14]

Im Laufe des 4. Jh. entwickelten sich Klöster zu Pilgerherbergen. Der wachsende Strom von Reisenden führt dazu, dass in den Klöstern eigene Bauten für die Gäste entstehen und das Amt des Gästebruders geschaffen wird. In der weiteren geschichtlichen Entwicklung werden aus den bischöflichen und klösterlichen Hospizen die ersten karitativen Einrichtungen der Kirche. Mit der Verschiebung in der Gastfreundschaft vom missionarischen zum karitativen Typ verblasst aber auch der gemeinde- und gemeinschaftskonstituierende Charakter der frühchristlichen Gastfreundschaft.

GASTFREUNDSCHAFT, DIE SICH IN DER BARMHERZIGKEIT ERWEIST

Die Benediktusregel legt in ihrem Gästekapitel ein entwickeltes Institut der Gästeversorgung einschließlich eines Rituals der Gästeaufnahme vor. Zu den Übungen der Gastfreundschaft gehören:

• Begrüßen und Verabschieden
• Gebet und Mahlzeit
• Gespräch und Erzählen
• Geben und Empfangen
• Mit-Sorge und Für-Sorge

In der Praxis erweisen sich diese Übungen als ein Weg der Einübung in Barmherzigkeit.

BEGRÜSSEN

Die Benediktusregel kennt ein intensives Begrüßungsritual, in das biblische und monastische Elemente integriert sind: man eilt dem Gast entgegen[15], tauscht den Friedensgruß aus[16], verneigt sich vor dem Gast und wirft sich zu Boden[17], wäscht ihm Hände und Füße[18]. In diesem Ritual drücken sich Zuwendung zum anderen und Annahme des anderen aus. Im Begrüßungsritual wird dem Gast

– wie Benedikt sagt – „alle Menschlichkeit" erwiesen[19], wörtlich alle humanitas – Humanität. Der Fremde, der Gast wird als Person angesehen, bekommt ein konkretes Gesicht, wird in seiner Individualität wahrgenommen.

Hier steht der jeweils Einzelne im Zentrum der Aufmerksamkeit. Begrüßungsrituale drücken Wertschätzung vor der Einmaligkeit des Individuums aus und stiften zugleich Zugehörigkeit, knüpfen ein Band der Beziehung zu ihm. In Begrüßungs- wie Abschiedsritualen, die mit dem Überschreiten einer fremden Schwelle und dem Überwinden hemmender Barrieren einhergehen, geschieht auch Barmherzigkeit.

Gebet

Parallelzeugnisse aus der monastischen und patristischen Literatur verdeutlichen, dass es sich bei dem Gebet sowohl um ein fürbittendes Gebet für den Gast handelt wie um eine gemeinsame Lesung aus der Heiligen Schrift und um Einladung zur Mitfeier des Gottesdienstes. Im Gebet wird erfahrbar, dass Gastfreundschaft aus der Mitte des Glaubens kommt, von Jesus Christus ausgeht. Es ist das Gebet, durch das Haltungen wie Offenheit, Annahme und Sorge für den anderen, Haltungen, die zur Gastfreundschaft gehören und das Herz des Barmherzigen formen, erst ihre Tiefe und Wirkkraft erhalten, so Benedikt.

Mahlzeit

Die Mahlzeit ist ein Geschehen, in dem die durch die Gastfreundschaft gestiftete Gemeinschaft Gestalt gewinnt. Beim und nach dem Mahl werden Bekanntschaften geschlossen oder erneuert, werden aktuelle Fragen, Themen und Probleme besprochen, Pläne verworfen oder neu geschmiedet. Beim Mahl wird der ganze Mensch angesprochen, entsteht Nähe und wachsen Freundschaften.

Erzählen

Erzählen gehört zum Mahl. Erzählen setzt voraus, dass man sich etwas zu erzählen hat, dass sich also verschiedene Geschichten (Biographien) begegnen und miteinander verknüpfen. Nicht wer immer zuhause bleibt, sondern nur wer selbst auf eine innere oder äußere Reise geht, hat auch etwas zu erzählen. Das in der Begrüßung noch rituell vollzogene Öffnen der eigenen Haustür und Sich-Öffnen wird hier zum Sich-Eröffnen, zum Anteilnehmen an der Geschichte des anderen und Anteilgeben an der eigenen Geschichte. Zum Erzählen gehört das Zuhören und – modern gesprochen – das Feedback des anderen zum Erzählten. Der Erzähler erfährt Zustimmung und Widerspruch, Anteilnahme und Korrektur. Weg-Gefährtenschaft wird so konkret; geschwisterliche Begleitung im Glauben geschieht hier. Zum Erzählen gehören Lachen und Weinen, Loben und Klagen; beim Erzählen schwingen Gefühle mit. Beim Erzählen wird die Gast-Gemeinschaft auch gefühlsmäßig erlebt und vollzogen.

Geben und Empfangen

Spätestens beim Mahl und beim Erzählen – so die Kirchenväter – wird erfahrbar, dass die Rollen von Gastgeber und Gast austauschbar und umkehrbar sind. Denn der Gastgeber gibt nicht nur Raum und Lebensmittel in seinem Haus, er empfängt auch seinerseits vom Gast. Letztlich empfängt er, indem er sich Schritt für Schritt mehr für ihn frei macht und öffnet, Gottes verborgene Gegenwart. Wer Gastfreundschaft übt, wird überrascht von der Barmherzigkeit Gottes, die er an sich selbst erfahren darf. „Wir haben, o Gott, deine Barmherzigkeit aufgenommen inmitten deines Tempels" (Ps 48,10), so die Erfahrung, die die Benediktusregel bei der Gästeaufnahme macht.[20]

Eine eigenartige Perspektive: Gott ist nicht einfach im Haus des Klosters/des Gastgebers „vorhanden", Gott wird je neu in den Fremden und Gästen aufgenommen. Gottes Gegenwart und Barmherzigkeit „geschieht", wo Menschen einander Gastfreundschaft erweisen. Gastfreundschaft ist so ein konkretes Modell, christliche Gemeinschaft zu leben, die ihre Mitte in Jesus Christus findet und hat, und die aus dieser Erfahrung heraus fähig wird zu neuen Werken der Barmherzigkeit.

Mit-Sorge und Für-Sorge

Die Sorge für den Gast wird in den alten Mönchsregeln vor allem in der Fuß- und Handwaschung konkret. Benedikt sieht vor, dass nicht nur die Brüder, sondern auch der Abt diese Waschungen eigenhändig vornehmen. Eigenhändig – das meint, dass die Brüder und der Abt wirklich Tuchfühlung mit dem Gast und seinen konkreten Anliegen und Nöten bekommen und ihm mit barmherziger Liebe zu begegnen lernen. Wenn man im Gast, und besonders im armen und fremden Gast – wie Benedikt betont – Christus aufnimmt, dann ist damit auch gesagt, dass eine Gemeinschaft gerade auf Tuchfühlung mit Gott geht, wenn sie sich selbst überschreitet, auf den Fremden zugeht und den Fremden bei sich einlässt. Bereits die Didache (Kirchenordnung um 100) betont jedoch auch, dass für den Gast eine unentgeltliche Beherbergung für längstens drei Tage gilt; anschließend soll der Gast mit zum Lebensunterhalt des Hauses beitragen.

Ein afrikanisches Sprichwort sagt auch heute noch: „Nach drei Tagen drücke deinem Gast eine Hacke in die Hand." Die Für-Sorge für den Gast entbindet diesen nicht von der Mit-Sorge für den Lebensunterhalt der Gastfreundschaft. In solchem Für- und Mit-Sorgen bekommt Gastfreundschaft einen verbindlichen Charakter, werden Barmherzigkeit und Solidarität konkret eingeübt.

VERABSCHIEDEN

Zum Haus- bzw. Familien-Modell von Gemeinschaft gehört, dass man in dem Haus (in der Familie) wohnen bleibt, in das man eingetreten ist. Zum Gastfreundschafts-Modell von Gemeinschaft gehört, dass man sich auch wieder verabschiedet, dass die Wege wieder auseinander gehen, um zu einer anderen Zeit und an einem anderen Ort neu zusammenzufinden.

Zur Kultur der Gastfreundschaft gehört somit nicht nur die Kunst, einen anderen aufzunehmen und sich ihm zu öffnen, sondern ebenso die Fähigkeit, ihn auch wieder los- und seine Wege gehen zu lassen. Im Rhythmus von Begrüßen und Verabschieden und damit im Geschehen von Gastfreundschaft vollzieht sich der urmenschliche Rhythmus von Individualität und Beziehung, von Einsamkeit und Gemeinschaft.

OPTIONEN FÜR HEUTE

Welche Konsequenzen hat ein Exkurs zur frühkirchlichen Gastfreundschaft für eine verändernde Praxis von Barmherzigkeit heute? Wie kann die biblische und monastische Gastfreundschaft tätigen Ordensgemeinschaften, die die Barmherzigkeit zu ihrem Programm erhoben haben, heute weiter helfen?

Die Praxis der Gastfreundschaft in der Alten Kirche zeigt die Grundlagen einer Gemeinschaft, die Barmherzigkeit als ihre bleibende Weisung versteht; sie macht deutlich, dass es vor allen Werken der Barmherzigkeit auf die Weise ankommt, Beziehung und Gemeinschaft zu leben, nämlich auf gastfreundliche Weise zu leben. Die Herausforderung für eine tätige Ordensgemeinschaft, die sich auch heute der Barmherzigkeit verpflichtet weiß, liegt vor allem in der Gemeinschaft selbst, in der Weise, eine Gemeinschaft zu werden, in der auf gastfreundliche Weise Barmherzigkeit erfahren und geschenkt werden kann.

Stichwortartig sollen einige Konkretisierungen angedeutet werden:

- Der erste Weg der Gastfreundschaft liegt darin, bei sich selbst zu Gast sein können: habitavit secum – bei sich selbst wohnen, wie es vom heiligen Benedikt heißt, und die geheimnisvolle Gegenwart des barmherzigen Gottes in unserer Mitte erfahren.

- Es gibt eine Gastfreundschaft der Schwestern untereinander, indem man die andere die Wohltat von Gastfreundschaft erfahren lässt. Der Mitschwester ein Gastrecht in der Wohnung des eigenen Herzens gewähren, bedeutet, sie – vielleicht erstmalig – in ihrer Individualität zu begrüßen und wahrzunehmen und willkommen zu heißen, ihr wahre Humanität zu erweisen und ihr so barmherzig zu begegnen.

- Die Gastfreundschaft kann sich sodann auf die „Werke" der tätigen Ordensgemeinschaft erstrecken; eine Schule, ein Krankenhaus, ein Altenheim können nicht nur gastfreundliche Orte für Klienten, sondern auch für die Mitarbeiter/innen und Besucher sein.

- Kongregationen verstehen ihre Werke, die sie mit eigenen Kräften nicht mehr weiterführen können, als gastfreundliche Orte, an denen sie zusammen mit Ordensleuten aus anderen Gemeinschaften ein Ordensprofil präsent halten bzw. neu entwickeln.

- Schwestern aus immer kleiner werdenden Kommunitäten schließen sich kloster-, vielleicht auch ordensübergreifend zu neuen Kommunitäten zusammen: man gewährt sich wechselseitig als zunächst „fremde" – weil aus verschiedenen Klöstern stammenden – Schwestern Gastfreundschaft, indem man sich auf das Fremde einlässt, sich von ihm herausfordern lässt.

- Auch die Schwester, die alleine lebt, lebt Gemeinschaft, indem sie Gastfreundschaft praktiziert für andere Mitschwestern, und zugleich empfängt sie Gastfreundschaft: in den Häusern und Niederlassungen ihres Ordens.

- Die kleinen Wohnungen/Häuser von Ordensfrauen werden zu gastfreundlichen Orten in einer Gemeinde; und umgekehrt lassen sich auch die Ordensleute auf die Gastfreundschaft in den Häusern anderer Christen ein.

- Die eucharistische Gastfreundschaft mit der Ortsgemeinde zu pflegen, wird angesichts der Tatsache, dass immer weniger Priester zur Eucharistiefeier in die Klöster kommen können, immer wichtiger.

- Ordensleute praktizieren Gastfreundschaft, indem sie Gastgeber oder Gast für (bei) andere suchende, glaubende Menschen werden, und durch die Praxis der Gastfreundschaft konkrete, freundschaftliche Beziehungen aufbauen und pflegen.

- Missionarische Gastfreundschaft: den „Fremden" am eigenen Glaubensleben teilhaben lassen.

- Im Fremden Gott selbst aufnehmen, offen werden für überraschende – „fremde" Seiten Gottes, für den Gott, der uns Zukunft und Hoffnung geben will.

Warum sollte nicht die Praxis der Gastfreundschaft – wie sie einst Abraham übte – eine Gemeinschaft auch heute wieder öffnen für jenen Gast, dessen Gastgeschenk in der Verheißung einer Zukunft mit Brüdern und Schwestern liegt: „Ist denn beim Herrn etwas unmöglich?" (Gen 18,14)

Anmerkungen

1   Vgl. Apg 18,18f; 1 Kor 16,19. Dazu Gerhard Lohfink: Braucht Gott die Kirche? Freiburg 4. Auflage 1999, 265f.

2   Mk 1,29; 2,15; 14,3par; Lk 19,5-7; Joh 12,1-8 u.ö. Vgl. auch Lk 8,1-3.

3   Mt 10,11-15; Mk 6,8-13; Lk 9,2-6; 10,4-16.

4   Vgl. Apg 16,14f.40; 18,1-3.24-26; 21,8; Röm 16,23 u.ö.

5   Apg 9,32.43; 10,32; 3 Joh 5-8.

6   Didache 11; 12; 1 Clem 35,5.

7   Vgl. Just., apol I 67; Arist., apol. XV 7.

8   A. Böckmann: Perspektiven der Regula Benedicti. Münsterschwarzach 1986, 217.

9   P. Philippi: Diakonie. In: TRE 8 (1981) 625.

10   Vgl. Laktanz, Inst. 6,12.

11   Gastfreundschaft gehört bereits im Neuen Testament 1 Tim 3,2; Tit 1,8 zu den Amtspflichten des Bischofs.

12   Hieronymus zu Tit 1,8; zit. n. M. Puzicha: „Ich war fremd, und ihr habt mich aufgenommen" : Zur Aufnahme der Fremden in der Alten Kirche. In: O. Fuchs (Hg.): Die Fremden. Düsseldorf, 1988, 175.

13   Hinweise bei O. Hiltbrunner ; D. Gorce: Gastfreundschaft. RAC 8 (1972), 1114.

14   Beispiele bei D. Gorce: Die Gastfreundlichkeit der altchristlichen Einsiedler und Mönche. In: JAC 15 (1972), 78f.

15   RB 53,3; vgl. Gen 18,2; Joh 11,20; Apg 28,15 u.ö.

16   RB 53,4.5; vgl. Gen 33,4; Lk 15,20 u.ö.

17   RB 53,7; vgl. Gen 18,2.

18   RB 53,12.13f; vgl. Gen 18,4; Lk 7,38; Joh 13.

19   RB 53,9.

20   RB 53,14.

Unter Brüdern
und Schwestern

Eng ist es in der kleinen Küche im „Treffpunkt An der Clemenskirche". Doch Schwester Birgit und die beiden Frauen, die sich den Platz zwischen Spüle, Herd und Kühlschrank teilen, sind ein eingespieltes Team. Die Vorbereitungen für das Frühstück laufen auf Hochtouren.

Im Akkord schmieren sie Butter auf die Brotscheiben, streichen Marmelade darauf oder belegen sie mit Käse und verteilen sie auf großen Platten. Die Kaffeemaschine läuft, das Teewasser kocht. Nebenan im Esszimmer sind die Tische bereits gedeckt. Große Kannen mit Kakao stehen auf den kleinen Holztischen. Dort werden in ein paar Minuten etwa 20 Gäste zum Frühstück erwartet.

Der Treffpunkt gegenüber der Clemenskirche in Münster ist aus einer ehemaligen Einrichtung für Obdachlose entstanden. Obdachlose machen heute nur noch einen geringen Teil der Besucher aus. Die meisten sind Hartz-IV-Empfänger, Rentner und Grundsicherungsempfänger mit wenig Geld. Viele sind psychisch krank, trinken Alkohol oder nehmen Drogen. Für sie wird sechs Mal in der Woche Frühstück und Mittagessen in den Räumen des Treffpunks zubereitet. Die Lebensmittel werden zum Teil gespendet, zum Teil gekauft. Wer möchte, kann im Treffpunkt duschen und seine Wäsche waschen und trocknen.

ESSEN UND KONTAKTE

Zum Essen komme er her, aber auch, um unter Menschen zu sein, erzählt ein Frührentner. „Ich habe keine soziale Integration über die Berufswelt", sagt der 53-Jährige. „Ich wäre sonst völlig isoliert und hätte niemanden zum Reden. Alle haben ihre Geschäfte, ihr Leben." Er habe weder Geld noch Kollegen. Fremde anzusprechen sei immer schwierig. „Hier im Treffpunkt ist für Unterhaltung und Gesellschaft gesorgt." Die Atmosphäre habe „fast was Familiäres". Dazu trägt vor allem Schwester Birgit bei.

An fünf Tagen in der Woche hilft sie bei der Zubereitung des Essens. Ihre Hauptaufgabe ist jedoch die Betreuung der Kleiderkammer. „Das tue ich sehr gern", sagt die 65-Jährige. „Ich schaue den Menschen an und sehe sogleich, welche Kleidergröße er hat. Das ist eine Begabung", sagt sie und lacht. Doch bevor es an die Kleiderausgabe geht, setzt sie sich erstmal zu den Frauen und Männern, die nach und nach zum Frühstücken eintrudeln, unterhält sich mit dem Frührentner, der von seinen Plänen erzählt, nach England auszuwandern.

Mittendrin

Ein Bild von Sieger Köder zeigt das, was auch ihren Dienst ausmacht: Jesus sitzt mit Obdachlosen, einer Prostituierten, einem Bettler, einem Dieb und anderen Ausgestoßenen am Tisch. Der Titel „Das Mahl der Sünder" gefalle ihr nicht, sagt Schwester Birgit. Es seien mehr die „Menschen am Rand". So wie die, die zum Treffpunkt kommen. „Ich mag diese Menschen sehr", sagt die Ordensschwester. „Ich fühle mich nicht über diesen Menschen, sondern mittendrin." Sie sei froh, dass sie ihre Arbeit im Hintergrund machen könne. „Ich brauche keine dienstlichen Beziehungen. Ich darf sie behandeln wie meine Brüder und Schwestern."

Mit 21 Jahren ist Schwester Birgit der Gemeinschaft der Clemensschwestern beigetreten. „Mich hat die Persönlichkeit des Jesus von Nazaret wirklich begeistert", sagt sie. „Im Grunde ist es eine Liebe. Diese Begeisterung ging in eine Liebe über." Bei den Dominikanerinnen in Waldniel machte sie eine Ausbildung in Heimerziehung. In einem Kinderheim in Duisburg-Hamborn arbeitete sie anschließend 35 Jahre lang als Erzieherin und betreute Kinder aus Problemfamilien. „Ich habe das Verlorensein der Kinder immer mitbekommen und versucht, es aufzufangen", sagt Schwester Birgit. „Solange sie bei uns waren, konnten wir ihnen einen guten Halt geben, doch äußerst selten kehrten sie in stabile Familienverhältnisse zurück. Meistens erlebten sie neue Verunsicherungen und Enttäuschungen." Zu vielen ehemaligen Kindern habe sie bis heute einen guten Kontakt.

Nähe zu den Menschen

Weil sie diese Nähe zu den Kindern hatte, habe sie heute auch die Nähe zu den Menschen im Treffpunkt, sagt Schwester Birgit. Viele hätten zum Teil ähnliche Schicksale erlebt, die Hälfte von ihnen habe einen Heimaufenthalt hinter sich. „Ich mag diese Menschen sehr", sagt Schwester Birgit. „Ich habe eine Nähe zu ihnen, weil ich es immer erlebt habe, wie schwer sie es haben."

Auch sie profitiere von der Nähe zu diesen Menschen. „Ich habe auch Krankheit erlebt", sagt Schwester Birgit. „Ich werde von ihnen aufgefangen, bekomme viel Verständnis und bin froh, dass sie mich annehmen. Und so nehme auch ich sie an." Ohne zu fragen, wer welches Schicksal hinter sich hat. „Wer hierher kommt, hat's nötig." Viele bräuchten einen Schubs und das Gefühl, dass jemand auf sie warte. „Es ist wichtig, dass sie sich auf den Weg machen." Wie der alte Mann, der keine Zähne mehr hat. Für ihn hat Schwester Birgit ein paar extra weiche Brotscheiben zurückgestellt. Ohne Essen geht keiner. Wer die 50 Cent fürs Frühstück und den Euro für das Mittagessen nicht bezahlen kann, hilft in der Küche, fegt die Treppe oder übernimmt andere kleine Arbeiten.

HEILENDER UMGANG

Das Bild von Schwester Euthymia hängt an der Wand des Speisezimmers. „Ich bin nicht nur für mich hier, sondern vertrete die Clemensschwestern", sagt Schwester Birgit über ihren Dienst. Weil sie begeistert vom Tun und der Einstellung Jesu von Nazaret war, ist sie ihm gefolgt und in den Orden der Barmherzigen Schwestern eingetreten. „Ich wollte seinen Weg mitgehen. Er ist sehr gut mit den Menschen umgegangen – heilend", sagt Schwester Birgit. „Wenn man ihm nachfolgen möchte, gibt es gar keinen anderen Weg, als dieses Gutsein immer wieder zu leben, sich nicht über andere zu stellen, sondern als Gleiche mit am Tisch zu sitzen", sagt sie. Sie hoffe, mindestens noch fünf Jahre im Treffpunkt mitarbeiten zu können. „Ich mach's so gerne."

ALMUD SCHRICKE

Barmherzigkeit braucht Menschen

Die Gesellschaft als Herausforderung für die Clemensschwestern

Nichts Unmögliches verlangst du, Gott, von mir. Nichts Spektakuläres, nichts Abgehobenes. Ganz konkret wirst du, wenn du mir sagst, was du verlangst, um dein Gebot zu erfüllen.

Nächstenliebe: Liebe geht ganz praktisch. Das sind Taten und nicht leere Versprechen. Das ist Tun und nicht große Erklärungen. Das ist nicht irgendwann und irgendwo, sondern jetzt und hier. Der Nächste – gleich begegnet er mir…

PFORTE

ORTOPEDIA

Barmherzigkeit

Christliche Barmherzigkeit wird gespeist aus dem Gebot Jesu, der im Gleichnis vom Barmherzigen Samariter dem fragenden Gesetzeslehrer den Impuls mit auf den Weg gibt: „Dann geh und handle genauso." – Das tun die Clemensschwestern seit 200 Jahren. Und sie tun es konkret, wie Schwester Beatina Lehmann anschaulich darlegt. „Unser heutiges barmherziges Tun ist gespeist von langer, schmerzhafter Erfahrung des Abschieds von gewohnten Aufgaben und der Suche nach einer veränderten, innerlich vertieften Schau des Lebens in einer Ordensgemeinschaft. Unsere Barmherzigkeit definiert sich stärker ins Innen unseres Lebensvollzugs, der Schwerpunkt der geistigen Werke scheint betonter und bestimmt stark unser gemeinsames Leben."

Autorin

Schwester Beatina Lehmann (Jahrgang 1935), Eintritt 1964, pflegerische, soziale, pädagogische Arbeitsfelder als Lehrerin für Pflegeberufe, Sozialarbeiterin, klinische Seelsorgerin, berufliche Erwachsenenbildung, seit 14 Jahren ehrenamtliche Beratungsarbeit. Lebt seit der Pensionierung im Mutterhaus.

Soziologisch lässt sich „Gesellschaft" definieren als die „umfassende Gesamtheit eines dauerhaft geordneten, strukturierten Zusammenlebens von Menschen innerhalb eines bestimmten räumlichen Bereichs (….) zur Erreichung bestimmter Ziele oder Zwecke" (Hillmann). Der Blick in die Welt um uns herum zeigt, wie einschneidend und rasant sich die Grundlagen und Strukturen unserer Gesellschaft prozessual verändern, wie dynamisch sich sozialer Wandel vollzieht und Sozialstrukturen sich scheinbar auflösen oder verändern.

Wenn den schillernden Berichten in den Medien zu glauben ist, wird der größte Teil unserer Gesellschaft immer ärmer an Leib und Seele; die sozialen Unterschiede werden gravierender – der Egoismus und die Gewalt wachsen; die Familien schrumpfen; Kinder, Kranke, Behinderte, Alte, Fremde und Menschen auf der Straße sind unerwünscht und haben keine Lobby; soziale Zusammengehörigkeiten und Verantwortung füreinander schmelzen; wichtige fundamentale menschliche Eigenschaften und Werte scheinen zu schwinden; die Ansprüche ans Leben steigen; Mensch und Natur werden einander immer fremder. Die Aufzählung dieser alarmierenden Anzeichen könnte noch fortgesetzt werden.

Die andere Seite der gesellschaftlichen Wirklichkeit zeigt jedoch, welche Herzenskraft Menschen besitzen, sich dem Elend zu stellen, mit welcher Phantasie und Tatkraft sie ihm begegnen und was sie aufzuwenden vermögen, aus der „Not" buchstäblich" eine „Tugend zu machen".

Die Berichterstattung bezieht nicht das historische Erinnern ein: Solange die Menschheit existiert, haben Menschen in der Kraft ihrer „Berufung zum Erbarmen" der Not und den Ängsten, den Verletzten und Toten von Kriegen, bei Vernichtung und jeder Form von Knechtschaft dem Elend ins Antlitz geschaut und setzten ihm ihre tätige Liebe entgegen.

Sie verschweigt auch, dass es immer – heute wie früher – als Antwort die Liebe, die Hoffnung, den Glauben, das erbarmende und soziale Engagement von Menschen und Gruppen gab, die mit großer Selbstverständlichkeit, mit Tatkraft und Phantasie Nöten entgegengetreten sind und sich den leidenden Menschen zuwandten und zuwenden. Nur wer die Spuren der Geschichte kennt, kann den Weg in eine gute Zukunft finden.

Auch in unserer Zeit springen Menschen und Gruppen aus humanitären Gründen oder „gedrängt vom Erbarmen" in die Bresche. Unzählige engagieren sich ehrenamtlich in den verschiedensten Aufgaben, sie schenken tatkräftig in der Begegnung mit jeglicher Schwäche, Armut und Bedürftigkeit ihre Zuwendung, ihre Zeit und Kraft und Hilfe. Sie fügen sich selbstlos in die Lücke ein, begleiten, leiten an und stützen beim Tragen des „Kreuzes". Gerade die Stadt Münster mit ihrer bunten, interessanten Geschichte präsentiert sich bis in die heutige Zeit als eine Stadt reich an Stiftungen und Mäzenen, an Ordensgründungen, an sozial-christlichen und humanitären Initiativen.

BARMHERZIGKEIT: DAS INNERSTE WESEN GOTTES

Alle Religionen kennen und füllen den Begriff Barmherzigkeit als sittliche Pflicht auf die ihnen eigene Weise mit Leben. Im theologischen Sinn ist Barmherzigkeit universelles Wohlwollen gegenüber Menschen und höchste Liebe zu Gott. Barmherzigkeit als diese universelle Liebe entspringt dem inneren Wesenskern Gottes und ist in der Konkretisierung der Einsatz des ganzen Menschen mit seinen körperlichen, geistigen und seelischen Kräften.

Ihre Quelle ist die Sehnsucht nach der göttlichen Einheit, aus der wir hervorgegangen sind und in die wir uns als Menschen auf den Weg zurück schwingen möchten. Christliche Barmherzigkeit wird gespeist aus dem Gebot Jesu, der im Gleichnis vom Barmherzigen Samariter (Lk 10, 25-37) dem fragenden Gesetzeslehrer den Impuls mit auf den Weg gibt: „Dann geh und handle genauso."

Barmherzigkeit, aus dem Lateinischen „Misericordia" entlehnt, ist einzig die Sache brennender Herzen („misere" das „Elend" und „cor" das „Herz"), sie bleibt immer ausgerichtet am Menschen in Not, sie ist Anteilnahme am Elend des Mitmenschen und bewährt sich in der Tat.

Unzählige Male wird in der Bibel des Alten und Neuen Testaments von der Barmherzigkeit als Nächstenliebe und Menschenliebe gesprochen. Große Wohlfahrtsverbände als humanitäre Organisationsformen beziehen sich mit ihrer Namensgebung „Caritas" und „Diakonie" auf die biblische Aussage: „Selig die Barmherzigen, denn sie werden Barmherzigkeit erlangen" (Mt 5,7) und gewichten „Erbarmen will ich, nicht Opfer" (Mt 9,13).

Seit dem Mittelalter werden die sieben leiblichen Werke der Barmherzigkeit als Gegenüberstellung zu den sieben Todsünden (Stolz, Neid, Zorn, Geiz, Unmäßigkeit, Unkeuschheit, Trägheit des Herzens) gezählt. Jesus unterstreicht in Mt 25,34 mit dem wiederholten „Selig seid ihr" die Wichtigkeit und Priorität der leiblichen Werke der Barmherzigkeit und stellt die Begriffe Seligkeit und Verdammnis gegenüber. Das Zweite Vatikanische Konzil (Apostolica actuositatem 8) bekräftigt das ausdrücklich. Für Jesus ist einzig entscheidend, ob der Barmherzige über und durch das Tun zum Liebenden geworden ist. Die geistigen Werke der Barmherzigkeit überhöhen gleichsam diese herausragende Aufgabe und Bedeutung christlichen Apostolats.

Viele Gruppierungen und Orden leben auch heute soziales Handeln und Erbarmen. In ihrer Professformel wendet sich die Barmherzige Schwester (Clemensschwester) an ihren Schöpfer mit den Worten: „Ich gelobe als Barmherzige Schwester" und beantwortet ihre Berufung zur Barmherzigkeit in der Folge sinngemäß mit: „Ich stelle mein Leben in den Dienst der Armen, Kranken und Hilfsbedürftigen an jedem Ort und in jeder Aufgabe." Denn: Barmherzigkeit braucht Menschen, die bereit und willens sind, die kommunikative Kraft der Liebe zu leben und die dies in einem Geist tun, der die eigenen Grenzen ebenso wie die des anderen achtet.

DIE BARMHERZIGEN SCHWESTERN

Unsere Barmherzigkeit beschränkt sich nicht allein auf eine innere Anteilnahme, sondern konkretisiert sich im praktischen, hinwendenden Handeln und durch die Verzahnung von Diensten, das heißt die Einzelne ist Teil eines Ganzen, einer Gemeinschaft, denn ein Ganzes kann nicht ohne das Zusammenspiel der einzelnen Teile leben. Dabei ist jeder Teil, also jede Schwester, wichtig und wert, sei sie noch im aktiven Dienst oder verbürgt sie sich im Gebet für das Elend der Gegenwart. In dieser Grundüberzeugung „handeln" die Barmherzigen Schwestern als Ordensgemeinschaft.

Gestärkt durch die Gemeinschaft Gleichgesinnter buchstabieren und konkretisieren sie auch heute in ihrem täglichen Handeln die leiblichen und geistigen Werke der Barmherzigkeit, die da sind: Hungrige speisen, Durstige tränken, Nackte bekleiden, Fremde beherbergen, Gefangene erlösen, Kranke besuchen und Tote begraben, Irrende zurechtweisen, Unwissende lehren, Zweifelnden recht raten, Trauernde trösten, Unrecht ertragen, Beleidigungen verzeihen, für Lebende und Tote beten.

Ihre Konkretisierung hat durch die internen und gesellschaftlichen Veränderungen und die Alterung der Schwestern andere Schwerpunkte erhalten, dabei hat unser barmherziges Tun seine Aktualität aber nicht verloren. Sie ist stärker ins Innen gerichtet. Viele originäre Aufgaben der Barmherzigen Schwestern mussten inzwischen delegiert oder neu definiert werden, wobei eher eine Vertiefung als die Aufgabe ihrer Werke erfahrbar ist.

Die Barmherzigen Schwestern mit dem Mutterhaus in der Klosterstraße 85 in Münster geben seit 200 Jahren ihre Antworten auf die notvollen Anliegen der Tage. Ihr Gründer, der ehemalige münstersche Weihbischof und spätere Erzbischof von Köln, Clemens August Droste zu Vischering, hat 1808, in einer Zeit politischer Wirren, der Ausblutung und existenzieller Bodenlosigkeit, der Verirrungen und körperlicher, geistiger und seelischer Not einige christliche Frauen um sich geschart, die dem Elend dieser Zeit begegnen sollten und wollten. 1820 „entsandte" er sie im wahrsten biblischen Sinn „gedrängt vom Erbarmen" zu den Notleidenden ins damalige Clemenshospital (früher Loerstraße) zur Pflege der Kranken und Siechen.

Durch die politischen Verhältnisse waren die seit Jahrhunderten dort wirkenden „Brüder von Johannes von Gott" vertrieben worden. Die frommen Frauen übernahmen deren Dienst und wirken bis heute als Barmherzige Schwestern segensreich im Clemenshospital (heute am Düesbergweg).

Im Laufe der Jahrzehnte erstarkte und wuchs die Gemeinschaft, in der jüngsten Vergangenheit verlor sie durch die Wirren des Zweiten Weltkrieges viele Schwestern. Die Auswirkungen der gesellschaftlichen und kirchlichen Entwicklungen gehen nicht spurlos an ihr vorüber, doch ihre Hoffnung in Gott als dem Lenker der Welt, und das Wissen um das Wesen ihrer Berufung als Barmherzige Schwestern haben sie nie aus den Augen verloren.

Sie wirken auch heute noch in Krankenhäusern und Altenheimen, ambulanten Pflegestationen, in Erholungseinrichtungen und einer geistlichen Cella für Menschen in Lebenskrisen, in der Sozialarbeit, bei psychiatrisch Kranken, Nichtsesshaften, Frauen und Kindern in Not, in Gefängnissen, im Ehrenamt von Beratungsstellen, in der Seelsorge und Gemeindearbeit bei Alten und Kranken, in der ambulanten Hospizarbeit, in der afrikanischen Mission in Ruanda, engagieren sich bei Aktionen für Notleidende in aller Welt, beim Erstellen von Paramenten für die Diaspora, sind in der Ausbildungs- und Bildungsarbeit tätig.

Eine vornehme Aufgabe ist für die Gemeinschaft der Barmherzigen Schwestern, die alten, kranken und hilfebedürftigen Mitschwestern in ordenseigenen Altenheimen zu pflegen, zu betreuen und auf der letzten Weg-Strecke ihres Lebens zu begleiten. Der nachwachsenden Generation ist bewusst, dass eine Gemeinschaft ohne die Lebenserfahrung der alten und kranken Mitschwestern ihre Existenzberechtigung zu verlieren droht. Sie weiß um die Bedeutsamkeit der Lebensreife des Alters als der Summe innerer Erfahrung und schätzt sie als Qualität und Geschenk. Leben mit und für alte Schwestern, leben als alte Schwester, beides ist für uns Teil des einen Lebens, das in Ehrfurcht und Liebe zu bestehen ist. Für die alte Schwester war es dieses Leben, um die zu werden, die sie werden musste: Sie hat ein erfülltes, sinnvolles Leben hinter sich, weil es ein Leben für andere war. Ein Leben unter einem Dach mit Jung und Alt ist für uns als Gemeinschaft ein wechselseitiges Geben und Nehmen, ein sich Ergänzen und voneinander Lernen.

Unsere Barmherzigkeit heute

Wir Schwestern buchstabieren unsere Berufung zu barmherzigem Handeln, indem wir uns gerade heute unserem Gelübde der Barmherzigkeit stellen („Ich gelobe als Barmherzige Schwester "). Wir „ermöglichen" barmherziges Handeln, indem wir in unserem Dienst von vielen gleich gesinnten zivilen Mitarbeiterinnen und Mitarbeitern unterstützt werden, gleichzeitig schaffen wir damit Arbeitsplätze.

Unser heutiges barmherziges Tun ist gespeist von langer, schmerzhafter Erfahrung des Abschieds von gewohnten Aufgaben und der Suche nach einer veränderten, innerlich vertieften Schau des Lebens in einer Ordensgemeinschaft. Unsere Barmherzigkeit definiert sich stärker ins Innen unseres Lebensvollzugs, der Schwerpunkt der geistigen Werke scheint betonter und er bestimmt stark unser gemeinsames Leben.

Die leiblichen Werke der Barmherzigkeit heute

Gerade die älteren unserer Schwestern haben durch die Nöte in und nach den beiden Weltkriegen Hunger und Durst kennen gelernt und geben handelnd ihre Erfahrungen weiter. Sie können ermessen, was es bedeutet, vom ungestillten Drang nach Wasser übermannt zu werden. Sie wissen, wie sich alles Denken auf das kleine Wort Brot reduziert.

Wir erfahren nicht zuletzt von der quälenden Armut in der Welt durch die Berichte aus unserem Engagement in Ruanda und können ermessen, was aidskranke Mütter bewegt, wenn sie ihre hungrigen Kinder nicht nähren, ihren Durst nicht stillen und ihre Blöße nicht bedecken können. Sie setzen das Vertrauen in uns Schwestern, dass sie auch nach dem eigenen Tod ihre Kinder in guter Obhut wissen. Wir Barmherzigen Schwestern kümmern uns um die Hungernden und Durstigen der Straßen Münsters und in vielen unserer Niederlassungen und öffnen ihnen unsere Türen und Herzen.

Wir nehmen wahr, wie Ermattung und Mutlosigkeit durch die Qualen des Hungers und Durstes jede Initiative, eine Situation zu verändern, schwinden lassen. Wir Schwestern erleben die Scheu und Scham der Hungrigen und

149

Durstenden, ihr Elend zu zeigen, und können ihre Bedürftigkeit oft nur durch die Gesten, die Augen und Körperhaltung entschlüsseln. Schreckliche Bilder in den Medien aus den Dürregebieten der Erde sensibilisieren uns dafür, was der Durst mit Menschen machen kann: Der Durstende kann nicht mehr schreien, er ermattet, er verdorrt innerlich, seine Gedanken geraten ins Stocken. Er ist wehrlos den Gewalten ausgeliefert und dem Sterben nahe.

Wir Barmherzige Schwestern leben im Bewusstsein, dass „der Mensch nicht von Brot allein lebt" und schöpfen in einem spirituellen Leben in Gemeinschaft aus Eucharistie und Gebet als den Quellen unserer Berufung und unseres Lebens und Handelns. Menschen, denen die Kleider genommen wurden, werden ihrer Würde und Schönheit beraubt. Der Nackte verliert seinen Schutz, seine Identität und ist den Gewalten der Natur und Umwelt hilflos preisgegeben. Einem Menschen den Schutz der Kleidung zu nehmen, macht ihn verletzbar. Einem Menschen den Schutzschild seiner Ehre zu nehmen, liefert ihn aus und desintegriert ihn. Das kleine Märchen „Des Kaisers neue Kleider" verdeutlicht das. Nackte bekleiden bedeutet für die Barmherzigen Schwestern, den Bloßgestellten und Entblößten wieder ins Leben einzugliedern und ihn davor zu bewahren, zum Ziel und Spielball von Gier und Missbrauch zu werden. Er kann so unter unserem Schutz einen neuen Anfang wagen.

Ein Buchtitel aus den 70er Jahren lautet „Wenn Christus heute vor Deiner Türe stünde, würdest Du ihn erkennen?" Die Orientierungslosigkeit des heutigen Menschen macht vor unserer Klosterpforte nicht Halt. Immer wieder klopfen Fremde – junge und alte Menschen – an unsere Klosterpforte oder suchen das Euthymia-Zentrum auf, sie suchen nach dem Sinn ihres Lebens und erbitten von uns Hilfe in ihren Nöten. Es sind Unglückliche, die ihre Wurzeln und den Lebenssinn verloren haben und die eine Zeitspanne (manchmal nur in kurzer Begegnung) das „Leben mit den Schwestern teilen" wollen. Sie sehnen sich danach, ihrer geistigen Müdigkeit, Haltlosigkeit und Einsamkeit entfliehen zu können und hoffen, neue Perspektiven für sich zu entdecken. Sie suchen Antworten auf ihre Lebensfragen und sehnen sich nach neuer Verwurzelung und Identität. Wir Barmherzigen Schwestern leben mit ihnen Gastfreundschaft und beten mit und für sie.

Durch ihre Arbeit in sozialen und sozialpflegerischen Aufgaben kennen wir Schwestern die vielen (oftmals unsichtbaren) Gitter, hinter denen Menschen dulden, warten und schreien. Wir wissen um die gesellschaftlichen Ketten und Zwänge, von denen der moderne Mensch sich zu befreien sehnt. Die innere und äußere Freiheit verloren zu haben, eingekerkert und gefangen zu sein in einem entgrenzten, sinnentleerten Lebensstil, den Kontakt zu Gott „verloren" zu haben, den „Himmel" vermeintlich nicht mehr zu brauchen, ist für ihn ein Leben wie im Gefängnis. Wir erkennen im heutigen Hilfesuchenden die ungestillte Sehnsucht nach der Freiheit des Geistes und des Ewigen. Der heutige Mensch will wieder aufgenommen und beheimatet sein in einem Beziehungsnetz, das ihm Wärme, Verlässlichkeit und Sicherheit schenkt. Er wünscht sich, wieder glauben zu können: sich wieder festzumachen in Gott.

Die direkte Pflege Kranker können nur noch wenige unserer Schwestern übernehmen. Wir haben heute stärker die Rollen einer sensiblen, guten Besucherin, der Seelsorgerin und Begleiterin. Wir Barmherzigen Schwestern stellen uns ihrer Einsamkeit und dem Alleinsein von Kranken, wir durchbrechen ihre soziale Isolation, lösen das Gefühl von Vergessensein, Verstummung und Angst auf, suchen mit ihnen nach Antworten auf ihr Leben, fragen mit ihnen nach dem Sinn von Kranksein und Schmerzen. Wir versuchen mit ihnen, Weichen für neue Hoffnung und eine glückliche Zukunft zu setzen. Einen Kranken besuchen, heißt für uns Barmherzige Schwestern, ihm seine Welt zurückbringen, ihm Zusage und Zuwendung schenken, die Mauern zwischen dem Gestern und Heute niederreißen, seine Neugier nach dem Leben wecken, ihm zu helfen, ins Leben zurückzukehren und ein Ja für seine Situation zu finden.

Heutige Orden sind häufiger als es in früheren Zeiten notwendig war, in der Situation, Mitschwestern im Sterben und Tod zu begleiten und den Leichnam würdevoll zu begraben. Für uns Barmherzige Schwestern ist dieses Werk ein ehrenvolles, mitschwesterliches Amt: Der sterbenden Mitschwester beim Übergang in die Gewissheit des liebenden Gottes individuelle Lebensbegleitung geben und die Tote begraben, heißt, ihr Dank für das Bespiel ihrer Barmherzigkeit und Schwesterlichkeit sagen und ihr die letzte Ehre erweisen. Wir geben ihr über den Tod hinaus einen Namen und verlebendigen das Gute ihres Lebens, wir setzen ihr gleichsam ein Denkmal und geben ihrem Tod einen Ort auf den Gräberfeldern der Gemeinschaft.

In ambulanten Hospizen begleiten wir Sterbende und Angehörige in der Phase des Sterbens, Abschieds und Aufbruchs in die Ewigkeit, wir stehen Angehörigen und Freunden im Schmerz und in innerer Not bei und helfen bei der Bewältigung ihrer Trauer und der Entwicklung neuer Perspektiven.

Die geistigen Werke der Barmherzigkeit

„Sage dem anderen die Wahrheit so, dass er in sie hineinschlüpfen kann wie in einen Mantel " (Vinzenz von Paul). – Diese Intention, aber auch das Bewusstsein, dass auch wir irren und den Weg verlieren können, macht uns

Barmherzige Schwestern wach für menschliches Fallen und Aufstehen, für Umkehr und Neuwerden in Gott. Irrenden den Weg zu weisen, geschieht sensibel, in Verschwiegenheit, großer Demut und voll Ehrfurcht, in Achtung vor dem Leben als Gewordensein und der Einzigartigkeit der Mitschwester und jedes Mitmenschen.

In der modernen Gesellschaft stellt sich „Wissen" als Macht dar. Die Barmherzigen Schwestern verstehen das geistige Werk der Barmherzigkeit „Unwissende lehren" als etwas Demokratisches, Partnerschaftliches. Sie teilen ihr Wissen, ihre Lebenserfahrung, ihr Glück. Sie glauben, dem anderen Wissen vorzuenthalten, beschneidet ihn in der Entwicklung, bestiehlt ihn, greift destruktiv in sein Leben ein. Es bedeutet für sie, die eigene Macht des Wissens nicht gegenüber dem anderen auszuspielen. Sie begleiten vielmehr einen Unwissenden, damit er sein Leben neu buchstabieren, es wieder lernen und seinen Kurs bestimmen kann.

Klöster, auch die der Gemeinschaft der Barmherzigen Schwestern, werden heute zunehmend von Menschen aufgesucht, die von fundamentalen Lebensfragen und -krisen „heimgesucht" werden. Sie erwarten von uns, eine Zeitlang auf ihrem Weg begleitet zu werden, weil sie bei der Suche nach dem für sie richtigen Weg und der rechten Entscheidung eines neutralen Menschen neben sich bedürfen.

Wir hüten uns vor Manipulation, weil Grundwerte wie freie Entscheidung und Würde geachtet sein wollen. Zweifelnden recht raten, heißt, die Entscheidung für das Leben beim Gegenüber zu lassen, ihn durch Begleitung zu stärken und ihm Orientierung zu geben, aber ihn auch wieder los zu lassen. Begleitung bedeutet für die Barmherzige Schwester, im Bild gesprochen, ihre stützende Schulter an die des Zweifelnden zu legen, wie es die griechische Bedeutung „therapeua" als Begleitung beinhaltet.

Trauernde trösten ist eine Haltung, wie sie die Barmherzigen Schwestern in der Arbeit mit dem Kranken ein Leben lang geübt haben. Heute erhält dieses Werk für unsere Gemeinschaft, in der mehr Schwestern sterben als neue hinzukommen, noch eine tiefere Bedeutung. Die Fähigkeit, am Schmerz eines anderen teilhaben zu können – in der eigenen Familie und in der Gemeinschaft – ohne selbst daran zu zerbrechen, setzt die Befriedung und Versöhnung mit dem eigenen Leben, eine große Lebensreife und eine tiefe Beziehung zu Gott voraus. Es bedingt aber auch, sich im eigenen sozialen Umfeld unserer klösterlichen „Familie" aufgefangen zu wissen. In unserer Kloster-Gemeinschaft, in der Alt und Jung nicht mehr in einem ausgewogenen Kräfteverhältnis der

Lebensalter stehen, gibt es naturgemäß genauso viele Reibungspunkte wie in jeder Großfamilie. Auch zwischen uns gibt es Verletzungen, die sich wie ein Stachel in der Seele verfangen.

Und doch haben wir als Barmherzige Schwestern viele Vorteile: Wir sind eine geistliche Gemeinschaft, die davon lebt und geprägt ist vom „Suche den Frieden und jage ihm nach". Unser Fundament ist Christus Jesus. Mindestens dreimal am Tag treffen wir uns als Mahlgemeinschaft und täglich immer wieder vor dem Altar in persönlichem oder gemeinsamem Gebet. Wir feiern jeden Tag Eucharistie als Opfer der Versöhnung und Befreiung. Auch uns fällt es schwer, Unrecht zu ertragen und Beleidigungen zu verzeihen. Aber: Jede Einzelne von uns lebt aus der Versöhnung und Verzeihung in Gott und der Mitschwester. Jede Einzelne müht sich, Empfindlichkeiten zu überwinden, aktiv um Klärung und Entlastung zu ringen und die Hoffnung auf Überwindung von Disharmonien, Unrecht, Beleidigungen und Streit nie aufzugeben.

In der Tradition der Ordensgemeinschaft der Barmherzigen Schwestern hat das geistige Werk „Für Lebende und Tote beten" immer einen wichtigen Platz eingenommen. Es haben sich im Laufe der beiden Jahrhunderte gute Gewohnheiten und Rituale entwickelt, die das Für- und Miteinander in unserer Gemeinschaft pflegen und unterstreichen. Mit unserem gegenseitigen Gebet und sensibler Aufmerksamkeit füreinander stellen wir uns aktiv mit unserem fürbittenden Gebet an die Seite von Lebenden und Sterbenden. Wir Lebenden sind Menschen der Auferstehung und rufen als solche das Heil in Gott auf unsere Toten herab. Ein guter Brauch sind dabei die Gedenkzettel für unsere Verstorbenen und das Martyriorium (Totenbuch), das aufgeschlagen im Atrium unserer Mutterhauskirche liegt, und uns an die Toten des jeweiligen Tages der verschiedenen Jahrzehnte erinnert. Für uns Lebende ist es trostvoll zu wissen, dass wir von den Mitschwestern nie vergessen werden können.

Weil wir die Spuren unserer Geschichte kennen, können wir Barmherzigen Schwestern den Weg in eine neue Zukunft finden und gehen. Beweggrund zur Zeit unserer Gründung war die konkrete Antwort auf die unversorgten Kranken im Clemenshospital. Im Laufe der beiden Jahrhunderte unseres Bestehens haben sich die Rahmenbedingungen und Ursachen, aber auch unsere Antworten darauf, in Abhängigkeit vom Zeitgeschehen verändert.

Wir teilen stärker ihr Leben, gehen hinaus zu den Menschen, öffnen unsere Türen weit und nutzen diese Öffnung als Chance für konkretes Tun. Gleich geblieben ist der, um dessentwillen wir immer wieder aufbrechen: „Christus ist der Weg, die Wahrheit und das Leben" (Joh14,6).

„Er allein ist unsere letzte Norm. sein Leben und Wort sind das Grundgesetz der Barmherzigen Schwestern" (aus unseren Anweisungen 1), und „Christus soll ihr Vorbild, sein Beispiel der Kommentar oder die Auslegung Seiner Lehre sein. Ihr Beweggrund darf kein anderer sein als die Liebe zu Gott und zum Nächsten" (aus den „Ersten Blättern" unseres Stifters).

Schwester Sigrid empfängt die
Patienten in der Raphaelsklinik

Ein kleines Stück Lebensweg

Rechts begrüßt der Erzengel Raphael die Patienten und Besucher der Raphaels-klinik. Aus Holz geschnitzt, breitet die große Figur ihre Flügel über jeden aus, der den großzügig gestalteten Eingangsbereich des 100 Jahre alten Kranken-hauses der Clemensschwestern mitten in Münster betritt. Links wartet eine andere Begrüßung. Unerwartet zeigt die Großklinik mit mehr als 316 Betten und acht Fachabteilungen ein ganz persönliches, herzliches Gesicht: Lächelnd nimmt Schwester Sigrid jeden neuen Patienten in Empfang.

Einen großen Aufwand betreibt die 66-Jährige nicht. Eine freundliche Begrü-ßung, eine kurze Information für die Anmeldung im Verwaltungsbüro und im Anschluss daran der gemeinsame Weg auf die Station. „Es sind nur kleine Gesten", sagt sie selbst. Wenn sie etwa den Koffer des Patienten auf ihren Kofferkuli lädt und gemeinsam den Aufzug zu den Stationen betritt. „Kleine Zuwendungen, die sich jedes Mal wiederholen – mehr nicht."

Und doch kommt bei den Patienten mehr an – das ist vielen von ihnen anzu-sehen, wenn die Schwester auf sie zukommt. Hilflose Hände bekommen Halt, orientierungslose Schritte erhalten ein Ziel, suchende Augen verwandeln sich in ein Lächeln. „Es steckt viel drin in diesem gemeinsamen Weg", sagt die Schwester. Auch wenn er oft nur sehr kurz ist, schon nach wenigen Minuten beendet. „Ich gehe diesen Weg mit ihnen und trage dabei nicht nur den Koffer, sondern auch ein Stück Last auf ihrem Herzen." Denn für die meisten Patienten ist der Weg auf die Station ein schwerer, ungewisser.

„EINE GUTE ZEIT"

Sie bleibt nicht ruhig stehen, solange noch jemand im Foyer sitzt oder steht, mit dem sie nicht kurz gesprochen hat. Mit wachem Blick hält sie die Auf-nahme-Gespräche hinter den großen Glasfronten der Verwaltungsbüros im Auge. Immer mit einer Frage im Hinterkopf, verrät sie: „Ob ich da helfen kann?" Hilfe – das heißt erst einmal nur die Abnahme des Gepäcks und die Unterstützung bei der Orientierung. „Zu welcher Station soll es gehen?", ist zumeist die erste Frage. „Auf Station 3", antwortet der junge Mann, der von seiner Frau und dem kleinen Sohn zur Operation gebracht wird. Schwester Sigrid besorgt den Aufzug, lotst die Familie durch die Gänge und führt sie ins Schwesternzimmer. „Eine gute Zeit", wünscht sie noch, dann ist der Kontakt schon wieder beendet.

Eine kurze Begegnung, aber mit hoher Intensität. Das weiß auch der Mann, der seine Frau zum wiederholten Mal auf die Station 1A bringt: „Ich freue mich immer, meine ‚Schwester Contacta' zu sehen", sagt er im Aufzug und lächelt kurz zur Ordensfrau hinüber. „Wenn ich so empfangen werde, beginnt die Woche bei allen Sorgen doch schön." Schwester Sigrid gehöre zu den wenigen „schönen Krankenhaus-Erinnerungen", die er immer wieder mitnehme.

Ein Krankenhaus ist ein Ort der Sorge. Schwester Sigrid kennt das aus ihren vielen Jahren als Krankenschwester an unterschiedlichen Orten. Das Gefühl für die Nöte von Patienten und Angehörigen ist bei ihr besonders ausgeprägt. „Du brauchst nicht nur sehende Augen, sondern auch ein hörendes Herz", sagt sie. „Man spürt, womit die Menschen sich beschäftigen und mit welchen Ängsten sie kommen."

Sie fragt diese Sorgen auf dem gemeinsamen Weg nicht ab. „Oft sind es auch hundert Meter Schweigen." Hundert Meter, auf denen sie aber auch ohne Worte sagen könne: „Ich bin jetzt für dich da – ich lasse dich nicht im Stich."

Die Lebensgeschichte in einem Satz

Der Mann, den sie in die dritte Etage begleitet, schweigt, bis sich die Aufzugtür wieder öffnet. „Ich war 1962 das letzte Mal hier", sagt er dann. „Damals ist meine Schwester nach einem Autounfall gestorben." Beide nicken nachdenklich. Eine Lebensgeschichte in einem Satz. Mehr wird nicht gesprochen. Auf der Station reicht sie ihm den Koffer. „Eine gute Zeit", sagt sie wieder. Und: „Ich werde an Sie denken."

Wenn sie die Patienten begleite, gehe es ihr nicht um den Koffer, sondern um den Menschen, sagt Schwester Sigrid: „Und das spüren sie auch ohne große Worte." Als Ordensschwester habe sie dabei eine besondere Ausstrahlung, weil sie etwas Beständiges und Vertrautes symbolisiere. „Das Zutrauen zu uns Schwestern ist oft groß – es ist sofort ein Vertrauensverhältnis da." Bei jedem, auch bei jenem, der nicht im Glauben lebe, setze das viel in Gang. Die Frage nach dem

Existenziellen des Lebens werde plötzlich möglich. „Und jeder Patient kann sich auf seine Situation besser einlassen." Auch weil sie das Gefühl hat, sensible Impulse setzen zu können. Etwa dann, wenn sie dem ängstlichen Gegenüber voll Hoffnung ein „Ich bete für Sie" mit auf den Weg geben könne.

„Halt geben." Davon spricht auch die Frau, die ihren Vater zur Untersuchung auf die urologische Station begleitet. „Die Schwester ist wie ein Fix-Punkt in einer fremden, beängstigenden Situation." Ohne diesen festen Bezugspunkt wäre es ihnen schwer gefallen, sich durch die Unübersichtlichkeit der vielen Gänge hindurch zu kämpfen. „Wir haben unseren Kopf anderswo, da hilft es schon, wenn uns jemand sagt, um welche Ecke wir jetzt biegen müssen."

EXTREME TREFFEN SICH

Schwester Sigrid kennt jede Ecke, auch wenn die Wege nur im Äußeren immer gleich sind. Denn die Reaktionen auf ihre Fürsorge seien so unterschiedlich wie die Menschen. Sie begegnet der Freude genauso wie der Unsicherheit und manchmal auch der anfänglichen Ablehnung.

Denn im Foyer eines Krankenhauses treffe man alle Vorstellungen von Leben. „Ordensfrau und bunte Gesellschaft – manchmal stoßen hier auch die Extreme aufeinander." Was sie als Chance sieht, nicht als Barriere. „Ich weiß nicht, wer kommt, und will mich nicht verstecken – also begegne ich auch Menschen, die zunächst gar nichts mit meinem Ordenshintergrund anfangen können." Doch allen Begegnungen sei letztlich das Kraftvolle gemein. „Sie können sich mit Vertrauen auf den gemeinsamen Weg einlassen."

Nicht selten spürt sie den Wunsch nach mehr Zeit für den einzelnen Patienten. So intensiv, wie der Kontakt sei, so schnell sei er auch wieder beendet. „Da bleibt vieles unausgesprochen, wird lediglich angestoßen." Auch bei ihr: „Ich begleite doch nicht nur, ich werde doch auch begleitet." Viele spontane, authentische und zutiefst menschliche Impulse gebe es in diesen Begegnungen. „Sie öffnen sich manchmal, wie ich es sonst nicht erlebe."

Was auch eine Belastung sein könne, das gibt sie zu. „Ich komme auch mal mitgenommen aus dem Dienst." Als ausgebildete Krankenschwester kennt sie die medizinischen Hintergründe zu den Geschichten der Menschen. Prognosen, Hoffnungen, Rückschläge und Enttäuschungen kann sie nachvollziehen. Wenn sie nach ihrem vormittäglichen Dienst ins Kloster zurückkehre, bringe sie im Herzen nicht selten „Stoff für stille Gebete" mit. „Allein darin finde ich neue Kraft: Das Leid loslassen und es in die Hände Gottes geben."

Kraft für neue Begegnungen am kommenden Tag. Es werden wieder kleine Gesten sein, mit denen sie die Wege der Patienten begleitet. Kleine Momente, die etwas bewegen – auf beiden Seiten. „Die Größe ist nicht ausschlaggebend", sagt Schwester Sigrid. „Sondern die Intensität der Ausstrahlung."

MICHAEL BÖNTE

Barmherzigkeit, ein Unternehmensziel

Erfahrungen der Misericordia GmbH

„Daran sollen alle erkennen, dass ihr meine Jünger seid, wenn ihr einander liebt" (Johannes 13). Das soll das christliche Erkennungszeichen sein: Liebe. Gelebte Liebe und Barmherzigkeit, die auch der kritischen Prüfung standhält.

– Und warum handle ich so? Die letzte Instanz: „Erforsche mich, Gott, und erkenne mein Herz, prüfe mich, und erkenne mein Denken!" (Psalm 139)

Barmherzigkeit

Kann ein Unternehmen sich Barmherzigkeit zum Ziel setzen? Es
kann. Das zeigt Joachim Schmitz,
Geschäftsführer der Misericordia
Krankenhausträgergesellschaft,
auf. Das Unternehmen mit seinen
2.600 Beschäftigten hat sich den
Leitsatz gewählt: Qualität und
Kompetenz im Zeichen der Barmherzigkeit. Wie dies funktioniert
und wie das Unternehmen dies
verwirklicht hat, stellt Schmitz in
seinem Aufsatz dar.

Autor

Joachim Schmitz (Jahrgang 1950)
aus Altenberge ist Geschäftsführer
der Krankenhausträgergesellschaft
Misericordia GmbH, seit über 30
Jahren tätig im Krankenhauswesen
und Vorstandsmitglied des Zweck-
verbandes freigemeinnütziger
Krankenhäuser Münsterland und
Ostwestfalen. Er ist verheiratet und
Vater von drei Töchtern.

„Qualität und Kompetenz im Zeichen der Barmherzigkeit", so lautet der aktuell gültige Leitsatz der Misericordia GmbH Krankenhausträgergesellschaft, die seit dem Jahr 2002 eigenverantwortlich die Geschäftsführung der karitativen Einrichtungen des Barmherzigen Schwestern (Clemensschwestern) e. V. übernommen hat. Hinter diesem Slogan „Qualität und Kompetenz im Zeichen der Barmherzigkeit" verbirgt sich in einer zusammengefassten überbegrifflichen Kurzform das derzeitige Leitbild der Trägergesellschaft, das ursächlich aus den Intentionen, Weisungen, Sendungen, ja den Zielen des barmherzigen Wirkens der Clemensschwestern übernommen und neu formuliert wurde. Das Leitbild selbst, auf das später noch näher eingegangen wird, bildet die Firmenphilosophie der Unternehmensführung der Misericordia GmbH ab. Es ist für uns, die Geschäftsführung der Trägergesellschaft, das so genannte Erbe der Gemeinschaft der Clemensschwestern, das wir gemeinsam mit all unseren Mitarbeiterinnen und Mitarbeitern immer mehr in die Hand nehmen, nehmen müssen und auch nehmen sollen. Die Clemensschwestern selbst können aufgrund der Nachwuchsentwicklung und dadurch bedingten Überalterung der Ordensgemeinschaft diese Aufgaben nicht mehr vollumfänglich wahrnehmen.

„Barmherzigkeit verändert" – das ist das Thema des Festjahres der Clemensschwestern zu ihrem 200-jährigen Bestehen im Jahr 2008. Barmherzigkeit innerhalb eines Betriebes leben und immer wieder aufleben zu lassen, verändert auf Dauer auch ein Unternehmen wie die Misericordia GmbH mit derzeit etwa 2.600 Beschäftigten.

Aber wie erreicht man fortwährend und auch spürbar die angestrebten Veränderungen in der Unternehmensführung der Misericordia GmbH und deren Tochtergesellschaften? Wie erreicht man auf Dauer eine Unternehmenskultur im Sinne der gelebten Barmherzigkeit der Clemensschwestern? Was ist dabei grundsätzlich zu berücksichtigen? Was verstehen die Clemensschwestern unter Barmherzigkeit? Welche Verfahren bieten sich an, nach diesen Zielsetzungen künftig das Gesamtunternehmen nachhaltig zu führen und nach innen und außen darzustellen? – Diese und noch viele weitere Fragen musste sich die Geschäftsführung der Misericordia GmbH im Jahr 2002 stellen, als sie offiziell von ihren Gesellschaftern, der Maria-Alberti-Stiftung und der Gräflich Stolberg'schen Familienstiftung, damit beauftragt wurde, sukzessiv entsprechende Führungsinstrumente einzuführen, um das Gesamtunternehmen im Sinne der Clemensschwestern auf Dauer weiterführen zu können. Parallel zu dieser Aufgabe stand außerdem die gesetzliche Forderung, in den Krankenhäusern ein Qualitätsmanagement einzuführen und ständig weiterzuentwickeln. Beide Aufgaben beinhalteten jedoch unterschiedliche Zielansätze, die sich künftig aber gemeinsam auf die Unternehmensführung der Misericordia GmbH auswirken werden. Beide Zielansätze sollten sich deshalb über nur ein gesamtes, speziell hierfür einsetzbares Qualitätsmanagement-System, abbilden lassen. Zu diesem Ergebnis kamen die Geschäftsführung der Misericordia GmbH und die Betriebsleitungen der Krankenhäuser Anfang des Jahres 2002.

Einführung eines Qualitätsmanagement-Systems

Als erster Schritt und Grundlage für das weitere Vorgehen erfolgte eine Bestandsanalyse zum Qualitätsmanagement, ein so genannter Kurzcheck auf Basis von KTQ®[1] und proCum Cert[2], in den Krankenhäusern der Misericordia GmbH. Diese Untersuchung sollte zunächst die Stärken und Schwächen aller Einrichtungen der Trägergesellschaft aufzeigen. Als Basis wurde für diese Potenzialanalyse außerdem der proCum Cert-Katalog mit herangezogen, da davon auszugehen war, dass in diesem Katalog auch Elemente der Zielsetzungen der Clemensschwestern abgebildet sind.

Die Ergebnisse der Kurzanalyse verdeutlichten in Teilbereichen zum einen neben einigen negativen durchaus auch positive Abweichungen. Zum anderen ließ sich aber aus dem Fachvortrag zum Kurzcheck und den damit verbundenen Bewertungen und Zielvorgaben erkennen, dass ohne eine eingehende Beratung von außen kaum auf Dauer ein umfassendes Qualitätsmanagement in den nächsten Jahren einführbar gewesen wäre. Gemeinsam mit den Betriebsleitungen der Krankenhäuser wurde deshalb der Beschluss gefasst, möglichst kurzfristig eine geeignete Beratungsfirma zur Einführung des Qualitätsmanagements zu beauftragen.

Von 14 infrage kommenden Firmen fiel nach einem umfassenden Auswahlverfahren die Wahl einstimmig auf die Firma QKB, Qualität im Krankenhaus Beratungsgesellschaft mbH aus Hameln. Ausschlaggebend war neben Preis- und Leistungsvergleichen, dass die Firma QKB schon auf mehr als zehn Jahre Erfahrung bei der Einführung von Qualitätsmanagement zurückblicken konnte. Zudem hat sie sich als erste Firma auf Qualitätsmanagement im Gesundheitswesen spezialisiert und betreute bereits mehrere Krankenhäuser in einer Verbundorganisation, vergleichbar mit den Krankenhäusern der Misericordia GmbH. Besonders hat jedoch auch dazu beigetragen, dass die Beratungsfirma Erfahrungen mit den verschiedensten Zertifizierungsverfahren wie DIN EN ISO[3], EFQM[4], KTQ®, proCum Cert und andere mehr vorweisen konnte. Wie wichtig dieser Aspekt war, zeigte sich schon in den ersten Kompaktschulungen für alle Führungskräfte unserer Krankenhäuser. Denn bereits in der Auftaktveranstaltung konnte die Firma QKB allen Beteiligten aufzeigen, dass allein die Kriterien der DIN EN ISO oder auch KTQ® nicht ausreichen, um alle Zielsetzungen der Clemensschwestern umfassend abzubilden. Um dieses zu erreichen, sind zusätzlich Elemente des EFQM oder proCum Cert zu berücksichtigen bzw. andere spezielle Kriterien oder ergänzende Regelungen für das für uns angedachte Qualitätsmanagement einzupflegen.

Alle Führungskräfte konnten aber grundsätzlich davon überzeugt werden, dass zum ersten Aufbau eines systematischen Qualitätsmanagements das DIN EN ISO Zertifizierungsverfahren am sinn- und wirkungsvollsten ist. Maßgebend für die gemeinsam getroffene Entscheidung, zunächst das Qualitätsmanagement in den Einrichtungen der Misericordia GmbH über die DIN EN ISO 2000 einzuführen, war hauptsächlich, dass die DIN EN ISO im Vergleich zu anderen Verfahren

- ein bewährtes Qualitätsmanagement-System ist, das über ständige Messverfahren die Wirksamkeit der Einführungsstadien widerspiegelt,
- die Möglichkeit einer sukzessiven Zertifizierung von Teilabschnitten wie zum Beispiel pro Fachabteilungen des Krankenhauses oder andere Organisationseinheiten wie Labor, Röntgen, Küche usw. zulässt,
- als etabliertes QM-System ergänzend eine unproblematische und schnelle Zertifizierung nach KTQ® bzw. proCum Cert unterstützt.

Die möglichst sofortige Beachtung und Integration von Zielen der Clemensschwestern stand bei der Diskussion um die Einführung von Qualitätsmanagement nach DIN EN ISO immer wieder im Vordergrund. Abschließend wurde deshalb beschlossen, mit der Einführung von Qualitätsmanagement über die DIN EN ISO bereits Kriterien des proCum Cert-Kataloges sowie wichtige Elemente aus den bisher bekannten und praktizierten Zielen der Clemensschwestern mit einfließen zu lassen. Hierzu gehörten unter anderem die Themenbereiche Ethik, Krankenhausseelsorge, Sterbebegleitung und Leitbild. Diese Kriterien wurden bei der DIN EN ISO Einführung deshalb immer dort eingeflochten, wo sie am zweckmäßigsten und besten ergänzend eingearbeitet werden konnten.

Die praktische sukzessive Einführung des Qualitätsmanagements nach DIN EN ISO mit den von uns erweiterten Themenbereichen wurde maßgeblich durch die heute noch geltende QM-Geschäftsordnung unterstützt. Die Geschäftsordnung, die von allen Geschäftsführungen unserer Krankenhäuser und der Trägergesellschaft unterschrieben und Anfang 2003 in Kraft gesetzt wurde, regelte und regelt noch heute alle notwendigen aufbau- und ablauforganisatorischen Angelegenheiten zur Einführung und Handhabung von Qualitätsmanagement in unseren Einrichtungen. Sie bewirkt eine sukzessive Ausbildung unserer Mitarbeiterinnen und Mitarbeiter zu Moderatoren für Qualitätsmanagement-Teams (Q-Teams), zu Qualitätsmanagementbeauftragten (QMB) und zu Qualitätsmanagementleitern (QML), die alle für die Ein- und ständige Weiterführung von Qualitätsmanagement notwendig sind. Des Weiteren regelt sie die Zuständigkeiten und organisatorischen Abläufe über Verfahrensanweisungen im Rahmen unseres Qualitätsmanagement-Systems konzern- und auch jeweils krankenhausbezogen. Hiernach hat neben der Trägergesellschaft auch jedes Krankenhaus einen Lenkungsausschuss, der für die Steuerung und Koordinierung aller Tätigkeiten im Bereich des Qualitätsmanagements verantwortlich ist. Neben den Betriebsleitungen unserer Krankenhäuser ist jeweils der QML des Krankenhauses Mitglied des Krankenhauslenkungsausschusses. Der QML ist der Koordinator der laufenden QM-Geschäfte und unter anderem für die Aus- und Fortbildung im Bereich Qualitätsmanagement zuständig. Das Gesamtbild runden die QMB der jeweiligen Krankenhäuser ab, die für das Qualitätsmanagement in den einzelnen Abteilungen und Bereichen ihres Krankenhauses, vor allem für die dortige Pflege und Dokumentation des QM-Systems, verantwortlich sind.

Was machen nun die Q-Teams bzw. die Moderatoren? Nun, sie bearbeiten aufgrund ihrer Qualifikation mit Qualitätsmanagement-Teams, die vom Lenkungsausschuss benannt werden, bestimmte vorgegebene Qualitätsziele innerhalb des Krankenhauses. Dies kann zum Beispiel das Ziel sein, die Wartezeit der Patienten in einem Untersuchungsbereich so weit über Maßnahmen zu kürzen, dass sie in der Regel nicht länger als 15 Minuten pro Patient (zumindest bei 90% der Patienten) beträgt. Die Moderatoren leiten und koordinieren die anfallenden Arbeiten zur Zielerreichung und sind für diese Einzelprojekte im Ergebnis verantwortlich. Das Besondere an unseren Q-Teams ist allerdings, dass sie sich maximal aus acht Personen zusammensetzen und in drei Sitzungen je zwei Stunden ein Ergebnis erarbeiten. Diese QM-Vorgabe hat sich bis heute, vor allem wegen der Effektivität, sehr bewährt.

Bei Zielen, die den gesamten Konzern betreffen, kann der Konzernlenkungsausschuss auch ein konzernübergreifendes Q-Team einberufen. Das erste konzernübergreifende Q-Team wurde zum Beispiel mit der Erarbeitung des Konzernleitbildes unter Zugrundelegung der Ziele der Clemensschwestern beauftragt. Auf diesen speziellen ersten Konzernauftrag, der letztlich die Basis für die Integration der Ziele der Clemensschwestern in unser QM-System lieferte, wird später noch ausführlicher eingegangen.

Neben der Geschäftsführung und dem QML der Trägergesellschaft sind auch jeweils die QML unserer Krankenhäuser Mitglieder des Konzernlenkungsausschusses, das heißt, dass hierdurch eine ständige Abstimmung, Koordination und Steuerung zwischen den Konzern- und Krankenhauslenkungsausschüssen möglich ist und somit gezielt auf das gesamte Qualitätsmanagement des Konzerns Einfluss genommen werden kann.

FÜHREN NACH ZIELEN

Im Grunde genommen war Mitte 2003 mit der QM-Ausbildung von über 100 Mitarbeiterinnen und Mitarbeitern ein wesentlicher Grundstein zur sukzessiven Einführung eines Qualitätsmanagement-Systems für unsere Krankenhäuser gelegt. Was fehlte, waren jedoch die konkreten Ziele, die auf Dauer zu einer Verbesserung der Qualität und Unternehmenskultur in unseren Krankenhäusern führen sollten. Das wiederum bedeutete, dass ein zusätzliches QM-Verfahren aufzubauen war, das zum einen regelmäßig Ziele nach der DIN EN ISO und zum anderen nach den Zielsetzungen der Clemensschwestern aufbereitet, ergänzt, auswählt, in allen Einrichtungen der Misericordia GmbH bekannt gibt und auf erfolgreiche Umsetzung bewertet. Zunächst wurde deshalb mit allen Betriebsleitungen der Einrichtungen und der Trägergesellschaft ein so genannter Ziele-Workshop durchgeführt. Hierbei wurden 80 Konzernziele aus den eingereichten Vorschlägen der Krankenhäuser erarbeitet und die ersten Konzernziele für das Jahr 2004 priorisiert und festgelegt. Sie bilden die Grundlage für die jeweiligen Hausziele, die individuell aus den Konzernzielen auf die einzelnen Krankenhäuser der Trägergesellschaft abzuleiten sind. Auf diese Weise erhält jedes Krankenhaus die gemeinsam mit der Konzernleitung erarbeiteten Zielvorgaben für die jährlichen Hausziele. Die Ziele selbst werden offiziell in den Krankenhäusern bekannt gegeben und sind durch kontinuierliche Zielvereinbarungsgespräche von der Konzernleitung über die Betriebsleitungen der Krankenhäuser, die leitenden Mitarbeiterinnen und Mitarbeiter bis hin in die Abteilungen und Stationen ständig zu intensivieren, zu kontrollieren und zu bewerten. Dieses Verfahren wurde in den letzten Jahren immer weiter verfeinert. Es enthält mittlerweile ein gut organisiertes Bewertungsverfahren, das mittels Zielindikatoren jederzeit über den Stand der jeweiligen Konzern- und Hauszielbearbeitung bzw. über den Zielerreichungsgrad Auskunft gibt.

167

Jährlich findet im Oktober ein konzernweiter Ziele-Workshop statt. Inhalt dieses Treffens sind die Darstellungen der Zielerreichungsgrade und die Auswahl der neuen fünf Jahresziele. Die Grundlage bei der Auswahl der neuen Ziele bildet eine graphische Übersicht über alle bereits abgearbeiteten Konzernziele, gegliedert nach den DIN EN ISO-Bereichen. Hierdurch wird erreicht, dass die Betriebsleitungen der Krankenhäuser und die Konzernführung bei der Priorisierung der neu auszuwählenden Konzernziele möglichst auf eine Gleichverteilung der Qualitätskategorien der DIN EN ISO achten. Die Konzernführung selbst erhält durch dieses Auswahlverfahren außerdem die Garantie, dass alle Kriterien der DIN EN ISO bei der Einführung von Qualitätsmanagement auf Dauer Berücksichtigung finden. Mit Recht werden Sie als aufmerksamer Leser jetzt fragen: „Wo sind die Ziele der Schwestern, die basierend auf ihrem barmherzigen Wirken von mittlerweile gut 200 Jahren auch in diesem System berücksichtigt werden sollten?" Nun, sie sind heute entsprechend neben der DIN EN ISO mit einem besonderen Stellenwert in unserem QM-Verfahren abgebildet. Wie das im Einzelnen erfolgt ist, wie sich parallel neben der DIN EN ISO die Integration der Ziele der Clemensschwestern im Qualitätsmanagement entwickelt hat und immer mehr zur gewünschten Unternehmenskultur der Misericordia GmbH beiträgt, darauf wird im Nachfolgenden näher eingegangen.

Die Integration der Ziele der Clemensschwestern

Grundlage der ständigen Berücksichtigung und Wahrung der Ziele der Clemensschwestern in unserem Qualitätsmanagement bildet heute das Leitbild der Misericordia GmbH. Es wurde Anfang 2005 von einem konzernübergreifenden Q-Team speziell für unsere Krankenhäuser entwickelt. Es besteht aus derzeit vier grundlegenden Kategorien, die inhaltlich aus dem fast 200-jährigen barmherzigen Wirken der Clemensschwestern abgeleitet und neu formuliert wurden.

Das Q-Team setzte sich aus insgesamt acht Mitarbeiterinnen und Mitarbeitern unserer Krankenhäuser zusammen. Moderiert wurde das Team durch die Geschäftsführung der Misericordia GmbH. Bei der Auswahl der Mitglieder des Teams wurde darauf geachtet, dass alle Krankenhäuser der Misericordia und möglichst verschiedene Berufsgruppen beteiligt waren. Wichtig war uns auch, dass zwei berufstätige Clemensschwestern aus unseren Einrichtungen zum Team gehörten. So zählten ein chirurgischer und internistischer Chefarzt, eine Seelsorgerin, eine Pflegedirektorin, ein Sozialarbeiter, ein Küchenleiter, eine Stationsleitung sowie ein stellvertretender Verwaltungsdirektor zum Entwicklungsteam. Ziel dieser Vorgehensweise war, eine möglichst breit gefächerte Meinungsbildung aus unseren Krankenhäusern bei der Erarbeitung unseres neuen Leitbildes zu erreichen. Bevor das Q-Team einberufen werden konnte, mussten jedoch die notwendigen Arbeitsgrundlagen zusammengestellt werden, auf deren Basis sich ein für die heutige Zeit möglichst zutreffendes Leitbild der Misericordia GmbH entwickeln ließ. Hierzu war im Vorfeld aus unserer Sicht eine genauere Untersuchung des Ziele-Entwicklungsprozesses der Clemensschwestern, und zwar von der Ordensgründung bis heute, notwendig. Ein kurzer Exkurs zur Entstehung und Entwicklung der heutigen Ordensgemeinschaft des Barmherzigen Schwestern (Clemensschwestern) e. V. soll die vorgenommene Auswahl der historischen Grundlagen zur Erarbeitung unseres Leitbildes aufzeigen.

DIE ERSTE GRUNDLAGE

Die Gründung der Gemeinschaft der Clemensschwestern ist auf das Jahr 1808 zurückzuführen. Der damalige Kapitularvikar der Diözese Münster, Clemens August Droste zu Vischering, hatte den Wunsch, die damalig unzureichende pflegerische und medizinische Versorgung der münsterschen Einwohner, vor allem der armen Bevölkerung, zu verbessern. Ende 1808 konnte er endlich seinen Wunsch verwirklichen, auch in Münster ein krankenpflegerisches Institut zu gründen. Mit der Hamburgerin Maria Alberti und vier weiteren Münsteranerinnen fand er fünf Frauen, die sich dem Krankendienst widmen wollten. Am 1. November feierte er mit ihnen die offizielle Gründung der Genossenschaft der Barmherzigen Schwestern, die zunächst als Institut der Krankenwärterinnen, also einer Gemeinschaft von Krankenpflegerinnen, die unentgeltliche Pflege der ärmeren Bevölkerung Münsters in ihren Wohnungen oder Unterkünften übernahm. Das Gründungsziel der Gemeinschaft lässt sich aus der seinerzeit formulierten Aufgabenbeschreibung zur besseren Krankenversorgung in Münster ableiten. Sie bildete die erste Grundlage für das Q-Team zur Entwicklung des Leitbildes der Misericordia GmbH.

DIE ZWEITE GRUNDLAGE

Bereits im Jahr 1820 übernahm die Gemeinschaft das Clemenshospital, das sich seinerzeit mitten in der Stadt an der Loerstraße befand. Hiermit erweiterten sie ihren bisherigen ambulanten Auftrag um die stationäre Pflege. Die Gemeinschaft wuchs; und mit der Zunahme der Schwestern wurden immer mehr Krankenhäuser von ihnen betreut. 50 Jahre nach ihrer Gründung erhielten die Clemensschwestern die Anerkennung als kirchliche Kongregation bischöflichen Rechts mit dem offiziellen Namen „Barmherzige Schwestern von der allerseligsten Jungfrau und schmerzhaften Mutter Maria". Dem Orden gehörten zu diesem Zeitpunkt 200 Schwestern an. Bereits 100 Jahre später hatten sich fast 1.400 Schwestern der Genossenschaft angeschlossen. Inzwischen betreuten die Schwestern Kranke in mehr als 100 Einrichtungen. Neben der Pflege selbst übernahmen sie zu diesem Zeitpunkt eine weitere Aufgabe, die Ausbildung in der Krankenpflege, die gesetzlich gefordert wurde. Im neuen Mutterhaus, das neben dem Clemenshospital gebaut wurde, und im Hospital selbst richteten sie die erste Krankenpflegeschule ein. Auch die ersten Gründungsregeln der Schwestern veränderten sich. Eine erweiterte Form der Aufgaben- und Gesinnungsbeschreibung erhielten die Barmherzigen Schwestern von ihrem Stifter

Clemens August bereits im Jahre 1816. Es waren die ersten Anweisungen, ein damals 16-seitiges Regelwerk, das bereits zwei Jahre später ergänzt und mit dem Titel „Von dem Geiste des Krankenwärterinnen-Instituts" in Druck gegeben wurde. Die nächste Neuüberarbeitung der Anweisungen wurde erst nach Ausbruch des Ersten Weltkrieges im Jahre 1915 in Kraft gesetzt. Weitere Überarbeitungen fanden 1970 und letztlich 1993, genehmigt vom Bischof von Münster, Dr. Reinhard Lettmann, statt. Sie bildeten inhaltlich die zweite Grundlage zur Entwicklung unseres Leitbildes.

Die dritte Grundlage

In den nachfolgenden Kriegsjahren der beiden Weltkriege waren viele Clemensschwestern an den verschiedensten Kriegsschauplätzen in Lazaretten und Hauptverbandsplätzen tätig. Zwischen den beiden Weltkriegen im Jahr 1927 gründete die Genossenschaft der Barmherzigen Schwestern von der allerseligsten Jungfrau und schmerzhaften Mutter Maria die heutige Misericordia GmbH. Ursprünglich hatte jedoch diese GmbH nicht die heutige Funktion einer Krankenhausträgergesellschaft. Sie übernahm damals für den Orden selbst und die im Jahr 1939 zur Versorgung der Schwestern gegründete Gräflich Stolberg'sche Familienstiftung vor allem die Rechtsgeschäfte, die aufgrund der damaligen Gesetzeslage (Konfiskation von Ordensvermögen, behördliche Genehmigungen bei Grundstückserwerbungen und anderes mehr) sinnvoller und sicherer über eine derartige Gesellschaftsform abzuwickeln waren. Sicherlich hat man schon damals mit der Benennung der Gesellschaft als Misericordia GmbH (lateinisch = Barmherzigkeit) den direkten Bezug zum barmherzigen Wirken der Clemensschwestern nach innen und außen darstellen wollen. Vor Ausbruch des Zweiten Weltkrieges waren in über 120 Niederlassungen 2.679 Clemensschwestern tätig. Der letzte Weltkrieg führte bei den Schwestern zu vielen Verlusten. Besonders schmerzlich war der 10. Oktober 1943, an dem das Mutterhaus von Bomben völlig zerstört wurde und 50 Clemensschwestern zusammen mit der damaligen Ordensleitung den Tod fanden. Nach Wiederaufbau des Mutterhauses und der angrenzenden Raphaelsklinik wurde 1962 das neue Clemenshospital am Düesbergweg eingeweiht. In den folgenden Jahren entwickelte sich mit dem medizinischen Fortschritt auch die Krankenpflege immer weiter und erhielt auch infolgedessen einen immer höheren Stellenwert. 1994 entwickelten die Clemensschwestern deshalb unter Einbeziehung der überarbeiteten und neu genehmigten Anweisungen ihres Stifters Ziele für ihre Krankenhäuser Augustahospital Anholt GmbH, Clemenshospital GmbH, Raphaelsklinik Münster GmbH und St.-Walburga-Krankenhaus Meschede GmbH. Sie und ihre Erläuterungen bildeten die dritte Grundlage zur Leitbildentwicklung der Misericordia GmbH.

Das Leitbild der Misericordia GmbH

Die aus der geschichtlichen Entwicklung des Ordens von 1808 bis heute ausgewählten drei Grundlagen spiegelten aus Sicht der Geschäftsführung der Misericordia GmbH recht umfassend den Ziele-Bildungsprozess der Clemensschwestern wider. In der ersten Sitzung des konzernübergreifenden Q-Teams wurden anhand dieser Ziele-Bildungsdokumente mehr als 20 Kernaussagen zur Erstellung unseres Leitbildes systematisch erarbeitet. Bei den weiteren zwei Treffen des Q-Teams wurden aus diesen Kernaussagen vier Oberbegriffe gebildet, die Kernaussagen den Oberbegriffen zugeordnet und anschließend in vier Arbeitsgruppen die entsprechenden Leitsätze vorformuliert. Gemeinsam im Team wurde danach aus den Formulierungsergebnissen der erste Entwurf unseres Leitbildes entwickelt, der nach Abstimmung mit den Lenkungsausschüssen unserer Krankenhäuser unser heutiges aktuelles Leitbild gegliedert nach vier Kategorien wie folgt darstellt:

Unsere Patienten und unser Handeln

Im Mittelpunkt unserer Arbeit steht das Wohlergehen des Patienten. Wir richten deshalb unser Handeln ganzheitlich auf unsere Patienten und deren Angehörige aus. Wir betreuen unsere Patienten nach den neuesten medizinischen und pflegerischen Erkenntnissen und Methoden. Wir berücksichtigen dabei christlich-ethische sowie auch ökonomische Werte und Normen. Hieraus ergeben sich unsere nachfolgenden Leitbegriffe, die unser tägliches Handeln maßgeblich prägen.

Unser Verständnis vom Christ sein

Wir lassen uns als christliche Einrichtung von einem Menschenbild leiten, welches jeden Menschen als Geschöpf Gottes und damit als Einheit von Körper und Seele sieht. Wir verstehen unsere Arbeit daher als tätige Nächstenliebe unter Achtung der Würde der uns anvertrauten Menschen, unabhängig von Herkunft, Glauben, sozialer Stellung und gesellschaftlichem Ansehen. Wir wollen jedem, der zu uns kommt, ein Gefühl von Sicherheit, Vertrauen und gelebter Barmherzigkeit vermitteln.

Unser Umgang mit Partnern

Wir stellen uns dem Wettbewerb im Gesundheitswesen und der gesellschaftlichen Verantwortung, indem wir soziales und politisches Geschehen wahrnehmen und mitgestalten. Wir wollen als faire und verlässliche Partner Vertrauen gewinnen und dieses durch unser tägliches Handeln bestätigen. Wir leisten aktive Öffentlichkeitsarbeit und informieren rechtzeitig und umfassend über unsere Arbeit und unser Unternehmen.

Unsere Mitarbeiterkultur

Wir praktizieren einen kooperativen Führungsstil, geprägt von Vertrauen, Transparenz, persönlicher Wertschätzung und Respekt. Wir pflegen eine konstruktive Zusammenarbeit zwischen den Berufsgruppen und zwischen allen Einrichtungen unseres Konzerns. Wir legen Wert auf eine intensive Kommunikation und eine vertrauensvolle Dienstgemeinschaft, die die Bedürfnisse der Mitarbeiter berücksichtigt. Wir fördern die aktuelle Fachkompetenz durch regelmäßige Aus-, Fort- und Weiterbildung.

Barmherzigkeit verändert

Rückblickend auf das anfangs recht ausführlich geschilderte QM-System, das aufgebaut nach den Kriterien der DIN EN ISO die jährliche Auswahl unserer aktuellen oder neuen Konzernziele und die daraus entsprechend abzuleitenden Hausziele unserer Krankenhäuser regelt, war nun durch einen recht einfachen Schritt die ständige Integration unseres Leitbildes möglich. Dieser für uns sehr wichtige Schritt, nämlich die teilweise unterschiedlichen Zielansätze der DIN EN ISO und der Clemensschwestern in einem System zu vereinigen, fand zum ersten Mal auf dem Ziele-Workshop in 2005 statt.

Hier bildeten beide Zielansätze nebeneinander, die Kriterien der DIN EN ISO sowie die vier unseres Leitbildes, die Grundlage zur aktuellen Auswahl und Priorisierung der Ziele für das Jahr 2006. Bis heute fand diese direkte Integration der vier Kriterien unseres Leitbildes in unser QM-System nach DIN EN ISO bereits dreimal statt. Zuletzt zur Bestimmung der Ziele für das Jahr 2008, das Jubiläumsjahr der Clemensschwestern zum 200-jährigen Bestehen ihrer Ordensgemeinschaft.

Barmherzigkeit verändert. Ja, sie hat sich bereits durch die aktive, ständige Einbringung unseres Leitbildes in unser QM-System nachhaltig verändert. So sind Ziele in den letzten drei Jahren wie zum Beispiel:
- die Einrichtung von Ethikkommissionen in allen Krankenhäusern des Konzerns,
- das Ausrichten des Handelns in unseren Krankenhäusern nach dem christlichen Menschen- und Weltbild auf der Grundlage des katholischen Glaubens,

- der sukzessive Aufbau eines Personalentwicklungsprogramms basierend auf unserem Leitbild

und andere mehr in den Vordergrund getreten, gemessen an den zugehörigen Indikatoren bearbeitet und teilweise schon umgesetzt worden.

Auch andere Zeichen verdeutlichen Veränderungen im Sinne des Leitbildes und lassen immer mehr eine sich verändernde Unternehmenskultur erkennen. Deutlich ersichtlich ist dieses auch bei einem Blick in unsere Mitarbeiterzeitung Einblick(e). Hier waren in den letzten Jahren immer häufiger Artikel über Themenbereiche unseres Leitbildes zu finden. Dazu gehörten zum Beispiel Berichte über christliche Unternehmenskultur, Barmherzigkeit in der Pflege und Medizin, Mitarbeiterbefragungen und -interviews zur Ethik und Barmherzigkeit am Arbeitsplatz sowie auch verschiedene Abhandlungen zur Verträglichkeit von Barmherzigkeit und Wirtschaftlichkeit im Krankenhaus. Selbstverständlich wurde auch über unser Leitbild sowie dessen Entstehungsgeschichte in unserer Zeitung berichtet. Gleichzeitig wurde mit diesem Artikel aber auch darauf aufmerksam gemacht, dass uns für unser Leitbild noch ein Slogan oder Leitsatz fehlt, der die Inhalte unseres Konzernleitbildes möglichst kurz und treffend widerspiegelt. Die Kreativität aller Mitarbeiterinnen und Mitarbeiter war am Ende des Berichtes gefragt und alle Dichter und Denker unseres Konzerns aufgefordert, entsprechende Vorschläge an die Redaktion zu senden. Natürlich sollten die Bemühungen um unseren künftigen Slogan auch honoriert werden. Eine Wochenendreise für zwei Personen winkte dem erstplatzierten Vorschlag. Über 70 verschiedene Leitsatzgedanken musste anschließend die Jury, die sich aus den Mitgliedern des konzernübergreifenden Q-Teams, des Aufsichtsrates der Misericordia GmbH und der Ordensleitung zusammensetzte, beurteilen. Mit Hilfe eines strukturierten Auswahlverfahrens fiel die Wahl einstimmig auf unseren aktuellen Slogan:

„QUALITÄT UND KOMPETENZ IM ZEICHEN DER BARMHERZIGKEIT"

Die Beteiligung der Mitarbeiterinnen und Mitarbeiter an dieser Leitsatzauswahl im Zusammenhang mit der Veröffentlichung unseres neuen Leitbildes hat natürlich auch in recht kurzer Zeit den Bekanntheitsgrad und die Auseinandersetzung mit unseren neuen Leitzielen gefördert. Neben unserem QM-System, das im jährlichen Rhythmus unser Leitbild mit neuem Leben erfüllt, bilden Slogan und Leitbild immer mehr Grundlage für unser Handeln. Wir zeigen es bei der Einführung neuer Mitarbeiterinnen und Mitarbeiter, durch die Förderung von konzernweiten Familienfesten, Weihnachtsfeiern und Jubiläen und tragen es auch stolz nach außen mit einem abgestimmten Design auf allen Briefen, Broschüren und öffentlichen Informationen unserer Einrichtungen. Uns ist bewusst, dass wir noch viele ergänzende, aber auch neue Schritte im Zeichen der Barmherzigkeit gehen müssen. So wird sicherlich in den nächsten Jahren eine weitere Differenzierung unseres Leitbildes, zum Beispiel innerhalb der vier Kategorien, diskutiert werden müssen. Wir versprechen uns hierdurch eine noch wirksamere Umsetzung von einzelnen Zielaspekten in unserem QM-System. Ziel unseres Qualitätsmanagements ist nach wie vor die systematische, kontinuierliche und nachhaltige Optimierung der Qualität in unseren Krankenhäusern. Mittlerweile sind unsere Krankenhäuser alle nach der DIN EN ISO zertifiziert. Zur Aufrechterhaltung und Verbesserung unseres QM-Systems finden ständig interne und externe Audits in unseren Einrichtungen statt. Besonders stolz macht uns auch, dass inzwischen sogar die Seelsorge des Clemenshospitals erfolgreich durch den TÜV NORD überprüft wurde, und ihr DIN EN ISO Zertifikat erhalten hat.

Wir sind davon überzeugt, dass wir mit unserem zweigleisigen QM-Ansatz den richtigen Weg vor allem auch im Sinne des barmherzigen Wirkens der Ordensgemeinschaft gewählt haben. Denn Barmherzigkeit verändert, so glauben wir, auf diese von uns gewählte Weise immer weiter und intensiver unsere Unternehmenskultur. Eine Kultur, die, so Gott will, immer im Zeichen der Barmherzigkeit, vorgelebt und ursächlich geprägt von den Clemensschwestern, stehen wird.

Anmerkungen

1   Kooperation für Transparenz und Qualität im Gesundheitswesen. Ein Verfahren zur Bewertung des Qualitätsmanagements im Krankenhaus.

2   proCum Cert ist eine konfessionelle Zertifizierungsgesellschaft. Eine Zertifizierung nach pCC beinhaltet eine Zertifizierung nach KTQ.

3   Deutsches Institut für Normung e. V. Die Norm beschreibt modellhaft das gesamte Qualitätsmanagement-System und ist Basis für ein umfassendes Qualitätsmanagement-System.

4   European Foundation for Quality Management. Europäisches Managementsystem für Qualitätsmanagement.

„Barmherzigkeit ist heute noch aktuell"

Schwester Christel Grondmann ist als Generaloberin der Clemensschwestern nicht nur für die Gesamtleitung des Ordens zuständig, der derzeit etwa 450 Schwestern zählt. Finanziell und organisatorisch verantwortlich ist sie auch für die Mitarbeiter auf den Pflegestationen in den Altenheimen des Ordens und über Stiftungsvorstände für die Krankenhäuser und andere soziale Einrichtungen. Wie verträgt sich die Verantwortung für so viele Menschen mit der Idee gelebter Barmherzigkeit?

Der Orden und seine Einrichtungen sind ein „Großunternehmen", das Sie leiten. Wie kann dort Barmherzigkeit einfließen?

Schwester Christel: Für mich geht es bei meinen Aufgaben immer darum, zu schauen, ob die Dinge in unserem Sinn laufen, ob unser Leitbild der Barmherzigkeit sich in unseren Einrichtungen und Angeboten wiederfindet. Das ist natürlich eine Herausforderung, gerade in der heutigen Zeit, wo wir die Wege der Barmherzigkeit neu definieren müssen. Es geht um die Sendung. Früher haben die Schwestern ihr in ihrem Alltag etwa in der Krankenpflege automatisch ein Gesicht gegeben. Heute müssen wir schauen, wo und wie wir diese Sendung auch sichtbar machen können.

Was heißt das konkret?

Schwester Christel: Im Krankenhaus oder auf den Pflegestationen sind das oft ganz kleine Zeichen, die den Patienten und Mitschwestern zeigen, dass es in unseren Häusern noch etwas mehr gibt als den sterilen medizinischen Ablauf. Das gelingt zum Beispiel über die Arbeit der Schwestern in den Nischen: in der Bibliothek, in der Kapelle oder beim Ausfüllen der Essensbestellungen. Der Patient oder Bewohner merkt, dass dort jemand ist, der Zeit hat, der andere Fragen beantworten kann als der Arzt und der mit einem besonderen Hintergrund zu ihm kommt.

Besteht die Gefahr, dass mit den Schwestern der Gedanke der Barmherzigkeit aus den Häusern verschwindet?

Schwester Christel: Es ist wichtig, dass wir unsere Wertearbeit auch an die
Angestellten in unseren Einrichtungen weitervermitteln. Wenn wir wollen, dass
unsere Idee weitergeht, müssen wir auch ihnen das notwendige Rüstzeug dafür
geben. Wir müssen sie schulen und ein Stück mit auf den Weg nehmen.

Wie kann das gelingen?

Schwester Christel: Die meisten Mitarbeiter sind sehr hellhörig für die Barmherzigkeit, die von uns vorgelebt wird. Sie nehmen sensibel wahr, wenn man
sich für sie einsetzt und Zeit investiert. Wichtig ist, sie als ganzen Menschen
wahrzunehmen, mit ihren Lebensgeschichten und Hintergründen, und bei
ihrem Einsatz auch auf ihre persönliche Situation zu blicken. Das heißt, dass
wir auch bei dem enormen Druck des Alltags schauen, wo wir deutliche Zeichen
des Miteinanders setzen können: in der gemeinsamen Adventsfeier, in dem
menschlichen Gespräch bei Engpässen oder in dem wertschätzenden Umgang
innerhalb der Hierarchien. Wenn das gelingt, dann können wir ihnen nicht nur
von Barmherzigkeit erzählen, sondern ihnen auch ein wenig Barmherzigkeit
zuteil werden lassen. Und das, was sie im Umgang mit uns erleben, können
sie weitergeben. Wenn ich ein offenes Herz vorfinde, dann ist es leichter, ein
Stück davon weiterzuschenken.

Wie sehen diese Zeichen des Miteinanders unter den Schwestern
aus?

Schwester Christel: Da gibt es viele kleine Zeichen, gerade jene, die im Alltag
sagen, wie die einzelne Schwester von den anderen wertgeschätzt wird. Allein,
dass wir uns in unserer Gemeinschaft alle duzen, egal ob Novizin, Postulantin
oder Generaloberin, ob jung oder alt. So etwas sagt: Du bist wichtig, gleich,
was du tust, ob du Dinge noch tun kannst oder zu müde dafür geworden bist
– allein dass du da bist, ist wichtig für die Gemeinschaft. Von diesen Zeichen
gibt es viele.

Welche Zeichen setzen Sie als Generaloberin?

Schwester Christel: Für mich sind zum Beispiel alle Feste der Schwestern, ob
Jubiläum oder Geburtstage, immer so wichtig, dass ich mich bei ihnen melde.
Das sehe ich als meine zentrale Aufgabe. Sie sollen merken, dass wir an ihrem
Leben, an ihren Feiertagen und auch an ihren Gedenktagen teilnehmen. Auch

dass meine Tür allen Besuchern ohne Vorzimmer offen steht, ist mir wichtig. Mich kann auch jeder telefonisch direkt erreichen, ohne in einem Sekretariat zu landen.

Gibt es Momente, wo Sie in Ihren Entscheidungen nicht barmherzig handeln können?

Schwester Christel: Barmherzigkeit bleibt für mich immer die oberste Prämisse. Aber manchmal gibt es sicherlich Situationen, wo ich etwas entscheiden muss, das anderen vermutlich unbarmherzig erscheinen mag. Ich muss aber immer das Ganze im Blick haben. Dann können auch Entscheidungen, die der Einzelne nicht nachvollziehen kann, richtig sein.

Stoßen Sie nie an eine Grenze?

Schwester Christel: Doch, die gibt es. Wenn zum Beispiel ein Konvent geschlossen werden muss, weil die Schwestern die Arbeit vor Ort aus Altersgründen nicht mehr leisten können. Die Menschen, für die sie sich eingesetzt haben, sind Menschen, die der Barmherzigkeit bedürfen. Ich kann in diesen Momenten keine Rücksicht auf ihre Not nehmen und muss mich gegenüber den alten Mitschwestern barmherzig zeigen. Das sind Grenzen, wo ich merke, dass ich etwas machen muss, was ich eigentlich nicht gern tue.

Barmherzigkeit meint also nicht, alle Wünsche zu erfüllen?

Schwester Christel: Nein, das geht nicht. In vielen Entscheidungen bedeutet es vor allem ein genaues Abwägen. Wichtig ist mir aber, dass ich nie sofort ‚Nein' sage. In der Generalleitung beraten wir oft sehr intensiv, bevor wir etwas entscheiden. Die grundlegende Frage dabei bleibt: Wie kann ich eine Lösung finden, die für den Einzelnen tragbar ist und dem Ganzen nicht schadet? Wenn das nicht zusammengeht, sind es sehr schwere Entscheidungen.

Barmherzigkeit zu leben ist nicht leicht?

Schwester Christel: Barmherzigkeit ist und bleibt eine große Herausforderung. Ich denke, man kann sie nur so intensiv leben, wenn man auch selbst immer wieder Barmherzigkeit erfährt. Wenn die Barmherzigkeit Gottes im eigenen Leben aufleuchtet, bringt es dich dazu, selbst barmherzig zu handeln. Die eigene Erfahrung ist bestärkend. Jede Einzelne von uns Schwestern kann sich an Situationen im Leben erinnern, in denen sie die unendliche Barmherzigkeit Gottes erfahren hat. Diese Erinnerungen geben Kraft für das eigene Handeln.

177

Ist dieses Handeln ein offensives, lautstarkes Handeln?

Schwester Christel: Nein. Barmherzigkeit ist nie aufgezwungen, sondern findet im Stillen, im Zurückgezogenen, im Alltäglichen statt. Sie braucht keine Werbung und muss sich nicht auf dem Markt behaupten. Das ist etwas sehr Typisches für das Wirken unserer Gemeinschaft.

Aber wird sie dann überhaupt noch wahrgenommen? Ist Barmherzigkeit dann noch gefragt?

Schwester Christel: Aber natürlich, nur darf man sie von der Wahrnehmung nicht abhängig machen. Barmherzigkeit ist nicht die Antwort auf eine Forderung. Sie wird gelebt, ohne dass sie angefragt wird. Ein gutes Beispiel dafür ist das Krankenhaus. Die Patienten, die dorthin kommen, schauen sicher eher danach, ob der richtige Facharzt dort arbeitet und weniger, ob dort Schwestern mit barmherzigem Hintergrund arbeiten. Trotzdem werden sie im Haus wahrnehmen, dass sie in Häusern mit Ordensschwestern vielleicht anders aufgehoben sind, sich mehr zu Hause fühlen können.

Aber dann ist Barmherzigkeit ein Standortvorteil, mit dem man werben könnte!

Schwester Christel: Sie darf nicht Mittel zum Zweck werden, dann verliert sie ihre Kraft. Barmherzigkeit bleibt ein Geschenk Gottes, das wir in unserem Leben weiterschenken können, mit der Hoffnung, dass es von den Menschen angenommen wird. Sie kann dabei aber nicht strukturiert werden oder als Zielvorgabe eingefordert werden. Trotzdem überlegen wir natürlich, wie wir dieses Geschenk Gottes auch heute noch den Menschen deutlich machen können.

Steckt da auch Potenzial für Unternehmen drin, die nicht den Hintergrund einer Ordensgemeinschaft haben?

Schwester Christel: Ich denke, das Potenzial haben sich viele Unternehmen schon zu Eigen gemacht. Das erlebe ich etwa in Manager-Seminaren oder Coachings. Die Menschen, die dort sitzen, haben längst schon gemerkt, dass etwas nur gelingen kann, wenn es gemeinsam mit Rücksicht auf alle Beteiligten geschieht.

Ist Barmherzigkeit für solche Menschen Mittel zum Zweck geworden?

Schwester Christel: Nein, denn sie handeln aus einer anderen Motivation. Sie wollen durch Teamwork Profit für sich selbst erzielen, Barmherzigkeit aber will Zugewinn für das Gegenüber. Der entscheidende Unterschied ist also, warum ich handele. Unser Grundthema ist nicht der wirtschaftliche Vorteil, sondern die Barmherzigkeit Gottes. Er hat uns sein Erbarmen geschenkt und uns erlöst, darum sind wir zusammengekommen und bringen uns ein.

In Notsituationen packen andere Unternehmen gern die Ellenbogen aus. Ist Ihnen in Zeiten, in denen es kaum Nachwuchs für die Clemensschwestern gibt, manchmal auch danach?

Schwester Christel: Nein, deswegen verlassen wir auf keinen Fall den Weg der Barmherzigkeit. Es gab in den vergangenen 200 Jahren schon viele Momente, wo andere vielleicht mit Ellenbogen gearbeitet hätten, wo die Clemensschwestern aber weiter im Kleinen und Alltäglichen gehandelt haben. Gott hat uns immer wieder einen neuen Weg aufgetan. Darauf vertrauen wir auch heute.

MICHAEL BÖNTE

Das Heil der Gläubigen im Blick

Barmherzigkeit als Prinzip der Rechtsanwendung

„Hochheilige Dreieinigkeit, erbarme dich unser! Herr, reinige uns von unseren Sünden! Verzeih, o Gebieter, unsere Vergehen! Heiliger, sieh an unsere Schwächen und heile sie um deines Namens willen."

„Erbarme dich unser, Herr, erbarme dich unser; wir Sünder, die wir keine Rechtfertigung haben, bringen dir als unserem Gebieter dieses Gebet dar: Erbarme dich unser!"
Aus einem orthodoxen Abendgebet.

Barmherzigkeit

Recht und Barmherzigkeit – das scheinen zwei völlig verschiedene Welten zu sein. Und auch ein vordergründiger Blick auf das Kirchenrecht und die damit verbundenen Assoziationen bestärken den Betrachter in dieser Auffassung. Der Kirchenrechtler Dr. Thomas Schüller ermuntert in seinem Artikel zu einem vertieften Blick. Er zieht überdies die „Oikonomia" der Ostkirchen hinzu. Schüller verdeutlicht, warum die östlichen kirchenrechtlichen Dimensionen dennoch sehr vage sind und plädiert für eine barmherzige Rechtskultur.

Autor

Dr. Thomas Schüller (Jahrgang 1961) aus Köln ist Professor für Kirchenrecht. Er lehrt seit 2001 an der Philosophisch-Theologischen Hochschule in Vallendar. Der Theologe ist Leiter der Abteilung Kirchrecht im Bischöflichen Ordinariat Limburg und war lange Jahre persönlicher Referent von Bischof Franz Kamphaus. Schüller ist verheiratet und Vater von drei Kindern.

Wer theologisch von Barmherzigkeit redet und wenn hohe Amtsträger der Kirche dieses Wort im Munde führen, dann denkt wohl kaum jemand an das Kirchenrecht der katholischen Kirche.

KIRCHENRECHT UND BARMHERZIGKEIT: ZWEI FREMDE WELTEN?

Kirchenrecht – diese fremde Welt der abstrakten, vermeintlich oft wirklichkeitsfernen und die Gläubigen einengenden Normen scheint so weit weg von dem Gedanken einer barmherzigen Kirche zu sein, die doch im Bewusstsein vieler Gläubigen die Liebe und nicht das Recht predigen und leben soll. Was gibt es nicht genügend Themen, wo dem Recht der Kirche angelastet wird, dass es zu unbarmherzigen, wenig menschenfreundlichen Lösungen von konfliktiven Situationen beiträgt. Die Sündenliste ist wahrlich lang: wiederverheiratete Geschiedene und ihre Nichtzulassung zur Kommunion, Verbot, dass Frauen zu Priesterinnen geweiht werden können, Ausstieg aus der Schwangerenkonfliktberatung durch päpstliche Anordnung, selbst wenn ein Bischof wie Franz Kamphaus (Bischof em. Limburg) sich auf sein Gewissen beruft, nur hartherzige und zahlenmäßig geringe Bereitschaft Roms, Priestern die Dispens von dem Versprechen, zölibatär zu leben (sog. „Laisierung") zu geben und vieles mehr. Fast kein Reizthema in der katholischen Kirche, was mit seinen negativen Konsequenzen nicht mit dem vermeintlich so starren, lebensfeindlichen und unbarmherzigen Kirchenrecht in Verbindung gebracht wird.

Aber, so kann mit Fug und Recht gefragt werden, ist dies schon die ganze Wahrheit über das Kirchenrecht? Unterscheidet es sich wirklich nicht von staatlichen Gesetzen und ihrer Anwendung, oder gelten nicht doch in der katholischen Kirche sprichwörtlich „andere Gesetze", vor allem eine andere Grundhaltung, was die Anwendung (Applikation) des Rechts in der Kirche angeht? Was können wir von unseren Schwesternkirchen der Orthodoxie und den weiteren nichtunierten Ostkirchen lernen, die in ihrer Rechtstradition Rechtsinstitute und Grundprinzipien bewahrt haben, die noch sehr nahe an die Haltung der jesuanischen Botschaft von einem barmherzigen Gott heranreichen? Können wir daran anschließend wie der Schriftsteller Heinrich Böll sagen: „Ich schätze das Christentum sehr – wegen des Wortes Barmherzigkeit."? Wohl gemerkt: das Christentum, nicht die Kirche, das Böll schätzt, aber doch wird in dieser Aussage deutlich, wenn Christen das Ureigenste in ihrem Gottesbild, in ihrem Verständnis von Jesus Christus ausdrücken wollen, kommt bald der Gedanke der Barmherzigkeit Gottes oder eines barmherzigen Gottes ins Spiel. Grund genug, auch das Kirchenrecht auf Herz und Nieren zu prüfen, ob es sich dieser Verpflichtung und diesem Auftrag bewusst ist und ihm zumindest in Ansätzen trotz aller beschriebenen Vorurteile entspricht.

Aspekte einer barmherzigen, elastischen Anwendung kirchenrechtlicher Normen in der Kirche

Der Kodex von 1983 für den lateinischen Rechtskreis, der so genannte CIC/1983, endet mit Canon 1752 CIC fulminant, wenn dort festgestellt wird, dass bei Versetzungssachen von Pfarrern eine bestimmte Norm zu beachten sei und dann weiter ausgeführt wird: „unter Wahrung der kanonischen Billigkeit und das Heil der Seelen vor Augen, das in der Kirche immer das oberste Gesetz sein muß". Dieser Schlussakkord des kirchlichen Gesetzbuches macht ein Zweifaches deutlich. Wer in der Kirche Recht anwendet, sei es im Gericht, in der Verwaltung oder auch im Alltag der Pfarreien, muss bei der Beachtung und Anwendung der konkret einschlägigen Normen das Heil der betroffenen Gläubigen im Blick haben und muss gleichzeitig die kanonische Billigkeit wahren. Bei ihr handelt es sich um ein altehrwürdiges Rechtsinstitut des Kirchenrechts, das auch in unserer Alltagssprache seinen Niederschlag gefunden hat, wenn wir zum Beispiel sagen, dass etwas „recht und billig" sei. Rechtsanwendung dient also keinem Selbstzweck, der allein darin besteht, möglichst wertfrei der Norm und ihr mitgegebenem Inhalt zu ihrer Geltung zu verhelfen, sondern der konkrete Gläubige, die konkret in den Fall involvierten Christen mit ihrer je einmaligen Fallsituation müssen abwägend in die rechtliche Entscheidungsfindung einfließen.

Damit wird ein Grundthema deutlich, das um die Frage kreist, wie Rechtsfindung, d.h. die Umsetzung der abstrakt formulierten rechtlichen Normen, geschieht. Die Vorstellung, in der Norm selbst läge schon die Lösung eines zur rechtlichen Entscheidung anstehenden konkreten Falles erweist sich als Trugschluss. Die Kunst der Rechtsfindung, zum Beispiel in dem Urteil eines kirchlichen Gerichtes, besteht gerade darin, die für den Fall einschlägigen Normen und die konkreten Fallumstände miteinander in Beziehung zu setzen und alle Aspekte eines Falles mit in die Entscheidungsfindung einfließen zu lassen. Hier nun kommen im kirchlichen Rechtshandeln andere, wenngleich nicht völlig dem weltlichen Recht wesensfremde Aspekte mit ins Spiel. So eben auch die Zielvorgabe, dass eine rechtliche Entscheidung dem Heil der Gläubigen dienen soll, wie es der Schlusskanon des CIC/1983 unmissverständlich fordert. Allerdings gibt es in der Kirchenrechtswissenschaft auch Stimmen, die dieser Aussage keine praktische Bedeutung zuerkennen. Etwa Aymans, wenn er schreibt, dass es sich bei der „salus animarum" (Heil der Gläubigen) „um ein außerhalb der Rechtsordnung gelegenes Ziel"[1] ohne rechtliche Geltungs- und Gestaltungskraft für die kirchliche Rechtspraxis handle. Demgegenüber ist aus Sicht des Kirchenverständnisses, d.h. der ekklesiologischen Selbstvergewisserung, aus was heraus und für wen katholische Kirche da zu sein hat, spätestens nach dem II.

Vatikanum (dort vor allem die Kirchenkonstitution Lumen Gentium 8) klar, dass das Kirchenrecht als Ausdruck der äußeren Gestalt der Kirche nach Papst Paul VI. Anteil an der grundlegenden Aufgabe der Kirche hat, dem von Gott in Jesus Christus geschenkten Heil, der salus animarum als oberstem Ziel der Kirche, zu dienen.[2] Die salus animarum gibt eindeutig die Richtung an, wie Recht anzuwenden ist und verpflichtet somit den Rechtsanwender. Was aber bedeutet das konkret? „Rechtstheoretisch gesprochen erhält der Satz in diesem Sinn v.a. Gewicht für die Verwirklichung von Einzelfallgerechtigkeit. Allerdings eine Gerechtigkeit, die der Barmherzigkeit als Korrektiv zur Seite gestellt wird, um eine Gerechtigkeit zu sein, die der christlichen Liebespflicht entspricht."[3]

Mit dem Satz „salus animarum suprema lex est" ist zwar nun klar geworden, dass es sich bei der Zielbestimmung, dem Heil der Seelen als oberstem Gesetz der Kirche zu dienen, um ein zentrales Anwendungsprinzip des Kirchenrechts handelt. Damit ist aber noch nicht geklärt, welche konkreten Rechtsinstitute des kirchlichen Rechts existieren, die in der Lage sind, diesen Anspruch auch konkret umzusetzen. Es geht also um elastische, der Situation angemessene kirchenrechtliche Entscheidungen. Hier sind beispielhaft neben der Suppletion[4] und der Dispens vor allem die kanonische Billigkeit (aequitas canonica) zu nennen, die helfen können, den Anspruch nach barmherziger Normanwendung auch in die Tat umzusetzen.

Kennzeichnend für die Dispens ist, dass ihre Anwendung die Befreiung von der Verpflichtungskraft eines kirchlichen Gesetzes im Einzelfall meint. Hier klingt etwas davon an, was im umgangssprachlichen Sinn mitschwingt, wenn jemand sagt, „ich dispensiere" mich von diesem und jenem, womit gemeint ist, ich mache mich von einer rechtlichen oder moralischen Verpflichtung frei. Das kirchliche Gesetzbuch fordert für die Anwendung der Dispens einen gerechten Grund. So heißt es in c. 90 § 1 CIC: „Von einem kirchlichen Gesetz darf nicht ohne gerechten und vernünftigen Grund dispensiert werden, unter Berücksichtigung der Umstände des Falles und der Bedeutung des Gesetzes, von dem dispensiert wird …" Es geht also bei der Dispens nicht um eine willkürliche und von daher nicht nachvollziehbare Ausnahme vom Gesetz, sondern aus guten Gründen, die immer in der spezifischen Eigenart des Falles begründet sind, nimmt derjenige, der die Dispensgewalt hat (Papst, Bischöfe, Pfarrer), eine Ausnahme von der Geltungskraft eines kirchlichen Gesetzes vor.

Ein Beispiel: Der katholischen Eheschließung zwischen einem getauften Katholiken und einer ungetauften Frau steht das trennende Ehehindernis der sog. Religionsverschiedenheit (c. 1086 CIC) entgegen. Bei diesem Ehehindernis handelt es sich um ein Ehehindernis rein kirchlichen Rechts, von dem grundsätzlich die Möglichkeit der Dispens besteht. Von diesem Ehehindernis wird regelmäßig zugunsten des katholischen Teils dispensiert, damit ihm eine kirchenrechtlich gültige Ehe ermöglicht wird, wenn bestimmte Rahmenbedingungen wie die freie Ausübung seines katholischen Glaubens und die Bereitschaft, die gemeinsamen Kinder katholisch zu taufen und zu erziehen, erfüllt sind. Es geht also um das persönliche geistliche Wohl des Katholiken in einer solchen ehelichen Verbindung und um sein Recht, seinen Lebensstand frei zu wählen (vgl. c. 219 CIC). Dass es bei der Dispensgewährung um das geistliche Wohl der Gläubigen geht, zeigt auch der c. 87 § 1 CIC, wenn dort davon gesprochen wird, dass der Diözesanbischof „die Gläubigen, sooft dies nach seinem Urteil zu deren geistlichem Wohl beiträgt, von Disziplinargesetzen dispensieren" kann. Es geht mithin darum, Härten für den Gläubigen abzuwenden und im begründeten Einzelfall eine Ausnahme von der Geltung eines kirchlichen Gesetzes vorzunehmen.

Kritisch merken manche zur Dispenspraxis der Kirche an, dass Dispensen immer Gnadenerweise der zuständigen kirchlichen Autorität und somit Ausdruck des Unterworfenseins der Gläubigen unter sie seien. Dies öffne der Willkür Tür und Tor und diene so gerade nicht der Rechtssicherheit. Weiterhin wird der Dispenspraxis der Kirche vorgehalten, sie halte sich über diesen Weg immer eine Hintertür auf, während sie nach außen die Geltung strenger Normen reklamiere. Eng verbunden mit dieser Kritik ist auch die berechtigte Anfrage, ob nicht die andauernde Ausnahme von einem Gesetz ein Hinweis darauf sein könnte, dass das Gesetz selbst seinen Regelungszweck nicht mehr erfülle. Ungeachtet dieser kritischen Anmerkungen ist die Dispens sicherlich ein taugliches Instrument, dem Wohl der Gläubigen dienend etwas von der barmherzigen Grundhaltung sichtbar werden zu lassen. Es überrascht daher nicht, wenn ostkirchliche Kirchenrechtler bei ihrer Beschäftigung mit dem Thema Barmherzigkeit gerade auf das lateinische Rechtsinstitut der Dispens verweisen, bei der ihnen ein Ausdruck für eine barmherzige Rechtsanwendung aufzuleuchten scheint.

Dennoch ist es die kanonische Billigkeit, die aequitas canonica, die ja in c. 1752 CIC ausdrücklich genannt wird, die in rechtsgeschichtlicher wie rechtssystematischer Hinsicht den Gedanken der Barmherzigkeit im lateinischen Kirchenrecht am nachdrücklichsten bewahrt und in Geltung gebracht hat. Aus drei Quellen wird die kanonische Billigkeit rechtsgeschichtlich gespeist: die griechisch-philosophische Epikielehre, wie sie insbesondere von Aristoteles entwickelt wurde, die im römischen Recht entfaltete Aequitaskonzeption und sehr bald ab dem 4. Jahrhundert n. Chr. damit immer stärker verbunden die aus den neutestamentlichen Schriften entnommene Vorstellung der christlichen misericordia (Barmherzigkeit), wie sie in vielen Gleichnissen und Erzählungen und seiner eigenen Praxis im Umgang mit den Menschen seiner Zeit bei Jesus zum Ausdruck kommt. In allen drei Strängen, die maßgeblich die kirchenrechtliche Bedeutung der aequitas canonica geprägt haben, kommt die Spannung zwischen den Polen Gerechtigkeit und Barmherzigkeit, zwischen denen die Anwendung von Recht immer steht, zur Sprache. Ein kurzer Blick in die kirchliche Rechtsgeschichte des Mittelalters belegt nachdrücklich, wie sehr um eine angemessene Einbeziehung der Barmherzigkeit als Rechtsprinzip gerungen wurde, ohne rechtliche Willkür, die zu Ungerechtigkeit führt, zu propagieren. Wichtig ist hier zunächst nach Ivo von Chartres (ca. 1040-1115) Alger von Lüttich, der mit dem Traktat „De misericordia et iustitia"[5] nachhaltig die Bedeutung der Barmherzigkeit bei der Applikation kirchenrechtlicher Normen angemahnt hat. Seine Grundthese lautet, dass die Barmherzigkeit allen anderen Vorschriften vorzuziehen ist, die für ihn in der aequitas canonica ihre rechtliche Gestalt findet.

Noch aber fehlt es bei dieser Konzeption an einer Synthese mit dem Postulat, dass das Recht der Kirche und seine Anwendung auch die Gerechtigkeit zu befördern hat, was im Einzelfall durchaus eine Härte (rigor iuris) für den Betroffenen bedeuten kann. Es brauchte daher noch zwei weitere Jahrhunderte, bis mit dem Kanonisten Hostiensis (Henricus de Segusia) im 13. Jahrhundert eine Aequitaskonzeption vorgelegt wurde, die bis heute unübertroffen die verschiedenen Aspekte zu einem gelungenen Ansatz, der überzeugt, führt. Er bezeichnet die aequitas canonica als durch die christliche Barmherzigkeit gemilderte Gerechtigkeit, die jedem Richter bei all seinen Entscheidungen als oberster Leitsatz zum Heil der Gläubigen immer vor Augen stehen müsse.[6]

Wir verdanken es vor allem Papst Paul VI., dass er die Dimension der Barmherzigkeit als Grundhaltung kirchlicher Normapplikation und die aequitas canonica als ihr Grundprinzip zur Umsetzung dieser Haltung wieder in Erinnerung gerufen hat. Für diesen Papst, der selbst Kanonist war[7], müssen kirchliche Richter Diener des Rechts, Interpreten der Gerechtigkeit und sensibel für die Aequitas und die Barmherzigkeit sein.[8] An vielen Stellen seiner kirchenrechtlich geprägten Ansprachen, vor allem an die Sacra Romana Rota, bezeichnet er die aequitas canonica als zentrales Anwendungsprinzip, das dem Recht der Kirche seine Physiognomie, seinen pastoralen Charakter verleihe.[9] Sie helfe bei der Rechtsfindung, alle wesentlichen Aspekte eines Falles aufzugreifen und zu berücksichtigen, um zu vermeiden, dass der Buchstabe des Gesetzes töte und sorge so dafür, dass der praktizierten Nächstenliebe Rechnung getragen werde. In der aequitas canonica erweist sich für diesen Papst, dass das kanonische Recht sich die Bedürfnisse nach Barmherzigkeit und Menschlichkeit im Hinblick auf eine mildere, verständnisvollere Gerechtigkeit zu eigen gemacht habe. [10] Dies müsse sein, weil das Kirchenrecht immer dem Heil der Gläubigen zu dienen habe, wie es Papst Paul VI. 1977 noch einmal in einer seiner letzten großen Ansprachen auf den Punkt gebracht hat.[11]

Angesichts dieser skizzierten rechtsgeschichtlichen Linien ist es nicht mehr überraschend, dass im kirchlichen Gesetzbuch von 1983 die aequitas canonica nicht nur im bereits genannten Schlusskanon eine zentrale Bedeutung für eine barmherzige Normanwendung erfährt. Sie erscheint als aequitas canonica und aequitas naturalis oder in Kombination mit caritas oder caritatem evangelicam. Ohne in eine weitere Einzelanalyse einzusteigen[12], lässt sich die aequitas canonica somit rechtsgeschichtlich und rechtssystematisch als das Rechtsinstitut des katholischen Kirchenrechts identifizieren, in dem wohl in überzeugendster Weise der Gedanke der Barmherzigkeit über die Jahrhunderte der kirchlichen Rechtsentwicklung bewahrt und entfaltet wurde. Die aequitas canonica als Rechtsinstitut auf der Applikationsebene des Rechts verhindert, dass der Rechtsfindungsprozess, der sowohl Entscheidungsfindung (-herstellung) als auch Entscheidungsbegründung (-darstellung) umfasst, zu einem seelenlosen formallogischen Syllogismus inklusive schematischer Subsumtionstechnik erstarrt. Mit der aequitas canonica kann ein Entscheidungsprozess ermöglicht werden, bei dem in einem hermeneutisch strukturierten Konkretisierungsverfahren Lebenssachverhalt und kirchenrechtliche Normen einander genähert und einer den Umständen des Falles adaequaten Lösung zugeführt werden.

Die Oikonomia der Ostkirchen – Plädoyer für eine barmherzige Rechtskultur

Nicht erst die Diskussion um die kirchenrechtliche Stellung der wiederverheirateten Geschiedenen in der katholischen Kirche [13] hat in der Zeit nach dem II. Vatikanum im direkten Gespräch mit den mit Rom nicht unierten Ostkirchen ein Grundprinzip dieser Kirchen für ihr Handeln in allen Feldern des kirchlichen Lebens zum Vorschein gebracht, das noch in sehr ursprünglicher Weise den Gedanken der biblisch belegten Barmherzigkeit im göttlichen Handeln über die Jahrhunderte bewahrt hat: die Oikonomia. Es fehlt inzwischen nicht mehr an vorzüglichen Studien katholischer Provinienz, die dieses nur schwer greifbare und doch thematisch anziehende Prinzip der Oikonomia zum Gegenstand haben und versuchen, es auch für die innerkatholische Praxis fruchtbar zu machen. [14] Nachdem bereits der melkitische Patriarchalvikar von Ägypten Elias Zoghby am 29.9.1965 auf dem II. Vatikanum die ostkirchliche Oikonomia als Lösungsansatz für einen veränderten Umgang mit wiederverheirateten Geschiedenen angeregt hatte[15], waren es 1980 die auf der Bischofssynode in

Rom zum Thema Ehe und Familie versammelten Bischöfe der Weltkirche, die mit Blick auf einen pastoral wie theologisch verantwortbaren Umgang mit wiederverheirateten Geschiedenen die ostkirchliche Oikonomiapraxis aufgriffen und im Abschlussbericht mit überwältigender Mehrheit eine genauere Untersuchung für die Zukunft empfahlen.[16]

Leider ist bisher in Rom hierzu keine Initiative ergriffen worden, was umso unverständlicher ist, als der jetzige Papst Benedikt XVI. die Annäherung mit den noch getrennten Schwesternkirchen des Ostens intensiv sucht und promoviert. Unverständlich bleibt dies auch, weil in anderen schwierigen theologischen Streitfragen, wie der Frage der Nichtzulassung von Frauen zur Priesterweihe, römische lehramtliche Stellungnahmen dezidiert auf die auch in den Ostkirchen dauerhaft geübte Praxis und Lehre als unterstützendes Autoritätsargument verweisen. Diese kritischen Vorbemerkungen schmälern aber nichts an der Tatsache, dass es sich lohnt, dieses Oikonomiaprinzip zu untersuchen und kennen zu lernen. Dabei ist zu beachten, dass es nicht darum gehen kann, angesichts eines beträchtlichen Problemstaus in der römisch-katholischen Kirche dieses anziehend wirkende Prinzip einfachhin in den westlich-lateinischen Kultur- und Rechtskreis der katholischen Kirche zu übertragen. Die Oikonomia und die mit ihr verwobene Praxis der Ostkirchen in Pastoral und Kirchenrecht ist tief eingebunden in die ostkirchliche Spiritualität, die sich besonders in der liturgisch begangenen Erinnerung an das erlösende Wirken Gottes in Jesus Christus zeigt.

Wer von Oikonomia spricht, kann nicht anders, als im gleichen Atemzug auch die Akribeia zu nennen. „Nur im Zusammenspiel und Zueinander beider Prinzipien, d.h. der Oikonomia und der Akribeia, lässt sich die gesamte Fülle und Charakteristik des orthodoxen Handelns angemessen begreifen."[17] Von daher sind das strenge Einhalten und Anwenden der altehrwürdigen Normen (Akribeia) und die milde Anwendung der Normen um des Heils der Gläubigen willen (Oikonomia) – um beide Prinzipien sehr allgemein in einem ersten Angang zu beschreiben – zwei Seiten der einen Medaille, die eine Seite ist ohne die andere nicht denkbar. Dies schließt nicht aus, dass in der Geschichte und auch in aktuellen ostkirchlich-theologischen Entwürfen je nach Herkunft eines Autors aus einer bestimmten Kirche deutliche Nuancierungen in der Gewichtung beider Prinzipien zu beobachten sind. Allerdings ist mir in meiner Beschäftigung mit den verschiedenen Oikonomiaentwürfen[18] kein Ansatz begegnet, wo selbst ein das Oikonomiaprinzip stets bevorzugender Verfasser die Akribeia als Grundform ostkirchlicher Praxis in Frage gestellt hätte.

Das Oikonomiaprinzip, das bereits in der Väterliteratur breiten Raum einnimmt und von daher von den Anfängen der Kirche an ekklesiale Realität und handlungsleitendes Prinzip ist, kann man nur begreifen, wenn zumindest skizzenhaft die theologischen Hintergründe mitbedacht werden, die ihm Gestalt und Form geben. Angelpunkt ostkirchlicher Theologie ist das göttliche Handeln in der erlösenden Menschwerdung Christi. Im unüberbietbaren Inkarnationsgeschehen kommt in diesem theologischen Ansatz die Menschenfreundlichkeit (Philantrophia) und barmherzige Herablassung (Kondeszendenz) Gottes zu den Menschen zum Ausdruck. Philantrophia und Kondeszendenz sind die Grundpfeiler göttlicher Heilsökonomie, die vor allem den Aspekt der barmherzigen Liebe der Heilszuwendung Gottes illustrieren. Von dieser unbedingten göttlichen Ökonomie ergibt sich vom Gedanken der imitatio dei, der Nachahmung der göttlichen Heilsökonomie, der Transfer zur kirchlichen Oikonomia, in der diese unbedingte Liebe Gottes zu den Menschen sich auch im kirchlichen Handeln gegenüber ihren Gläubigen widerspiegeln muss.

Ein Wort des Patriarchen Nicolaus Mysticus aus dem 9. Jahrhundert bringt dies prägnant auf den Punkt. Er erklärt: „Die Ökonomie ist eine heilsame Nachsicht, die den Sünder rettet, die hilfreiche Hand ihm bietet, den Gefallenen aufrichtet von seinem Fall, nicht aber ihn am Boden liegen läßt und ihn nur noch weit mehr in einen kläglichen Abgrund hineinstürzt; sie ist eine Nachahmung der Liebe Gottes zu den Menschen, die dem Rachen des wilden Tieres, das gegen uns wütet, seine Beute entreißt."[19] So ist die Kirche immer verpflichtet, in der Haltung der Oikonomia dem Nächsten zu begegnen. Als wahrer Kirche Jesu Christi würde sie sich ihrer Identität berauben, käme sie diesem Auftrag nicht nach. Die Ostkirchen sind gemäß der göttlichen Oikonomia, die sich besonders durch Liebe, Milde und vor allem Barmherzigkeit auszeichnet, herausgefordert, in ihrem Handeln die gleichen Ziele und Handlungsweisen zu verfolgen. Mit Anastasios Kallis lässt sich sagen: „Die Kirche stellt die kontinuierliche historische Wirklichkeit der göttlichen Oikonomia dar, die sich in der Heilsgeschichte als Verwirklichung des göttlichen Mysteriums der Liebe konkretisiert."[20] Die ostkirchliche Haltung der Nachsicht, Milde und Barmherzigkeit, gerade auch in der Anwendung ihrer kirchenrechtlichen Normen, erwächst also aus ihrem originären Wesen als wahrer Kirche Jesu Christi, dem Vorbild Gottes und seinem heilsbringenden Handeln in der Geschichte zu folgen und ihm nachzueifern.

Auf der Folie dieses hier nur angedeuteten theologischen Hintergrundes wird verständlich, dass sich ostkirchliche Kirchenrechtler zwar leicht tun, das Oikonomiaprinzip theologisch zu begründen, aber nur sehr selten versuchen, rechtlich präzise dieses Prinzip in seinen kirchenrechtlichen Dimensionen zu beschreiben. Dies geschieht nicht aus mangelnder Erfahrung und kirchenrechtlicher Befassung mit diesem Prinzip, vielmehr treibt sie die Sorge um, durch eine auch nur weite gefasste Definition dieses Prinzips der Oikonomia ihre unbedingte Wirkmächtigkeit im Rechtsalltag der Ostkirchen in Frage zu stellen. Von daher liegt zurzeit auch keine von allen Ostkirchen gemeinsam anerkannte Definition dieses Prinzips vor. Unter Hinweis auf unterschiedliche Gewichtungen im Detail lassen die verschiedenen Oikonomia-Akribeia-Konzeptionen, was die Umschreibung der Akribeia angeht, als gemeinsamen Nenner erkennen, dass sie als die genaue Beachtung und Anwendung im Sinne einer strengen, strikten Applikation der geltenden kirchenrechtlichen Normen verstanden wird, d.h. eine Anwendung, die keine Abweichung von den in den kirchenrechtlichen Normen enthaltenen Handlungsweisen vorsieht. Darin drückt sich auch der tiefe Respekt vor den seit alters her geltenden Normen aus, die ein zentraler Baustein der ostkirchlichen Tradition sind.

Schwieriger ist es allerdings, die verschiedenen Oikonomiaverständnisse auf eine gemeinsame Formel zu bringen. Soviel wird man aber sagen können, dass die Oikonomia kirchenrechtlich eine im Einzelfall um des Heiles der Gläubigen willen vorgenommene Abweichung von den einschlägigen kirchenrechtlichen Normen bedeutet, wobei dem Anwender der Oikonomia, in der Regel der zuständige Bischof, weiter Spielraum eingeräumt wird, wie er dann eine Einzelentscheidung in Abweichung von der geltenden Regel erlässt. Übereinstimmend konstatieren die ostkirchlichen Kirchenrechtler, dass sich die Anwendung dieses Prinzips in den Bereichen der Sakramentenspendung, der Verwaltung und der Liturgie abspielen kann. Unterschiedlich sind die Antworten auf die Frage, welchem der beiden Prinzipien, Akribeia und Oikonomia, im konkreten Fall der Vorrang gebührt. Mehrheitlich, vor allem in der griechisch-orthodoxen Kanonistik, werden Akribeia und Oikonomia als gleichgewichtige Applikationsmethoden des kirchlichen Rechts betrachtet. Mit Panteleimon Rodopoulos ist festzuhalten, dass die Kirche demnach über die unbegrenzte Möglichkeit verfüge, „in all ihren Tätigkeiten und Handlungen entsprechend den Erfordernissen der Situation die oikonomia anzuwenden"[21].

Die bereits angedeutete Zurückhaltung bei der kirchenrechtlichen Definition der Oikonomia setzt sich auch fort, wenn es um die Darlegung von konkreten Beispielen aus dem Rechtsalltag geht. Beispiele für Oikonomiaentscheidungen im Bereich der Sakramentenspendung sind die Taufspendung durch eine Frau im Notfall oder die Erlaubnis des Bischofs für eine Taufe im Privathaus oder auch die ökumenisch wichtige Frage der Anerkennung von in anderen Kirchen gespendeten Sakramenten wie die Taufe. Unter Berufung auf die Oikonomia scheinen auch manche Ostkirchen eine zweite oder sogar dritte kirchliche Eheschließung zu dulden, wobei unklar bleibt, welchen sakramentalen Charakter diese weiteren Eheschließungen haben.[22] Im Bereich der Liturgie kann unter Berufung auf die Oikonomia davon abgesehen werden, den Sarg bei der Beerdigung während der Feier in der Kirche offen zu lassen. Im Bereich der Verwaltung heißt es zumeist lapidar, dass gerade das Verwaltungshandeln sich durch situatives, flexibles Eingehen auf eine konkrete Situation auszeichne und somit dem Ermessen des Entscheiders weiter Spielraum eingeräumt werde. Neuere Studien zeigen[23], dass die vornehme Zurückhaltung bei der allzu genauen Beschreibung von Anwendungsbeispielen kein Beleg für die mangelnde Praxistauglichkeit des Oikonomiaprinzips sei, sondern sich aus der Scheu erklären lasse, durch zu genaue Auflistung von Anwendungsfeldern die Flexibilität der Oikonomia ungebührlich einzuengen und dem Missverständnis einer falsch verstandenen Kasuistik Vorschub zu leisten.

AUSBLICK

Am Ende der überblicksartigen Hinweise zur Rolle der theologischen Kategorie der Barmherzigkeit im Kirchenrecht muss selbstkritisch die oft gestellte Anfrage beantwortet werden, ob nicht die Einbeziehung dieser theologischen Größe das System des sicheren Kirchenrechts destabilisiere und demnach zu einer Ethisierung oder gar unbotmäßigen Theologisierung des Kirchenrechts führe und damit ihre Fundamente in Frage stelle. Der hinter dieser Anfrage verdeckt aufscheinende Vorwurf, die Barmherzigkeit gefährde die um der Gerechtigkeit willen gebotene Forderung nach Rechtssicherheit und könne darüber hinaus dem Relativismus Tür und Tor öffnen, kann mit einer ausbalancierten Verhältnisbestimmung von Gerechtigkeit und Barmherzigkeit begegnet werden. Wie schon der erwähnte Hostiensis bei seiner Definition der aequitas canonica als der durch christliche Barmherzigkeit gemilderten Gerechtigkeit beide Pole zu einer überzeugenden Synthese zusammenführt, so hat auch Papst Johannes Paul II. unmissverständlich in seiner Enzyklika „Dives in misercordia" herausgestellt, dass christlich von Gerechtigkeit nur gesprochen werden könne, wenn die Barmherzigkeit als Fundament der Gerechtigkeit einbezogen werde.[24] Gerechtigkeit und Barmherzigkeit sind daher untrennbar miteinander verbunden, ein Fortschritt an Gerechtigkeit im kirchenrechtlichen Sinne kann es nur durch einen gleichzeitigen Zuwachs an Barmherzigkeit geben. Gerechtigkeit und Barmherzigkeit sind keine absoluten, sondern relationale Größen, die um der Menschen willen ausgewogen als Ziele einer der salus animarum dienenden Lösung zuzuführen sind.

Es ist beruhigend zu wissen, dass diese Verbindung von Gerechtigkeit und Barmherzigkeit und dem Wissen darum tief in der Kirchenrechtsgeschichte verwurzelt ist. So mag abschließend denen, die beim Begriff der Barmherzigkeit

die Gefährdung der Rechtssicherheit befürchten und jenen, denen in der kirchenrechtlichen Praxis der Kirche die Barmherzigkeitsdimension zu gering in
der Anwendung kirchenrechtlicher Normen aufgenommen zu sein scheint, das
Wort von Thomas von Aquin als Fazit dieses Beitrages in Erinnerung gerufen
werden. Es lautet: „….iustitia sine misericordia crudelitas est; misercordia sine
iustitia dissolutio“.[25] Während letzterer Halbsatz im Kirchenrecht unbestritten
ist, stellt ersterer einen noch zu verwirklichenden Auftrag vor allem an die
Applikation kirchenrechtlicher Normen dar. Von daher bleibt festzuhalten,
dass die Barmherzigkeit ein Prinzip der Rechtsapplikation in der Kirche ist,
in beiden Kirchen: denen des Ostens und der des Westens!

Anmerkungen

1   Aymans-Mörsdorf, KanR I, 149.

2   Vgl. Papst Paul VI., Allocutio v. 17.3.1973, in: Communicationes 5 (1973)123-131,
     hier 127.; ders., Allocutio v. 19.2.1977, in: AAS 69(1977) 208-212,210.

3   Vgl. hierzu und zu dem Thema Kirchenrecht und Barmherzigkeit meine Doktorarbeit,
     Die Barmherzigkeit als Prinzip der Rechtsapplikation in der Kirche im Dienste der
     salus animarum. Ein kanonistischer Beitrag zu Methodenproblemen der Kirchen-
     rechtstheorie (= fzk 14), Würzburg 1993, hier 319.

4   Vgl. S. Haering, Art. Suppletion, in: ders./H. Schmitz (Hg.), Lexikon des Kirchen-
     rechts, Freiburg 2004, 927.

5   Vgl. die Edition dieses wichtigen Textes bei R. Kretzschmar, Alger von Lüttichs Trak-
     tat „De misericordia et iustitia“. Text mit kritischem Apparat und Sachkommentar,
     Sigmaringen 1985, 187-375.

6   Vgl. Hostiensis, In primum decretalium librum commentaria ad X 1.36.11.9 :
     „Aequitas est iustitia dulciore misericordia temperata quam semper debet prae oculis
     habere iudex.“

7   Vgl. C. Huber, Papst Paul VI. und das Kirchenrecht (= Beihefte zum MK 21) Essen
     1999.

8   Vgl. Papst Paul VI., Allocutio v. 27.1.1969, in: AAS 61 (1969) 174-178, hier 177.

9   Vgl. ders., Allocutio v. 8.2.1973, in: AAS 65 (1973) 95-103, hier 98.

10   Vgl. ebd., 102.

11   Vgl. ders., Allocutio v. 19.2.1977, in: AAS 69 (1977) 208-212, hier 210: „Itaque in
     iure canonico postulatum pastorale occurrit ac quidem per aequitatem, quae ab Ho-
     stiensi his verbis definita est, quam maxime probati: ‚iustitiae dulcore misericordiae
     temperata‘. Etenim aequitas in iure canonico praeest normis applicandis ad casus
     concretos – oculis in animarum salutem semper intentis atque in mansuetudinem,
     in misericordiam, in caritatem pastoralem mutatur,..:“

12   Vgl. T. Schüller, Barmherzigkeit (Anm. 3) 392-408.

13   Vgl. für viele Beiträge A. Belliger, Die wiederverheirateten Geschiedenen. Eine

ökumenische Studie im Blick auf die römisch-katholische und griechisch-orthodoxe (Rechts-)Tradition der Unauflöslichkeit der Ehe (= Beihefte zum MK 26) Essen 2000.

14 Vgl. beispielhaft aus der jüngsten Zeit G. Richter, Oikonomia. Der Gebrauch des Wortes Oikonomia im Neuen Testament, bei den Kirchenvätern und in der theologischen Literatur bis ins 20. Jahrhundert, Berlin-New York 2005; F. Schuppe, Die pastorale Herausforderung – Orthodoxes Leben zwischen Akribeia und Oikonomia. Theologische Grundlagen, Praxis und ökumenische Perspektiven (= Das östliche Christentum NF Bd. 55) Würzburg 2006.

15 Vgl. den Beitrag von Zoghby in deutscher Übersetzung in: J.C. Hampe (Hg.), Die Autorität der Freiheit. Gegenwart des Konzils und Zukunft der Kirche im ökumenischen Disput, Bd. 3, München 1967, 264ff., bes. 267.

16 Vgl. dazu J. Grootaers/J.A. Selling, The 1980 Synod of Bishops „On the role of the Family". An Exposition of the Event and an Analysis of it´s text, Leuven 1983, bes. 140f. In der angenommenen Empfehlung heißt es wörtlich (Übersetzung nach F. Schuppe, Herausforderung, 19f. Anm. 10): Die Synode bittet den Heiligen Vater, Sorge zu tragen, „daß eine neue und tiefgehendere Untersuchung, die auch die Praxis der Orientalischen Kirche zu Rate zieht, eingesetzt wird, um die pastorale Barmherzigkeit (misericordia pastoralis) zu verdeutlichen." (Propositio 14.6).

17 F. Schuppe, Herausforderung (Anm. 14) 20.

18 Vgl. T. Schüller, Barmherzigkeit (Anm. 3) 7-160.

19 Nicolaus Mysticus, Epistolae, in: PG 111, 212f.

20 A. Kallis, Orthodoxie – was ist das?, Mainz 1979, 60.

21 P. Rodopoulos, Oikonomia nach orthodoxem Kirchenrecht, in: ÖAKR 36 (1986) 223-231, hier 226.

22 Vgl. A. Belliger, Geschiedenen (Anm. 13) 206-213; F. Schuppe, Herausforderung (Anm. 14) 404-412.

23 Vgl. vor allem F. Schuppe, Herausforderung (Anm. 14) 347-415.

24 Vgl. Papst Johannes Paul II., in : AAS 72 (1980) 1177-1232, hier 1227.

25 Thomas von Aquin, Comm. in Mt 5,7,74.

„Feuer in der Nacht"

Es klingt schon ein wenig verwunderlich, wenn Schwester Werburga von
den „schönen alten Zeiten" spricht: „Wir hatten damals einen 16-Stunden-
Arbeitstag, keine Freizeit – in der Mittagspause haben wir zur Erholung in
der Küche Gemüse geputzt." Damals, das war 1955, ein Jahr nachdem sie
in die Gemeinschaft Clemensschwestern eingetreten war. Im provisorischen
Krankenhaus der Ordensgemeinschaft am Hindenburgplatz in Münster war
immer voller Einsatz gefragt. „Wir waren fast immer todmüde", erinnert sich
die heute 75-Jährige. „Bei den Nachtwachen habe ich oft an der Wand gelehnt,
um nicht einzuschlafen."

Schöne Zeit? „Ja!" In ihrer Antwort steckt viel Überzeugung. Jene Überzeugung,
mit der die ausgebildete Krankenschwester vom Niederrhein ihren Dienst bei
den Clemensschwestern antrat. „Ich wollte einen Beruf, in dem ich ganz für
die Kranken und für Gott da sein konnte – ohne dass andere Verpflichtungen
störten." In den Sieben-Bett-Zimmern des Behelfskrankenhauses war ihr
Einsatz zwangsläufig immer nah am Menschen. Ohne große Technik und
ohne großen Organisationsaufwand – aber mit „der Kraft und dem Elan der
Jugend". Sie erinnert sich an ihre Gefühle in jenen Jahren: „Es war viel Freude,
keine Belastung."

197

Freude hat tiefen Grund

Die Freude hat einen tiefen Grund, den Schwester Werburga als „barmherziges
Geschenk an mich selbst" beschreibt. Sie habe damals wie so oft im Leben
erfahren dürfen, wie Begegnungen und Ereignisse ihren Weg bereichert hätten: „Barmherzigkeit bedeutet für mich die Möglichkeit, mit offenen Händen
und Herzen auf die Menschen zugehen zu können." Darin konnte sie in ihrer
Aufgabe als Krankenschwester aufgehen. Und sie kann es immer noch: Mit
75 Jahren steht sie weiterhin jeden Morgen um sieben Uhr auf der Station
6a des Clemenshospitals in Münster, um halbtags in der Krankenpflege zu

helfen. „Es ist immer noch schön, von den Menschen erwartet zu werden." Wenn Schwester Werburga von ihren Aufgaben spricht, klingt das nicht nach der Arbeitsplatzumschreibung einer Krankenschwester. Wenngleich mit den Jahren viele Anforderungen dazu kamen, etwa Stationsleitungen und damit Abrechnungen, Dienstpläne, viel Bürokratie – die direkte, körperlich oft schwere Arbeit mit dem Patienten ist geblieben. Sie fasst ihre Aufgaben aber anders, in einem markanten Satz zusammen: „Den Menschen dort abholen, wo er mich braucht." In diesem Moment, egal in welcher Form ihre Hilfe gerade gebraucht werde, empfange sie immer wieder aufs Neue das „Geschenk der Barmherzigkeit".

Momente, die sie nicht gezählt hat, an die sie sich aber lange erinnert. Wie etwa jenen Augenblick, als ihr ein Patient wieder begegnete, der vor mehr als 30 Jahren mit einer schmerzhaften Nierenkolik auf ihrer Station gelegen hatte. „Er kam auf mich zu und sagte: Sie waren es, die mir in meinen Qualen über die Stirn gestrichen hat – ein wohltuender Moment, der mir viel bedeutet hat."

Keine Parallelwelt

Für die Clemensschwester sind dies Momente, in denen sich etwas schließt, etwas „rund" wird: „Es ist ein Ganzes, mein Gefühl und mein Handeln sind eins – da muss ich nicht unterscheiden." Wenn sie nicht trennen müsse zwischen ihrer inneren Sehnsucht, Gottes Barmherzigkeit Ausdruck zu geben, und ihrem alltäglichen Tun, dann erwachse daraus eine ungeheure Kraft für ihre Aufgaben. „Weil ich mich nicht in eine Parallelwelt begeben muss", sagt sie. „Die Situation, dass das Herz etwas entscheidet, der Kopf aber anders, gibt es nicht."

Die Kraft wird wahrgenommen. „Barmherzigkeit wird immer verstanden." Auch wenn viele Patienten heute kaum noch einen Zugang zum Grund ihres Handelns finden. Da hat sich vieles verändert seit ihren Anfängen am Hindenburgplatz. „Die spirituellen Zeichen, die wir damals setzen konnten, waren offensichtlicher." Die kleine Kerze etwa, die die Schwestern damals für jeden Patienten am Osterfeuer ansteckten und auf dem Essenstablett ans Bett brachten, würde heute nicht mehr von jedem verstanden. „Wir müssen in unserem Handeln zurückhaltender sein und sehr sensibel hören, was der Patient und der Angehörige zulassen kann."

Den Moment des Sterbens zählt Schwester Werburga zu diesen „hochsensiblen Momenten". Seitdem sie Krankenschwester ist, ist ihr erster und letzter Weg am Tag immer der zu den Schwerkranken und Sterbenden auf der Station.

„Heute kannst du der Situation aber nicht mehr wie selbstverständlich offen mit deinen christlichen Antworten begegnen." Im Hintergrund stehend, still betend, manchmal auch von den Betroffenen fragend angeschaut – das sei dann nicht selten ihr Platz im Krankenzimmer.

LEISES ANGEBOT

„Aber auch mein leises Angebot wird dankbar wahrgenommen." Denn ihre Zurückhaltung bedeute nicht weniger Kraft in der Ausstrahlung, sagt sie. Wenn der Patient sie voller Verwunderung anschaue und frage, ob sie eine „echte Ordensschwester" sei, dann habe sich bei ihm schon gedanklich einiges in Bewegung gesetzt. Und so seien es oft schon die kleinen Dinge wie das normale Alltagsgespräch oder der kleine Wunsch, der von ihr erfüllt werde, die beim Gegenüber viel anstoßen könnten. „Die schwere Situation im Krankenhaus schafft den Raum und die Zeit für solche Gedanken", sagt Schwester Werburga. „Ich kann sie durch kleine Zeichen anstoßen."

Die Rahmenbedingungen haben sich seit ihrer Zeit am Hindenburgplatz stark verändert. Heute sind es nicht mehr über 60 junge Schwestern, die sich voller Elan in den Dienst für den kranken Menschen werfen. Heute steht Schwester Werburga als einzige Ordensfrau direkt an den Betten der Patienten im Clemenshospital. Aber die Ausstrahlung ihres barmherzigen Handelns habe sicher nicht an Kraft verloren, sagt sie: „Denn Stahl ist kalt – Barmherzigkeit ist warm." Weil die Umgebung diese Zeichen kaum noch kenne, würden sie umso sensibler wahrgenommen. In einer Gesellschaft, wo alles geplant, prognostiziert und abgesichert sein müsse, bekomme barmherziges Handeln eine besonders deutliche Kontur, ist sie sich sicher: „Das Feuer in der kalten Nacht wirkt ja auch viel intensiver als am heißen Mittag."

MICHAEL BÖNTE

200

Barmherzigkeit im Sozialstaat?

Theologisch-ethische Anmerkungen

Dostojewski lässt in seinem Werk „Die Brüder Karamasow" folgende Geschichte einfließen: Eine alte Frau fand sich nach ihrem Tod zu ihrer Überraschung in einem Feuersee wieder. Als sie ihren Schutzengel am Ufer stehen sah, rief sie ihm zu, dass es sich bestimmt um ein Missverständnis handeln müsse. Der Engel versuchte, sich an gute Taten zu erinnern, aber kam nur auf eine: Als sie einmal im Garten arbeitete, hatte sie einem Bettler eine Zwiebel gegeben.

So nahm er die Zwiebel, reichte der Frau das andere Ende und zog sie langsam aus dem Feuersee heraus. Aber sie war dort nicht die Einzige, und als die anderen sahen, was geschah, hielten sie sich an ihr fest in der Hoffnung, ebenfalls herausgezogen zu werden. Das gefiel der Frau ganz und gar nicht. „Lasst mich los", rief sie, „ich werde hier herausgezogen, nicht ihr. Es ist nicht eure Zwiebel, es ist meine." In dem Moment, in dem sie „meine" rief, brach die Zwiebel entzwei, und die alte Frau fiel in den Feuersee zurück.

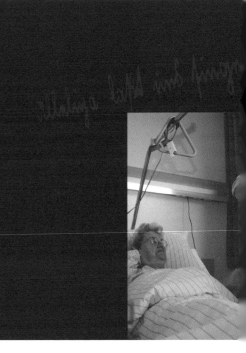

Barmherzigkeit

Barmherzigkeit buchstabiert sich nach Darlegung des katholischen Sozialethikers Prof. Dr. Peter Schallenberg im staatlichen Kontext als Solidarität und beginnt bei der Solidargemeinschaft des Staates, in der Menschen für Arme, Alte und Kranke, aber auch für Ungeborene eintreten, und sich solidarisch zeigen. Solche sozialstaatliche Solidarität beginnt nach seinen Worten im Denken des mündigen Staatsbürgers als Tugend und setzt sich konsequent fort in der Ethik eines Rechtsstaats, der die Würde des Menschen nicht den Gesetzen des freien Marktes unterwirft.

Autor

Dr. theol. habil. Peter Schallenberg (Jahrgang 1963) ist Professor für Moraltheologie und Christliche Sozialwissenschaften. Er lehrt seit 2004 an der Theologischen Fakultät Fulda. Der Priester ist Mitglied in der Vereinigung deutschsprachiger Moraltheologen und Sozialethiker und in der Societas Ethicai sowie Berater der Bischöflichen Arbeitsgruppe „Europa" der Deutschen Bischofskonferenz.

„Nach geraumer Zeit begab es sich, dass Kain von den Früchten des Bodens dem Herrn das Opfer darbrachte. Aber auch Abel opferte von den Erstlingen seiner Herde und ihrem Fett. Der Herr blickte auf Abel und seine Opfergabe, aber auf Kain und sein Opfer sah er nicht. Da ward Kain sehr zornig, und sein Angesicht verfinsterte sich. Da sprach der Herr zu Kain: „Warum bist du zornig, und warum ist dein Angesicht finster? Ist es nicht so: Wenn du gut bist, so kannst du es frei erheben, bist du aber nicht gut, so lauert die Sünde vor deiner Tür. Nach dir steht ihr Begehren, du aber werde Herr über sie!" Kain sprach zu seinem Bruder Abel: „Komm, wir wollen aufs Feld gehen!" Als sie auf dem Feld waren, stürzte sich Kain auf seinen Bruder Abel und erschlug ihn.

Der Herr sprach zu Kain: „Wo ist dein Bruder Abel?" Er antwortete: „Ich weiß es nicht. Bin ich denn der Hüter meines Bruders?" Gott aber sprach: „Was hast du getan? Die Stimme des Blutes deines Bruders schreit zu mir vom Erdboden empor. Und nun sollst du verflucht sein vom Erdboden her, der seinen Rachen aufgerissen hat, um deines Bruders Blut aus deiner Hand aufzunehmen" (Gen 4,3-11).

Eine auch heute noch erregende und höchst aktuelle Geschichte, aufgeschrieben in den Anfängen der Menschheit: Die Geschichte vom ersten Mord des Menschen am Menschen. Es wird nicht etwa erzählt von „normalen" Böswilligkeiten des Menschen, etwa von der Ausbeutung der Erde durch Menschen, von Tierquälerei oder Zerstörung der Umwelt. Nein – für das Alte Testament beginnt das Böse und damit die Sünde zweifach: zuerst (und noch im Paradies) im Herzen von Adam und Eva mit dem verweigerten Vertrauen in die Liebe Gottes und sodann (und jetzt endgültig außerhalb des Paradieses) mit der Bluttat Kains an seinem Bruder Abel.

Erregend konstruiert ist schon der Spannungsbogen: Wieder scheint Gott, wie schon bei Adam und Eva im Paradies, mit dem Verbot, vom Baum der Erkenntnis zu essen, den Menschen auf die Probe stellen zu wollen. Ist es nicht, so die erste Empfindung des Hörers, in der Tat ungerecht von ihm, auf das Opfer Abels mit Wohlgefallen zu schauen, auf das Opfer Kains jedoch nicht? Sind nicht beide Brüder seine Geschöpfe, seine Kinder? Haben nicht beide weder Mühen noch Arbeit gescheut, um Gott ein Opfer darzubringen? Haben nicht beide ein Recht auf Gottes Wohlgefallen? Die Antwort ist denkbar einfach: Nein! Es gibt kein einklagbares oder gar durch Bluttat erstreitbares Recht des Menschen auf Gottes Wohlgefallen! Gott als Schöpfer ist absolut souverän, auch und gerade in seiner Liebe und Zuwendung.

Im Neuen Testament verdeutlicht Jesus ähnlich provozierend diese souveräne

Zuwendung Gottes mit der Erzählung vom Gleichnis der Arbeiter im Weinberg, die für verschieden lange Arbeitszeit alle gleichen Lohn erhalten, um am Ende zuspitzend zu fragen: „Kann ich mit dem, was mein ist, nicht tun, was ich will" (Mt 20,15)?

Und Martin Luther wird aus seiner Sicht später nochmals die Frage zuspitzen: Der Mensch hat kein sicheres Recht auf den gnädigen Gott. Gott ist anders gerecht, als der Mensch es denkt: Er prüft und führt unterschiedliche Menschen auf unterschiedliche Weise. Gottes Gerechtigkeit ist, anders ausgedrückt, nicht eine blinde und gleichschaltende Gerechtigkeit absoluter Gleichheit.

Ja, für Gott scheint Gleichheit überhaupt nur Gleichheit der Liebe zu bedeuten, dies aber in Bezug auf die Qualität, nicht quantitativ gedacht. Genau das aber erkennt Kain nicht: Neid und Zorn ergreifen ihn, er wird, trotz einer letzten Mahnung Gottes, in der Versuchung standzuhalten, nicht Herr über die Sünde, und erschlägt den scheinbar bevorzugten Bruder.

Und da trifft ihn Gottes Frage wie ein Blitzstrahl: Wo ist dein Bruder? Und die Gegenfrage Kains, ob er der Hüter seines Bruders sei, bleibt rhetorische Frage: So absurd klingt sie, dass Gott sie unbeantwortet lässt. Wer sonst soll Hüter des Menschen sein, als der Mensch selbst? Dass der Mensch, nach dem berühmten Diktum von Thomas Hobbes, dem Menschen ein Wolf werde, lässt sich nur verhindern, indem der Mensch dem Menschen Hüter sei.

Dies, so könnte man zugespitzt formulieren, ist die Geburtsstunde der Ethik, der Sozialethik, ja in gewisser Weise der christlichen Sozialethik, der christlichen Solidarität und Barmherzigkeit! Die nie gegebene Antwort des Kain wird seitdem vom Alten Testament unaufhörlich bezeugt und nicht zuletzt in der großartigen und aufrüttelnden Botschaft der Propheten radikalisiert: Ja natürlich, jeder Mensch ist Hüter seines Mitmenschen! Barmherzigkeit mit dem Armen und Solidarität mit dem Nächsten meint Denken vom anderen her, Frage nach den Wünschen und Sehnsüchten des Mitmenschen, Rücksicht und Weitsicht über den eigenen Tellerrand hinaus, Bereitschaft zu Risiko und Sprung über den eigenen Schatten des selbstzufriedenen Lebens.

Eine neutestamentliche Radikalisierung

„Dann werden ihm auch diese entgegnen: ‚Herr, wann haben wir dich hungrig oder durstig oder als Fremdling oder nackt oder krank oder im Gefängnis gesehen und haben dir nicht gedient?‘ Dann wird er ihnen antworten: ‚Amen, ich sage euch: Was ihr nicht getan habt einem dieser Geringsten, das habt ihr auch mir nicht getan"' (Mt 25,44-45)! Wieder beginnt alle Erkenntnis und alle Entdeckung der aktiven und gelebten Barmherzigkeit mit einer Frage: Wann haben wir nicht gedient?

Und diesmal gibt Jesus selbst die Antwort, und es ist zugleich die Antwort auf die alte Frage Kains im Alten Testament „Bin ich der Hüter meines Bruders?", die jetzt gleichsam verspätet, aber klar und deutlich von Jesus durch sein Leben und sein Wort gegeben wird: Ja, jeder ist Hüter seines Mitmenschen, weil ich selbst, Gott, es bin, dem in diesem Mitmenschen gedient wird. Das ist das eigentlich Neue an der christlichen Ethik, wie sie in der Verkündigung und im Leben Jesu aufleuchtet: Gott wird Mensch, und dem Menschen wird nur gerecht, wer in ihm Gottes Ebenbild zu sehen vermag.

Menschenliebe wird so untrennbar zu Gottesliebe, und umgekehrt freilich auch Menschenhass zu Gotteshass. Von nun an ist Barmherzigkeit nicht einfach mehr nur eine bürgerliche Anstandstugend, hilfreich und nützlich für ein friedvolles Zusammenleben, nein, von nun an, und dies ist das spezifisch Neue des Christentums, ist Barmherzigkeit ein anderer Name für jene Einheit von Gottes- und Nächstenliebe, die nach den Worten Jesu das wichtigste Gebot ist.

Denn Gott selbst ist solidarisch geworden mit den in Sünde verstrickten Menschen, er wird gleichsam als fleischgewordene Antwort auf die Frage „Bin ich der Hüter meines Bruders?" jetzt selbst zum Hüter seines Geschöpfes, des Menschen, indem er ihm nachgeht wie der gute Hirt, bis zum Tod am Kreuz. Und der Kreuzestod selbst ist gerade der letzte Beweis dieser Solidarität Gottes mit dem Menschen, der unsere Sünden auf sich nimmt. Hier erhält Barmherzigkeit einen neuen Namen: Stellvertretung!

Von nun an ist der Mensch unwiderruflich zu jener Form der Barmherzigkeit aufgefordert, die nicht mehr distanziert bleibt, sondern ans eigene Leben geht und sich steigert bis zur Stellvertretung. Hüter des Mitmenschen sein, das heißt: Für den Mitmenschen sorgen, für ihn eintreten, für seine Würde streiten, für ihn sogar leiden oder sterben können.

Solche Barmherzigkeit buchstabiert sich daher im staatlichen Kontext als Solidarität aus und beginnt bei der Solidargemeinschaft des Staates, in der Menschen für Schwache, Arme, Alte und Kranke, aber auch für Ungeborene eintreten, solidarisch mit ihnen teilen, und sie kann enden in der Stellvertretung des Maximilian Kolbe, der sein eigenes Leben einsetzt für das Leben eines zum Hungerbunker verurteilten Familienvaters. Solche sozialstaatliche Solidarität beginnt im Herzen und Denken des mündigen und verantwortlichen Staatsbürgers als Tugend und setzt sich konsequent fort in der Ethik eines Rechtsstaats der sozialen Marktwirtschaft, der die Würde des Menschen nicht den Gesetzen des freien Marktes unterwirft. Solidarität erst schafft solide Fundamente einer Staatsordnung, aber Solidarität hat für den Christen auch eine solide Begründung: Gott wurde Mensch und fordert mit dieser Tat der Stellvertretung auch unsere Tat alltäglicher Solidarität, in Familie, in Ehe, am Arbeitsplatz, in der Politik. Niemand ist eine Insel … Für den Christen hat Solidarität einen Namen, und jener Name ist Programm: Jesus am Kreuz!

EINE ESCHATOLOGISCHE VOLLENDUNG

„Als sie das Mahl beendet hatten, fragte Jesus den Simon Petrus: „Simon, Sohn des Johannes, liebst Du mich mehr als diese?" Er antwortete. „Herr, Du weißt, dass ich Dich liebe." Jesus sagte zu ihm: „Weide meine Lämmer" (Joh 21,15)!

Wieder und nochmals eine Frage, ganz am Ende des Johannes-Evangeliums, und zusätzlich der Hinweis auf das Hüten, das Kain so vehement abgelehnt hatte. Aber jetzt geht es nicht mehr nur um Gerechtigkeit und Solidarität, jetzt wird nach der Liebe gefragt, die ein Mensch zu Gott empfindet und daraus dann zum Hüter des Mitmenschen wird. Der innerste Kern der Barmherzigkeit ist Liebe, das ist die letzte Radikalisierung des Neuen Testamentes.

Nur wenigen Menschen ist wahrscheinlich noch bewusst, dass unser häufig gebrauchtes Wort „Radikalismus" und „radikal" vom lateinischen Wort „radix" für „Wurzel" abgeleitet ist: Der radikale Mensch ist also eigentlich vom Ursprung her kein brutaler Fanatiker oder gar ein versponnener Anarchist. Vielmehr ist er ein Mensch, der versucht, sich selbst und der Welt an die Wurzel zu gehen, ein Mensch, der sich nicht damit begnügt, das zu beobachten, was oberhalb der Erde blüht und gedeiht, sondern der sich und andere befragt: Woher das alles? Wo liegen die Wurzeln dessen, was uns vor Augen steht?

Und noch mehr: Ein solcher radikaler Mensch lebt ethisch aus dem Anspruch, nicht bloß oberflächlich dem Weg des zufriedenen Lebens zu folgen, sondern sich auf die eigenen Wurzeln zu besinnen, um sich und das eigene Handeln zu verstehen. Und schließlich: Der radikale Christ ist nicht der finstere Kapuzenmann, sondern schlicht (und hoffentlich immer ergreifend) ein Mensch, der sich selbst von der Wurzel her verstehen und leben will.

Kurzum: Er fragt beständig nach dem Stellenwert Jesu für sein persönliches Leben, ja er versteht Jesus gleichsam als Wurzel der eigenen Existenz. Ähnlich radikal drückt es einmal Paulus im Brief an die Galater aus: „Nicht mehr ich lebe, sondern Christus lebt in mir" (Gal 2,20)!

Wenn wir einen Christen fragen würden, was denn seiner Ansicht nach der unaufgebbare Kern des Christentums sei, so würden wir wohl zumeist als Antwort bekommen: „Die Nächstenliebe!" So weit, so richtig. Würden wir aber dann weiterfragen, warum gerade die Nächstenliebe (und nicht etwa die Gottesliebe wie im Islam, oder die Erlösung des eigenen Ich wie in fernöstlichen Religionen) den Kern des Christentums bilde, so bliebe die Antwort wohl in den meisten Fällen aus, oder doch zumindest blass und ungenau. Oft kann man etwas hilflos als Antwort hören: „Weil Gott das so will!" Stimmt das so einfach?

Hier ist es notwendig, an die Wurzel zu gehen. Freilich: Das Christentum ist in der Tat die große Weltreligion der praktizierten Nächstenliebe. Aber es ist kein Internationales Rotes Kreuz mit sonntäglicher Feierstunde und monarchisch antiquierter Zentrale in Rom. Und es ist im Grunde – von der Wurzel her! – auch nicht in erster Linie ein religiös verbrämtes Weltverbesserungsinstitut, das den Himmel auf Erden errichten will, und doch nur die Hölle hervorbrächte.

Nein, das Christentum weiß um die Vorläufigkeit der Erde und die Endgültigkeit des Himmels, es weiß um die begrenzten Kräfte des Menschen in Politik und Privatleben und misstraut zutiefst jedem politisch-sozial-religiös motivierten Versuch, auf der Erde das ersehnte Land „Utopia", das Paradies für jeden Menschen zu errichten, jene Utopie, die den Marxismus von der Wurzel her radikalisiert und dennoch vernichtend scheitern lässt.

Was dann? Ist das Christentum bloß die Vertröstung auf das Jenseits, nach dem berühmten Wort Lenins „Opium für das Volk", um den geschundenen Menschen ruhig und staatsbürgerlich brav zu halten? Eine Antwort ist hier nur möglich, wenn wir noch etwas tiefer an die Wurzel des Christentums gehen, bis zu Jesus Christus selbst. Wer ist denn Jesus? Gottes Sohn, wahrer Mensch und wahrer Gott. Wo ist er? Seit der Menschwerdung von Betlehem in jedem Menschen!

Das ist die Grundbotschaft des Christentums: Gott ist seit der Menschwerdung nicht mehr weit weg, er ist Gegenwart in jedem Menschen! Und daraus erst erwächst der sittliche Ernst und der Radikalismus des Christen: Von Christus her sind alle Menschen fundamental gleich, ausgestattet mit gleicher Würde und gleich berufen zur Ewigkeit. Und von Christus her wird der geschundene und gequälte Mensch zum Ärgernis par excellence, mit dem der Christ sich bis zum Jüngsten Gericht nicht stillschweigend abfinden darf! Das Stichwort „Jüngstes Gericht" ist von besonderer Bedeutung: Am Ende des Matthäusevangeliums, unmittelbar bevor vom Leiden und Sterben Jesu berichtet wird, findet sich die eindrucksvolle Endgerichtserzählung: Am Ende der Zeit wird der Herr die Schafe von den Böcken scheiden.

Wir sollten über der zeitgebundenen Bildhaftigkeit nicht die eigentliche Aussage vergessen: Natürlich ist das Jüngste Gericht kein billiger Abklatsch der menschlichen Prozessordnung mit anfechtbarem Richter, raffinierten Anwälten und inquisitorischen Vertretern der Anklage. Aber wahr ist doch wohl nach der Aussage Jesu, dass unserem hiesigen Leben ein unaufgebbarer Ernst und eine tiefe Bedeutung zukommt. Es ist nicht einfach egal oder subjektiv verkapselt, wie und nach welchen ethischen Maximen wir hier leben. Das Urteil im Gericht spricht letztlich jeder sich selbst durch sein eigenes Leben, als bange Frage gleichsam an den Herrn: „Wann sahen wir dich durstig oder hungrig?" Und die Antwort Gottes wird das Maß an Nächstenliebe unseres Lebens offenlegen – oder entlarven, sodass der heilige Johannes vom Kreuz einmal notiert: „Am Ende unseres Lebens werden wir nach der Liebe beurteilt!"

Uns interessiert hier nicht die Frage, ob die Hölle als ewige Gottesferne voll oder leer ist. Wir sollten nicht zweite und dritte Fragen versuchen zu beantworten, bevor wir nicht eine Antwort auf die erste und radikalste Frage unseres Lebens gefunden haben. Und diese Frage lautet: „Wo finde ich Jesus?", und die Antwort laut Matthäus heißt: „Im Nächsten!" Und mit der Verwirklichung dieser Antwort werden wir getrost – im wörtlichen Sinn! – ein Leben lang beschäftigt sein. So getrost, dass wir uns am Ende im Gericht, wie auch immer es aussehen mag, der Barmherzigkeit Gottes überlassen dürfen, getröstet in der Gelassenheit, alles getan zu haben, was in unseren Kräften gestanden hat. Von niemand fordert Gott mehr, als in seinen Kräften steht.

Aber die unruhige Frage unseres Lebens und jedes Tages bleibt: Bemühe ich mich wirklich mit allen meinen Kräften? Vielleicht ist es das letztlich, was Augustinus meint, wenn er betet: „Unruhig ist unser Herz, bis es Ruhe findet in Dir, o Gott!" Das wäre die heilsame und im wahrsten Sinne radikale, weil an der Wurzel verankerte Unruhe des Christen: Kaufe ich die Zeit meines Lebens aus? Nutze ich die mir von Gott geschenkten Talente und Fähigkeiten? Erkenne ich den Mitmenschen, der hungert, dürstet, friert, notleidend, gefangen oder krank ist?

Die Erzählung vom Endgericht beim Evangelisten Matthäus, bewusst an das Ende der irdischen Tätigkeit Jesu gestellt, verklammert Erde und Himmel,

Diesseits und Jenseits, Gesinnungs- und Verantwortungsethik, Politik als Kunst des Machbaren und Utopie als Vision des neuen Jerusalem. Barmherzigkeit im Sozialstaat wagt diese Gratwanderung, um das Menschenmögliche zu tun im Blick auf konkrete, benachteiligte und notleidende Menschen, in denen Gott uns entgegenkommt.

Im Mittelalter entstanden aus der Betrachtung des irdischen, notleidenden Jesus die großen Gemälde des Jüngsten Gerichtes. Jedem Menschen sollte vor Augen stehen: Ich finde Jesus als menschgewordenen Gott nicht in der Selbstbespiegelung meines Stübchens, sondern in der Person des Mitmenschen. Was ich dort an Caritas, an Nächstenliebe wirke, wirke ich an Christus selbst. So gelingt die im Christentum einzigartige Verbindung von Gottes- und Nächstenliebe.

Das berühmteste Gemälde des Jüngsten Gerichtes ist sicher Michelangelos Fresko an der Altarwand der Sixtinischen Kapelle in Rom. Und vielleicht ist es in gleicher Weise das bedrängendste und tröstlichste jener Gemälde, die Jesu Erzählung vom Jüngsten Gericht bei Matthäus wiedergeben: Zu sehen sind die Qualen der gottfernen Menschen, die in der Ewigkeit gottfern sind, weil sie im irdischen Leben menschenfern waren.

Aber zu sehen und in eindrücklicher Erinnerung jedes Betrachters bleibt die Gestalt der Gottesmutter, die unmittelbar neben ihrem Sohn, dem Weltenrichter, dargestellt ist. Mit verhaltener und doch nachdrücklicher fürbittender Gebärde wendet sie sich den Menschen im Gericht zu. Es war das Mittelalter, das zuerst die Bitte an Maria formulierte: „Bitte für uns Sünder, jetzt und in der Stunde unseres Todes!"

Denn der Christ weiß immer, dass er vieles Gute unterlassen und manches Böse getan hat. Er weiß aber sicherer noch, dass Gott am Ende nach der Liebe urteilt – und sei es nach dem Funken Liebe im Menschenherzen zu Gott, zu Maria, zu wenigstens einem Menschen meines Lebens.

Vielleicht ist dies sogar eine Weise, ganz konkret das Gleichnis vom Jüngsten Gericht in meinem alltäglichen Leben als Christ zu verwurzeln: Indem ich mir vorstelle, ich möchte mindestens einen Menschen in der Stunde des Gerichts haben, den ich anschauen kann mit liebendem Herzen, einen Menschen, von dem ich weiß, er tritt für mich ein angesichts der im eigenen Herzen aufsteigenden Anklage von Hartherzigkeit und Gleichgültigkeit, einen Menschen, der für mich in jener Stunde bittet, einen Menschen, der mir gleichsam zum Bürgen wird für das beständige und doch nicht immer fruchtlose Bemühen meines Lebens, die Fesseln des Egoismus abzustreifen.

Vielleicht wollte Michelangelo in der Gestalt der Gottesmutter solch einen Menschen abbilden, als Verkörperung der Liebe meines Lebens, in der ich zugleich Christus geliebt habe. Dann wäre der Weg meines Lebens zugleich der Weg Jesu gewesen, ein Weg, der mündet in die Gemeinschaft mit dem, den Johannes ganz radikal und kühn „Liebe" nennt: Gott selbst.

„Die Zeiten sind schlecht"

Vom barmherzigen Urteilen

Gott schaut dich, wer immer du seist, so, wie du bist, persönlich. Er „ruft dich bei deinem Namen". Er sieht dich und versteht dich, wie er dich schuf. Er weiß, was in dir ist, all dein Fühlen und Denken, deine Anlagen und deine Wünsche, deine Stärke und deine Schwäche. Er sieht dich an deinem Tag der Freude und an deinem Tag der Trauer.

Er fühlt mit deinen Hoffnungen und Prüfungen. Er nimmt Anteil an deinen Ängsten und Erinnerungen, an allem Aufstieg und Abfall deines Geistes. Er umfängt dich rings und trägt dich in seinen Armen. Er liest in deinen Zügen, ob sie lächeln oder Tränen tragen, ob sie blühen an Gesundheit oder welken in Krankheit. Er schaut zärtlich auf deine Hände und deine Füße. Er horcht auf deine Stimme, das Klopfen deines Herzens, selbst auf deinen Atem. Du liebst dich nicht mehr, als er dich liebt.
(Kardinal John Henry Newman)

Barmherzigkeit

Barmherzigkeit praktisch: Wie weit darf man gehen mit seinem Urteil über andere und über die Zeit, in der man lebt? „Richtet nicht", lautet die Mahnung Jesu in der Bergpredigt; schließlich ist jedes Urteil die Basis für weiteres Handeln. Aber kommt man als wacher Zeitgenosse überhaupt daran vorbei, sich ein Urteil über seine Zeit zu bilden? Spirituelle Überlegungen des Journalisten Norbert Göckener.

Autor

Norbert Göckener (Jahrgang 1966) hat Religionspädagogik studiert. Nach neunjähriger Tätigkeit in der Bischöflichen Pressestelle in Münster wurde er 2002 Redaktionsleiter des neugeschaffenen Nachrichtenmagazins „kirchensite.de". Seit 2005 ist er zudem verantwortlicher Redakteur für den Bistums- und Regionalteil der münsterschen Bistumszeitung Kirche+Leben.

Don Camillo ist verzweifelt. Sonst dreht er kräftig an allen Rädern, um das Leben in seiner Stadt gegen die Bestrebungen der Kommunisten unter der Führung von Bürgermeister Peppone in seinem Sinne zu gestalten. Aber jetzt ist Don Camillo mit seinem Latein am Ende. Er sitzt in der Kirche und klagt Jesus sein Leid.

Beppo, der Sohn seines Freund-Feindes Peppone, ist bei einer Steine-Werferei von Kindern lebensgefährlich verletzt worden. Schädelbruch diagnostiziert der Arzt. Auslöser waren die politischen Auseinandersetzungen in der Kleinstadt „irgendwo" in der norditalienischen Po-Ebene. Sie übertrugen sich von den Erwachsenen auf die Kleinsten. In diesem Politik-Gewusel der Nachkriegszeit zwischen Kommunisten und den von ihnen so beschimpften „Reaktionären" bleibt Don Camillo nicht neutral, sondern mischt heftig mit für seine Partei – die christliche, versteht sich.

Doch nun ist der sonst schlagkräftige Geistliche selbst niedergeschlagen. Das Blutvergießen der Kinder stellt für ihn die Situation in Frage. Und völlig unschuldig an dieser Lage ist er sicher auch nicht. Deprimiert sitzt er in seiner Kirche im gewohnten Zwiegespräch mit Jesus am Kreuz: „Herr, die Väter hassen sich und die Kinder auch. Wer kann dem Einhalt gebieten? Selbst du, der du für die Verdammten gestorben bist, bist machtlos."

Der Herr lässt nicht auf eine Antwort warten: „Die Welt ist noch nicht fertig, Don Camillo, sie hat kaum begonnen. Hier oben messen wir die Zeit nach Milliarden Jahren. Man muss den Glauben nicht verlieren, man muss an den Menschen nicht verzweifeln. Wir haben Zeit, Don Camillo. Wir haben Zeit!"

Der verzweifelte Don Camillo ist kein Einzelfall: Wer mag nicht auch an dieser Zeit verzweifeln, wenn er sich die Zeit gönnt, über dieselbe und diese Welt nachzudenken? Der tägliche Blick in die Zeitung verstärkt den Eindruck: Die Zeiten sind schlecht! Die Welt ist kaputt!

Aber darf man so denken? „Richtet nicht!", heißt es in der Bergpredigt (Mt 7). Wenngleich diese Aussage sich vor allem auf das Zwischenmenschliche bezieht, so ist doch die Frage erlaubt: Dürfen wir über Zeiten richten? Ist es nicht Anmaßung, ein Urteil über eine Epoche zu fällen? Und selbst wenn: Nach welchen Kriterien beurteilen wir?

Die Zeiten sind schlecht! Die Welt ist kaputt! – Kann man zu einem anderen Urteil kommen, wenn man sich allein diese kleine Auswahl von Nachrichten über Ereignisse innerhalb von wenigen Tagen ansieht?

- In Heilbronn wird ein Rentner von jungen Männern attackiert und schwer verletzt. Der 73-Jährige hatte das Trio davon abhalten wollen, die Gedenktafel für eine ermordete Polizistin zu schänden. Die Täter – ein 19-jähriger Bosnier, ein 16-jähriger Türke und ein 22-jähriger Deutscher – waren der Polizei bereits einschlägig bekannt. – Willkommene Wahlkampfmunition für Politiker.
- Hallo Schatz, was machst du denn hier? Der Augenblick, in dem ein polnischer Ehemann und seine Frau in Warschau sich plötzlich in einem Freudenhaus gegenüberstanden, muss ungemein unangenehm gewesen sein. Seither ist die Beziehung am Ende.
- Ein Säugling wird in Hannover vor einer so genannten Babyklappe tot aufgefunden. Der Säugling war erfroren oder verhungert. Angeblich ließ sich die Klappe nicht öffnen, wie ein Gutachten feststellte. Das Angebot der Babyklappe ist nur eines von vielen zur Unterstützung Hilfe suchender Schwangerer – quasi die allerletzte Instanz.
- Er soll seinen Tötungsfantasien nachgegeben und eine Bekannte erwürgt haben: Nun muss sich ein Jugendlicher aus dem niedersächsischen Steimbke wegen Mordes vor dem Landgericht Verden verantworten. Der Schüler hat die Tat eingeräumt.
- Entsetzen in Österreich: Eine 66-jährige Frau lebte offenbar zehn Monate lang mit ihrem verstorbenen Partner in einem Haus. Polizeibeamte fanden die Leiche im Bett des Paares.

Dies ist nur eine kleine Auswahl von publizistisch verwerteten Symptomen, die keinen anderen Schluss zulassen, als dass diese Welt einen Schaden hat. Oder?

Es ist einiges faul in dieser Welt

Zieht man den Kreis weiter, dann verstärkt sich der Eindruck sogar massiv: Nach Angaben der Welternährungsorganisation (FAO) sterben täglich 16.000 Kinder an Hunger und Unterernährung. Die Kosten durch ernährungsbedingte Krankheiten werden hingegen allein in Deutschland auf 70 Milliarden Euro jährlich geschätzt. Die Deutschen sind unter allen Europäern am meisten übergewichtig; jeder zweite Deutsche soll Gewichtsprobleme haben, in den USA sollen es sogar zwei Drittel der Bevölkerung sein.

Ein anderes Beispiel ist die immer größer werdende Kluft zwischen Arm und Reich: Der Chef eines süddeutschen Sportwagen-Herstellers hat nach Meldungen zuletzt ein Jahresgehalt von mehr als 56 Millionen Euro erhalten. Eine

Unternehmensberatung ermittelte, dass die Einkommen der Spitzenmanager in den 100 größten deutschen Firmen seit 1976 um durchschnittlich 7,45 Prozent im Jahr gestiegen sind. Eine andere Untersuchung belegt, dass zwischen den Jahren 1992 und 2001 der Anteil der Einkommen der Reichen am Gesamteinkommen aller Deutschen zugenommen hat, während die Mittelschicht ihren Anteil bestenfalls halten konnte. Schon heute leben in Deutschland 13,5 Prozent der Bevölkerung laut Armutsbericht der Bundesregierung in relativer Armut – Tendenz steigend. Zwar ist das Armutsrisiko in Deutschland im internationalen Vergleich immer noch niedrig, doch die Deutschen stellen sich schon heute auf sinkende Lebensstandards ein.

Sicher sind dies nur Schlaglichter – aber dennoch: Es ist einiges faul in dieser Welt. Was Journalisten Tag für Tag berichten, zeigt, dass das konkrete Leben der Menschen am Menschenverstand zweifeln lässt. Warum ist diese Welt so schlecht? Und warum schaffen es die aufgeklärten und klugen Menschen des dritten Jahrtausends nicht, diese Welt besser und für alle gerechter zu gestalten?

Denn: Es ist dem Menschen gegeben, sein Leben und diese Welt zu gestalten. Ganz im Sinne eines Don Camillo und eines Peppone alles dafür zu tun, dass das Leben lebenswerter und die Welt eine bessere wird.

Dabei helfen Journalisten: Indem sie über Ereignisse berichten, neueste Erkenntnisse aus Forschung und Wissenschaft darstellen und sie dadurch wiederum für andere nutzbar machen. Sie gestalten politisches Leben mit, indem sie konkurrierende Konzepte darstellen und über die Folgen politischen Handelns berichten. Und nicht zuletzt: Die Journalisten beeinflussen Meinung. Sie kommentieren alles und haben zu allem eine Meinung.

Mehr noch: Explodiert heute ein Atomkraftwerk, könnten Journalisten morgen in einem Kommentar wunderbar belegen, was alles hätte anders gemacht werden müssen, und sie hätten schnell Schuldige im Blick. Die Frage bleibt nur: Warum haben sie es nicht schon gestern gesagt, damit es heute gar nicht erst zu diesem Super-GAU hätte kommen müssen?

Bei aller Selbstkritik eines Journalisten: Die Aufgabe der so genannten „vierten Macht" ist für die Demokratie überlebenswichtig und kann sogar Diktaturen ins Wanken bringen. Die Medien prägen durch Information und Kommentar die öffentliche Meinung mit und kontrollieren damit die Staatsgewalt.

Dies ist nicht anders als im Privatleben: voneinander wissen, Informationen weitergeben und sie bewerten. So kommen Menschen zu Urteilen, auf deren Basis sie leben und neue Erfahrungen und Erlebnisse einordnen. Doch auch Vor-Urteile haben die gleiche Wirkung. Manchmal ist es sogar so: Je geringer die Sach- (oder Menschen-) Kenntnis, um so feststehender das Urteil.

Ein Beispiel hierfür ist der Umgang mit gescheiterten Beziehungen. Dabei gilt für fast alle Fälle: Das Scheitern kommt nicht von heute auf morgen, und es kommt in Zweierbeziehungen auch nicht von einem allein. Wie aber urteilen Verwandte, Freunde und Nachbarn? Einseitige Schuldzuweisungen sind schnell ausgesprochen und Urteile gefällt – noch ehe ein Scheidungsrichter (der ja mittlerweile nicht mehr Schuld, sondern nur noch Zerrüttung feststellt) die Ehe rechtlich beendet. Und nicht nur mit dem Urteil des Richters müssen die Betroffenen leben, sondern eben auch mit den Urteilen ihrer Umgebung. Und dieses Richten über Menschen wird schnell zu einem verbalen Hinrichten. Es gibt Fernsehsender, die dies zur „Unterhaltung" ihrer Zuschauer machen. Gladiatorenkämpfe der so genannten Moderne.

Hilft „Flexibilität" wirklich weiter?

So ordnen wir Menschen die große und unsere kleine Welt nach unserem Weltbild: die Verhältnisse, die Menschen, die Ereignisse. Gut und schlecht, brauchbar und gefährlich, nützlich oder böse. Menschen können nicht anders leben.

„Richtet nicht!" Doch der Mensch richtet, und er richtet sich ein. Er lebt auf dieser Basis von selbst gefällten Urteilen. Andere sind da sehr flexibel – sie richten sich immer wieder neu ein und können Urteile schnell überwinden; vielleicht ist das sogar nötig in einer sich immer schneller verändernden Welt. Diese „Flexiblen" sind gerade in der heutigen Wirtschaft gefragt, Politiker müssen ohnehin so sein, denn schließlich ist Politik die „Kunst des Machbaren". Darum bitte nicht zu feste Meinungen haben, sonst ist man schnell ein „Dogmatiker" oder ein „Fundamentalist"?! Ob dies ein Ideal sein kann? Schließlich „richten" auch diese vermeintlich „flexiblen" Menschen; allerdings mit dem Unterschied, dass die Haltbarkeit ihrer Urteile nicht selten kürzer ist als die von frischer Milch. Und wer hat schon gern zu tun mit solchen Leuten, die ihr Fähnchen in den Wind hängen und vor allem zuallererst auf ihren eigenen Vorteil bedacht sind? Verlässlichkeit geht anders.

Bei anderen haben die Urteile über Welt und Menschen sehr viel größeren Bestand. Zum Teil gleichen diese Weltbilder sogar Granitblöcken – hart und fest, sicher aber schwer- bis unbeweglich. Und so kann das Leben manchmal ganz anders sein, als die Wirklichkeit es eigentlich verlangt. Aber wer weiß das schon so genau? Und so leben nicht wenige Menschen wie Frösche, die sich nicht vorstellen können, dass es etwas Größeres als ihren Tümpel gibt, in dem sie quaken: „Ein Meer – größer als unserer Teich? Das kann es gar nicht geben!" Geraten diese Urteile ins Wanken, kann manches einstürzen. Manchmal sind es ganze Lebensgeschichten, die in Frage stehen. Und der Mensch sitzt da, ist mit seinem Latein am Ende, ist frustriert und – wenn er ihn denn hat – verzweifelt an seinem Glauben.

Wie anders lässt es sich erklären, dass Zukunftsangst immer wieder Menschen erfasst? Wer erinnert sich nicht an die Weltuntergangsängste zur Jahrtausendwende? Waren es vor gut eintausend Jahren die Menschen des vermeintlich finsteren Mittelalters, die in Panik verfielen, so zeigten sich die Menschen tausend Jahre später auch nicht sehr viel aufgeklärter in ihrer dubiosen Angst vor dem Ende der Zeiten aufgrund dieses ominösen Kalenderblatt-Wechsels. Die „Klügeren" unter ihnen befürchteten immerhin nur Computer-Probleme. Andere bemühten Nostradamus mit seinen Untergangs-Prophetien.

Angst kommt auf ...

Umfragen belegen allenthalben Angst: Angst vor der Zukunft, Angst um die Gesundheit, Angst um den Arbeitsplatz, Angst vor Altersarmut, Angst vor steigenden Lebenshaltungskosten, Angst vor Terror und Umweltkatastrophen. Wo sind die Mutigen, die Zuversichtlichen?

Die Deutschen bekennen sich zu ihrer Angst, wie eine Umfrage 2007 ergab. Die ängstlichste Altersgruppe sind die 20- bis 59-Jährigen – wohl weil in dieser Phase die wichtigsten Lebensentscheidungen fallen und die größte Verantwortung zu tragen ist.

Doch auch die Jüngeren blicken pessimistisch in die Zukunft: Fast zwei Drittel der zwischen 20 und 25 Jahre alten Erwachsenen glauben einer Umfrage aus dem Jahr 2002 zufolge nicht an eine positive Zukunft. Jeder 25. denke sogar an Selbstmord. Und sie erleben einen immer stärkeren Druck: Drei von fünf jungen Leuten fühlen sich an Schule und Arbeitsplatz stark unter Druck gesetzt, ergab 2007 eine Jugend-Studie. Die Eltern machen den Druck, sagen die Jugendlichen. Die Leistung erscheine wichtiger als die Person. Das frustriert die jungen Leute.

Die Ursachen: Die Jugendstudie „Timescout" (vom Musiksender Viva in Auftrag gegeben) ergab, dass die jungen Leute ein „Sinn-Vakuum" erleben.

Ihnen fehlen Werte und ideelle Ziele, für die es sich zu kämpfen lohnt. Geld und Konsum motivieren allein nur unzureichend, meinte einer der Forscher. – Doch gilt dieses Ergebnis nur für die junge Generation? Ist nicht gerade der Kindermangel ein Beleg für die praktizierte Zukunftsangst der Deutschen? Wer für sich keine Perspektive sieht, was soll der Kindern das Leben – und damit Zukunft – schenken?! „Habt keine Angst, macht euch keine Sorgen", lauten die Appelle der Bibel. Auch sie verhallen scheinbar ebenso wirkungslos wie die Warnung vor dem Richten von Mitmenschen.

Schlechte Perspektiven. Schlechtes Zeugnis für unsere Zeit. Wir drücken unserer Zeit, unserer großen und unserer kleinen Welt einen Stempel auf. Diese Urteile bilden die Basis für unser weiteres Handeln und für die nächsten Urteile. Schwindet diese Basis, kommt Angst auf. Ein Grundgefühl des „modernen" Menschen – trotz aller Versicherungen.

Urteilen hat Tradition

Doch gewertet haben die Menschen immer, und auch aus der Geschichte kennen wir die Plaketten, die an Zeiten kleben: das „finstere" Mittelalter und die Zeit der „Aufklärung". Schon die Worte sind Urteil, und darum lesen die Menschen ja so gern die Mittelalter-Romane, weil alles „so schön düster" ist. Und so ganz schief liegen wir ja auch nicht mit unseren Urteilen, oder etwa doch?

Nehmen wir eine andere Zeit: das 19. Jahrhundert. Betrachten wir die Kirchengeschichte dieses Jahrhunderts. Napoleon überzieht ganz Europa mit Kriegen, wie sie die Welt noch nicht gesehen hat. Überall, wo er siegreich ist, setzt er seine Weltanschauung in Gesetze um. Und er findet willige (flexible!) Vollstrecker in den deutschen Fürsten, die ihren eigenen Vorteil dabei nicht aus den Augen verlieren. So wird die Kirche kraft Gesetzes ihrer weltlichen Güter beraubt: die so genannte Säkularisation. Klöster werden aufgelöst. Es gibt keine Fürstbistümer mehr in Deutschland. Das kirchliche Leben kollabiert. In Münster beispielsweise gibt es über Jahre eine Sedisvakanz: statt eines Bischofs leitet über viele Jahre ein Kapitularvikar die Diözese. Es fehlen allenthalben Priester. Die Kirche ist auf dem Rückzug, Kirche in der Depression.

Doch es gibt es auch Gutes in dieser Zeit für die Kirche: In Dülmen zieht eine Mystikerin Scharen von Menschen an – Anna Katharina Emmerick. Selbst Intellektuelle kommen zu ihr, um von ihren Visionen zu hören und sich Rat geben zu lassen. Clemens August Droste zu Vischering (der oben erwähnte spätere Kapitularvikar) gründet in Münster eine Gemeinschaft von

Frauen, die klösterlich leben und karitativ arbeiten. Später nennt man sie die Clemensschwestern, zu Spitzenzeiten ihrer Gemeinschaft haben sie weit über 2.000 Mitglieder.

Und doch – wieder ist die Kirche in der Defensive: Eben jener Clemens August Droste zu Vischering wird später Erzbischof von Köln und legt sich mit den Preußen an, die das Eherecht so gestalten, wie es ihrem Machtstreben passt, aber katholischen Vorstellungen widerspricht. Zwar hat der Erzbischof (vor der Säkularisation immerhin war der Kölner Erzbischof einer von neun Kurfürsten, die den deutschen Kaiser wählten) keine weltliche Macht mehr – aber er hat eine Stimme. Und die erhebt er. Mit dem Ergebnis: Er kommt in Festungshaft.

Doch es geschieht Unerwartetes: Die katholische Bevölkerung im Bistum Münster (weniger in Köln!) erhebt sich und protestiert gegen die Gefangennahme. Droste zu Vischering muss zwar später sein Amt als Erzbischof notgedrungen aufgeben, aber in der Sache bekommt er Recht – die Preußen knicken ein. Der Papst will ihn sogar zum Kardinal erheben – doch der westfälische Adelige lehnt ab.

Gleiche Geschichten lassen sich aus der Zeit des Kulturkampfes zwischen Bismarck und der katholischen Kirche erzählen: Die Kirche ist in der Defensive – und doch bekommt sie von innen eine Kraft, die noch heute erkennbar ist. Eine enorme Bautätigkeit regt sich – selbst in kleinsten Dörfern will man neue Kirchen bauen. Die vielen neugotischen und neuromanischen Kirchen sind (auch) Stein gewordenes Zeugnis eines gewachsenen Selbstbewusstseins. Und an Wegen und Hofeinfahrten zeigen die Menschen, wohin sie gehören: eine große Zahl von Wegkreuzen, Kapellen und Bildstöcken entsteht in der zweiten Hälfte des 19. und zu Beginn des 20. Jahrhunderts. Und in kaum einem Haus fehlen die Darstellung der „Immerwährenden Hilfe" und eine Herz-Jesu-Darstellung. Das Wallfahrtswesen wird wiederbelebt. Zahlreiche Orden werden gegründet und haben enormen Zulauf. Die Mission erlebt eine ungeahnte Blüte. Christliche Vereine – ob Kolping-Gesellenverein oder Jungfrauen-Kongregation – entstehen allerorten. Die Liturgische Bewegung nimmt ihren Anfang: der Beuroner Mönch Anselm Schott übersetzt die lateinische Messe ins Deutsche und bringt ein Messbuch für jedermann heraus. Der „Schott" ist in vielen Haushalten zu finden.

Welches Etikett also soll man dem 19. Jahrhundert aufkleben? Gute Zeiten – schlechte Zeiten? Von beidem etwas. – Wagen wir einen wertenden Blick in unsere Kirchenzeit: Innerhalb von knapp 40 Jahren geht im Bistum Mün-

223

ster die sonntägliche Teilnahme am Gottesdienst von einer Million Gläubige Ende der Sechzigerjahre auf zuletzt knapp 280.000 Katholiken (im Jahr 2005) zurück. Ein vergleichbares Bild bei der Zahl der Trauungen: 1975 zählte man noch rund 12.000 Paare vor dem Traualtar – 2005 waren es 4.300 Trauungen. Bekannt ist der Mangel an Priestern, die Orden klagen über fehlenden Nachwuchs – und immer weniger katholische Ehen werden geschlossen. Wohin soll das führen?

„Entkirchlichung" nennen das die Verantwortlichen. Junge Leute sähen nicht ein, warum sie etwa ihre Beziehung zu einem anderen Menschen vor Gott besiegeln sollten. Bestenfalls dient die kirchliche Trauung noch als ein wenig Zuckerguss. Aber viele junge Paare fragen: „Was hat meine Ehe mit dem Glauben zu tun?" Man kann auch anders fragen: Was hat das Leben mit dem Glauben zu tun? – Die Folge andernorts: In England und Frankreich ist jedes zweite neugeborene Kind mittlerweile „unehelich". Vermutlich schon bald auch hierzulande. Die alten Werte schwinden. Ein Ende ist nicht abzusehen. Schlimme Zeiten! – Darf man so denken?

Die vertane Chance des Jesus von Nazaret

Was tut die Kirche? Angespornt vom Erfolg etwa der Weltjugendtage werden „Events" geschaffen. Man ist begeistert von der guten Stimmung – den großen Zahlen und der enormen Resonanz in den Medien. Im Großen wie im Kleinen. Und wer möchte bestreiten, welch große Bedeutung etwa ein Pfarrfest oder eine Gemeindefahrt nach Rom oder Santiago für das Gemeindeleben haben? Pastoralstrategen meinen festgestellt zu haben, dass der „heutige Mensch" nur noch für zeitlich befristete Projekte zu haben ist und richten danach ihr Seelsorge-Konzept aus. – Aber ist das Leben nur ein Hecheln von Höhepunkt zu Höhepunkt? Reiht sich nur Lebensabschnitt an Lebensabschnitt? – Die Kirche ist in ihrer konkreten Gestalt immer auch Kind ihrer Zeit, und da darf es nicht verwundern, dass sie adaptiert, was sie in der Welt vorfindet. Schließlich stellt das auch einen Teil ihrer 2000-jährigen „Erfolgsgeschichte" dar. Und nicht zuletzt: Es ist ja sehr viel einfacher, ein schönes Pfarrfest zu organisieren, als in einem Hinterzimmer einen Bibel- oder Glaubensgesprächskreis über Jahre am Leben zu erhalten – denn dies ist weit weniger spektakulär. Aber was ist am Ende „erfolgreicher"? Und worin besteht „Erfolg" überhaupt? In der Zahl? In der Medien-Resonanz? Im Mitglieder-Zuwachs? In der Glaubenszunahme?

„Erfolg" ist keiner der Namen Gottes, heißt es. Bei nüchterner Betrachtung der Daten muss man wohl feststellen, dass die Fakten für die Kirche schon besser waren (aber auch schon schlechter). Wie sehr wünscht man sich darum die positive Schlagzeile, wie sehr ist mancher Kirchenmann versucht, jeder Katastrophen-Statistik noch eine positive Deutung abzugewinnen. Verständlich.

In den Nachkriegsjahren wurden nahezu monatlich Kirchen geweiht und die Gründung neuer Gemeinden gefeiert. Glanzzeiten! Glanzzeiten? Heute gibt es gegenteilige Meldungen: Kirchenverkauf und -abriss, Zusammenlegung von Gemeinden. Schlechte Zeiten! Schlechte Zeiten? Und doch: Immer noch steht die Kirche bestens da. Kirchensteuer-Einnahmen sprudeln (je nach wirtschaftlicher Lage), allein rund 70.000 Menschen haben im Gebiet des Bistums Münster einen kirchlichen Arbeitgeber, die Caritas und die vielen kirchlichen Sozialeinrichtungen sind gut aufgestellt (allein dort arbeiten rund 50.000 Menschen), kirchliche Schulen genießen einen exzellenten Ruf und haben regen Zulauf, kirchliche Bildungshäuser haben einen wichtigen Stellenwert. Also doch nicht alles so schlecht? Gute Zeiten? Schlechte Zeiten? Woran lässt sich Erfolg messen, ohne jede Horror-Meldung schön zu reden oder sich gar in der Katastrophe spirituell zu suhlen?

Ein kritischer Blick ist angebracht, wenn es auf den ersten Blick allzu gut läuft. Schau nach bei Jesus: 5000 waren es bei der wunderbaren Brotvermehrung. Die Menge ist begeistert, denn bei Jesus lässt sich's gut leben. Zahlreiche Gefolgschaft wäre ihm sicher gewesen. Er hätte König werden können, die Menge wollte es so – sogar mit Gewalt. „Daher zog er sich wieder auf den Berg zurück", heißt es bei Johannes (Joh 6). „Er allein." Dabei hätte er dies als glänzenden „Erfolg" ausschlachten können. Vertane Chance? Oder Absicht?

Zwölf bleiben ihm beim letzten Abendmahl. Unter das Kreuz trauen sich nur noch Johannes und ein paar Jüngerinnen. Eine magere Bilanz. Schlechte Statistiken – eine gute Tradition seit Jesus von Nazaret. Und doch: Aus den Zwölf werden mit den Jahren Millionen Menschen, die sich Christen nennen. Allen negativen Vorzeichen zum Trotz schreibt die Geschichte Gottes mit dem Menschen positive Geschichte. Kann man das verstehen? Welche Logik steckt dahinter? Was werten wir heute als Erfolg? Die 99 beim Pfarrfest oder den einen, der im Glauben umkehrt (Lk 15)?

„Eure Wege sind nicht meine Wege", lässt Gott im Alten Testament (Jes 55) einem treulosen Volk ausrichten. So ist es nicht verwunderlich, dass der Beter fleht: „Zeige mir, Herr, deine Wege" (Ps 25). Ein göttliches Navigationssystem ist also gefragt, um im Dschungel der Autobahnen, Straßen, Wege und Trampelpfade dieser Welt die richtige Strecke zu finden.

Einer, der im eigenen Leben erfahren hat, wie kurios die Wege Gottes mit dem

Menschen sein können, war der heilige Augustinus. Er schreibt: „Wenn wir wegen der Schwäche unseres Geistes den Sinn dieses oder jenes Geschehens nicht begreifen, dann wollen wir es der göttlichen Vorsehung zuschreiben, Gott die Ehre geben und es aus seiner Hand entgegennehmen, fest glauben, dass nicht ohne Grund geschieht, was er uns schickt." Vorsicht bei der göttlichen Vorsehung: Wo mag das hinführen? Liegen wir da nicht mit unserem eigenen Urteil besser? Und fühlen wir uns nicht viel sicherer?

Nähe statt Distanz

„Das Richten, das Beurteilen, das Interpretieren, das uns zu allem so schnell über die Lippen geht, bringt mich in Distanz zum Geschehen", schreiben Alphonse und Rachel Goettmann in ihrem Buch „In deinem Namen ist mein Leben" (Freiburg 1993). Jesus selbst ist da anders: Er hat keine Distanz, er ist mittendrin, als die Menge die Ehebrecherin mit sicherem Urteil steinigen will. „Wer ohne Sünde ist, der werfe den ersten Stein." Schlussendlich ist Jesus allein mit der Frau, und auch er verurteilt sie nicht (redet aber auch nichts schön!). Mittendrin im Geschehen ist Jesus und eröffnet so neue Lebensmöglichkeiten.

Das scheint sein „Masterplan" für die Welt zu sein: Hätte Gott sein letztes Urteil gefällt, dann hätte er diese „schlechte" Welt ihrem Schicksal unbarmherzig überlassen. Doch sein Weg ist ein anderer. Statt diese Welt abzustoßen, will er sie heimholen. Und er tut es, indem er sich mitten in sie hinein begibt. Er verurteilt nicht – er rettet.

Es soll kein Zweifel bestehen: So wichtig das Einschätzen und Beurteilen für den aufgeklärten und gebildeten Menschen des dritten Jahrtausends ist, damit er in dieser immer komplizierter werdenden Welt seinen Stand finden und seinen Weg gehen kann, so gilt doch auch für ihn: Auch der aufgeklärte und gebildete Mensch des dritten Jahrtausends braucht Barmherzigkeit und lebt davon. Nur wenn er sie geschenkt bekommt und sie schenkt, wächst der Raum zum Leben. Wer stets nur aufrechnet und abrechnet, muss immer gut bei Kasse sein (oder wahnsinnig selbstgerecht!), um nicht in die Miesen zu geraten. Barmherzigkeit tut Not.

Wie sehr der Mensch darauf angewiesen ist, zeigt das biblische Gleichnis vom verlorenen Sohn (Lk 15). Mit der Zeit hat die Geschichte einen neuen Namen bekommen: Immer häufiger wird es mittlerweile das „Gleichnis vom barmherzigen Vater" genannt, wobei es erst in zweiter Linie um den Vater geht. Eigentlich geht es um den Sohn, der auszieht und sein Geld mit Dirnen durchbringt und nicht nur vor die Hunde, sondern sogar vor die Säue geht. – Offensichtlich geschieht bei vielen aber eine so große Identifikation mit diesem eigentlich verwöhnten, überheblichen und lebensunklugen Burschen, dass jedermann sich wünscht, wie dieser „Verlorene" trotz aller begangenen Torheiten auch für sich selbst eine gute Heimkehr und ein Zuhause zu finden. „Es ist noch immer gut gegangen", meint und hofft ja nicht nur der Kölner in seiner Karnevalsweisheit. Und obwohl Barmherzigkeit eine freie Gabe und damit nicht kalkulierbar ist, planen wir so fest mit dieser Größe, weil vermutlich unsere Hoffnung darauf unendlich ist, dass doch alles gut geht.

Aber das geht eben nur mit Barmherzigkeit. Diese verständliche Ursehnsucht aller Sünder geht nur in Erfüllung, weil da einer an der Tür steht und wartet. Aber auch diesen zu sehen, gelingt nur, weil die Einsicht und die Umkehr und die Bereitschaft anders zu leben die Begegnung mit dem „barmherzigen Vater" erst möglich macht. Jeder freut sich über diesen unerwarteten Ausgang für den Bengel.

Und jeder ist schließlich nur irritiert, warum denn der andere Sohn, der ordentliche Bruder des Missratenen, einen solchen Aufstand macht. Doch gerade hier zeigt sich die andere und nicht zu vernachlässigende Seite der Barmherzigkeit. Es ist eine enorme Kraftanstrengung, die dem daheim gebliebenen Sohn abverlangt wird und die der Vater ebenfalls leistet. Bei Lukas endet das Gleichnis damit, dass der Vater seinem treuen Sohn sein Handeln erklärt, doch die Reaktion des Sohnes bleibt offen. Oder ist gar er am Schluss der „verlorene Sohn"?

Das Ende zeigt, dass Barmherzigkeit nicht zum Null-Tarif zu bekommen ist. Denn der barmherzige Vater droht zum Ende hin, seinen älteren Sohn zu verlieren, dessen Urteil über seinen Bruder feststeht. Er spricht nicht von seinem Bruder, sondern sagt „der hier", „dein Sohn, der dein Vermögen mit Dirnen durchgebracht hat". Wie schwer ist Barmherzigkeit!? Wie schwer ist es, die andere Perspektive einzunehmen!? Wahrlich: Barmherzigkeit ist nichts für Weicheier. Und doch ist es der Auftrag Jesu: „Seid barmherzig, wie es auch euer Vater ist" (Lk 6)!

„WIR SIND ALLE KLEINE SÜNDERLEIN" – UND DIE FOLGEN?

Was also folgt daraus? – Die simple Umbenennung eines Gleichnisses verrät unser Schuldbewusstsein. Gut, dass wir es haben. Bekanntlich ist die Selbsterkenntnis der erste Weg zur Besserung. „Wir sind alle kleine Sünderlein" – wenn wir es doch nur wirklich realisierten – im Kleinen wie im Großen! Darum sollten wir anderen (und auch uns selbst) nicht dauernd vormachen, wie toll wir sind, denn schon das ist ein erhebliches Urteil über sich selbst, das man anderen aufdrängt und das sie bedrängt. Richtig verstandene Demut ist also gefragt – auch und gerade in der Kirche.

Doch die Erkenntnis der eigenen Unzulänglichkeit kann nicht ausreichen: „Ich bin eben so, ich kann nicht anders. Wem das nicht passt, der ist selber schuld." Umkehr ist gefordert, und diese Grundbewegung des Christen ist nie abgeschlossen, ebenso wenig wie die Erkenntnis Gottes. Er bietet immer mehr, als wir schon zu besitzen meinen. Beim Propheten Jesaja (Jes 46) spricht Gott: „Denkt an das, was früher galt, in uralten Zeiten: Ich bin Gott und sonst niemand, ich bin Gott, und niemand ist wie ich." Und wenn ein Mensch das glauben kann, dann hat er seine Richtung, um sein falsches Denken, Reden und Tun aufzugeben und den richtigen Weg einzuschlagen. Dann ist seine Rettung nahe. Denn: „Gott allein genügt", stellt die heilige Theresia von Avila fest.

Gott also ist maßgeblich. Wer die Bibel liest, findet in ihr Geschichte auf Geschichte, in denen aus dem Unmöglichen stets die wunderbare Wendung erwächst. Der verängstigte Joschafat, König von Juda, wird nach den Berichten im zweiten Buch der Chronik von den feindlichen Moabitern angegriffen und sagt zu Gott: „Wir sind machtlos vor dieser gewaltigen Menge, die gegen uns zieht, und wissen nicht, was wir tun sollen. Nur auf dich sind unsere Augen gerichtet." Wieder einmal eine Existenz bedrohende Situation für das „auserwählte Volk". Gottes Antwort: „Fürchtet euch nicht, denn nicht eure, sondern Gottes Sache ist dieser Kampf. Ihr müsst nicht kämpfen, seht zu, wie Jahwe euch Rettung verschafft." In aussichtsloser Situation wirft sich der König und mit ihm das ganze Volk nieder, um Gott anzubeten. Am Ende steht der Sieg über die Feinde.

So vernünftig ist der Glaube …

Diese Glaubensgeschichte der Bibel zeigt, wie der Glaubende „in schlechter Zeit" bestehen kann: über alle Vernunft hinaus und selbst gegen sie „niederfallen" – sich der gütigen und barmherzigen Liebe Gottes unterwerfen, glauben und anbeten. Durch den Glauben sind wir gerettet, durch den Glauben wird das Unmögliche Wirklichkeit. – Eine Jungfrau gebiert ein Kind, ein Toter steht von den Toten auf, eine kleine Gruppe von Fischern missioniert die Welt. „Nichts ist unmöglich – Gott!" Wer's glaubt, wird selig! Und gerade das ist es doch, was der Mensch ersehnt: „Muss ich auch wandern in finsterer Schlucht, ich fürchte kein Unheil, denn du bist bei mir" (Ps 23).

„Richtet nicht!", lautet die Aufforderung Jesu in der Bergpredigt. Denn die

Perspektive Gottes ist der Blick der Barmherzigkeit, dass aus Unmöglichem etwas Gutes entstehen kann. Warum nicht auch in dieser Zeit? Und weil jedes Urteil, das wir fällen, Bestandteil der Wirklichkeit wird, können wir diese Zeit in seinem Sinn verändern, indem wir barmherzig urteilen – mit uns selbst, mit den Mitmenschen, mit unserer Zeit. Und was wäre, wenn diese Zeit sogar gefüllt wäre mit dem Besten, nämlich mit Gott, den unser trüber Blick aber nur allzu oft nicht zu erkennen vermag?

Kardinal John Henry Newman (1801-1890) hat folgendes Gebet verfasst: „O Gott, die Zeit ist voller Bedrängnis. Christus wird von vielen als Gott nicht mehr erkannt. Und doch – nie schritt Christus mächtiger durch die Zeit, nie war sein Kommen deutlicher, nie seine Nähe spürbarer, nie sein Dienst köstlicher als jetzt. Darum lasst uns in diesen Augenblicken des Ewigen, zwischen Sturm und Sturm in der Zeit zu dir beten: O Gott, Geist Gottes, Heiliger Geist! Du kannst das Dunkel erleuchten. Du kannst es allein."

Der orthodoxe Theologe Alexander Schmemann (in seinem Buch „Aus der Freude leben", Köln 2003) geht noch weiter, wenn er meint, „dass die Zeit dieser Welt nun schwanger ist mit neuem Leben. Wir gehen in die Gegenwart Christi, um ihm unsere Zeit anzubieten; wir strecken unsere Arme aus, um ihn zu empfangen. Und er erfüllt die Zeit mit sich selbst. Er heilt sie und macht sie – immer aufs Neue – zur Zeit des Heils." Herrliche Zeiten, oder?

Seite 2: Schmerzhafte Mutter im Eingangsbereich des Mutterhauses der Clemensschwestern in Münster.

Seite 7: Das Mutterhaus der Clemensschwestern von der Klosterstraße aus gesehen.

Seite 9: Bild von Wilhelm Lauterbach (Münster 1913) im „Bischofszimmer" im Mutterhaus der Clemensschwestern: Jesus mit Martha und Maria.

Seite 20: Schwester Charlotte im Gespräch mit Schwester Redigundis.

Seite 21: Tonfigur „Der Barmherzige Vater" im Büro der Generaloberin. Geformt von Schwester M. Placidina (+).

Seite 34: Schwester Elfriede im Gespräch mit einem Angestellten.

Seite 35: Szene aus der Offenbarung in einem von Schwester Ehrentraut Trost (Varensell) gestaltetem Fenster der Mutterhauskirche.

Seite 47: Schwester Marie-Theres, Krankenhaus- und Gemeindeseelsorgerin in Isselburg.

Seite 52: Schwester Verana.

Seite 53: Eine von Mutter Maria Alberti, der ersten Generaloberin der Clemensschwestern, gemalte Herz-Jesu-Darstellung.

Seite 65: Schwester Irmhild und Schwester Irmtrudis arbeiten im Hospiz in Lemförde.

Seite 70: Schwester beim Rosenkranzgebet.

Seite 71: Darstellung der Schmerzhaften Mutter (Pietà) von Hans Dinnendahl im Vorraum der Mutterhauskirche der Clemensschwestern in Münster.

Seite 81: Schwester Irmlinde betreut die Bücherei im St.-Walburga-Krankenhaus in Meschede.

Seite 86: Schwester Consolatrix im Kreuzgang des Mutterhauses.

Seite 87: Rose mit Knospen.

Seite 101: Die selige Schwester Maria Euthymia.

Seite 106: Eine schenkende Hand.

Seite 107: Figur des Bettlers von Ernst Barlach im münsterschen St.-Paulus-Dom.

231

Fotos: Almud Schricke, Michael Bönte, Clemensschwestern, Staatliche Kunsthalle Karlsruhe.

ANNA-MARIA BALBACH:
DIE BARMHERZIGEN SCHWESTERN ZU MÜNSTER
ZUR ZEIT DES NATIONALSOZIALISMUS
211 Seiten, Paperback, 16,80 €
ISBN: 978-3-937961-71-2
Anhand erstmals ausgewerteter Quellen gibt dieses Buch Einblick in die karitative Arbeit der Clemensschwestern während des Nationalsozialismus. Chronikeinträge, private und offizielle Briefe von Oberinnen und NS-Führungskräften, Zeitzeugenberichte und andere bisher unveröffentlichte Dokumente zeugen von den Konflikten zwischen der NS-Ideologie und dem christlichen Menschen- und Weltbild des Ordens.

PAUL HÖVELS:
DAS EUTHYMIA-GEBETBUCH – »WIE GOTT WILL«
176 Seiten, Gebetbuchformat, Kunststoff-Einband, 8,55 €
ISBN: 978-3-937961-81-2
Pfarrer Paul Hövels, Spiritual der Clemensschwestern, hat ein ansprechendes Gebetbuch zusammengestellt: Beten wie Schwester Euthymia, Litanei zur seligen Schwester Euthymia, Novene (Neun-Tage-Gebet), Andacht als Betrachtung des Lebens von Schwester Euthymia, Bildmeditationen zum Gesicht und zu den Händen. Laudes, Vesper, Euthymia-Lieder ...

HERAUSGEGEBEN IM AUFTRAG DES BISTUMS MÜNSTER:
»SCHWESTER MARIA EUTHYMIA.
IHR LEBEN. IHRE SELIGSPRECHUNG. IHRE AUSSTRAHLUNG.«
240 Seiten, fester Einband, 6,- €
ISBN: 978-3-937961-45-4
Das reich bebilderte Buch schildert die Seligsprechung in Rom 2001 und die Feierlichkeiten im Bistum Münster, blickt zudem auf den Seligsprechungsprozess zurück, beschreibt das Ordensleben der Clemensschwester, charakterisiert die geistliche Persönlichkeit Emma Üffing und zeichnet ihren Lebensweg nach, berichtet außerdem von Menschen, die Schwester Euthymia um Fürsprache bei Gott angerufen haben. Obendrein erzählt das Buch persönliche Erlebnisse, Begegnungen und Anekdoten um die Verehrung der Seligen: vom schweren Schicksal einer Euthymia-Krankenstation in Ruanda; über den Gärtner, der ihre Grabstelle pflegt; woran sich ihre Schulfreundinnen, Mitschwestern und Patienten erinnern; welche wenigen Habseligkeiten Emma Üffing ins Kloster

mitnehmen durfte; warum sich zwei Mettinger Bergleute mit dem Motorrad nach Rom aufgemacht haben ...

CHRISTOPH HEGGE: WEGGELEIT
BETEND AUF DEM WEG MIT DER SELIGEN SCHWESTER EUTHYMIA
96 Seiten, Paperback, 3,- €
ISBN: 978-3-937961-60-8
Das Gebetbuch orientiert sich an Gebetsworten der seligen Schwester Euthymia: In einer Novene, dem neuntägigen Fürbittgebet, wird in besonderen Anliegen mit den Worten Euthymias gebetet und sie um ihre Fürsprache angerufen. Gebetsandachten führen in die geistliche Haltung Schwester Euthymias ein, sich ganz dem Willen Gottes zu überlassen, an seine liebende Nähe zu glauben und zu Boten seiner barmherzigen Gegenwart in dieser Welt zu werden. „Lebensworte" können eine tägliche Hilfe sein, sich im Geist Euthymias vom Wort Gottes ansprechen und verwandeln zu lassen.

HUGO GOEKE:
EUTHYMIA – SCHWESTER DER MENSCHEN
232 Seiten, fester Einband, 14,80 €
ISBN: 978-3-937961-86-6
„Schwester Euthymia ist die Frau mit der weichen Seele, mit dem Lächeln. Sie lebt mit ihrem Gott, und sie bringt gleichzeitig Gottes verschwenderische Güte zu den Menschen – nicht in großen Scheinen, sondern im Kleingeld des Alltags." Eine demütige, eine gottergebene Frau, eine gehorsame Ordensschwester, die sich mit Schwerstarbeit früh aufreibt. Worin kann ein solcher Mensch heutigen Christinnen und Christen Vorbild sein – und worin nicht? Autor Hugo Goeke beschreibt das unspektakuläre Leben der seligen Maria Euthymia mit anerkennender Sympathie. Diese aber beeinträchtigt keineswegs seine wache Wahrnehmung für Grenzen des Nachvollziehbaren. Das Buch eröffnet heutigen Menschen bereichernde Zugänge zu dieser außergewöhnlichen Frau.

SCHWESTER M. EUTHYMIA – EIN ORATORIUM
CD, 9,90 €
Moderne Ängste und gläubige Krankheitssymptome unserer Zeit und die heilende Zuwendung: aus diesen Gegensätzen gewinnen Text und Musik des Oratoriums „Schwester Maria Euthymia" ihre mitreißende Dynamik. Gesang, gesprochener Text, Bläser und Streicher stehen sich in einer aufrüttelnden, kontrastreichen Vertonung gegenüber. Durch alle Gegensätze scheint immer

wieder Euthymias selbstloses Wesen auf: „Wo die Güte und die Liebe, da ist Gott." Eine eindringliche Einladung zur persönlichen Auseinandersetzung mit der Seligen des Bistums Münster.

Buch- und CD-Bestellungen unter www.dialogversand.de

WWW.CLEMENSSCHWESTERN.DE

Mit frischer Optik und vielfältig ergänzten Inhalten präsentiert sich der Internetauftritt der Clemensschwestern. Aus Anlass der Feiern zum 200-jährigen Bestehen im Jahr 2008 hat die Ordensgemeinschaft ihren Webauftritt komplett erneuert. Mehr aktuelle Informationen, mehr Bilder, mehr Service – so präsentieren sich die Seiten unter der Adresse „www.clemensschwestern.de".

WWW.EUTHYMIA.DE

Die bekannteste Clemensschwester ist die 2001 selig gesprochene Schwester M. Euthymia (1914-1955). Informationen zum Leben und Wirken der seligen Clemensschwester gibt es im Internet unter der Adresse „www.euthymia.de". Die Öffnungs- und Gebetszeiten des Euthymia-Zentrums in der Loerstraße in Münster sind dort ebenso zu finden wie Gebetsanregungen und Medientipps. Ein spezielles Angebot ist das Fürbittbuch: Dort können Gläubige online ihre persönlichen Anliegen eintragen, die von den Clemensschwestern ins Gebet genommen werden.